**教育研究新视野丛书**

本书是湖北省社科基金一般项目"中小学学生学习行为研究——旨在改进学生生活与发展状态的学习行为分析"（立项号：2014295）的研究成果。

# 审思与重建：
# 中小学学生学习行为研究

向葵花／著

中国社会科学出版社

图书在版编目（CIP）数据

审思与重建：中小学学生学习行为研究／向葵花著 . —北京：中国社会科学
出版社，2017.3

（教育研究新视野丛书）

ISBN 978 - 7 - 5161 - 9038 - 8

Ⅰ.①审…　Ⅱ.①向…　Ⅲ.①中小学生—学习方法—研究　Ⅳ.①G632.46

中国版本图书馆 CIP 数据核字（2016）第 237616 号

出 版 人　赵剑英
责任编辑　赵　丽
责任校对　石春梅
责任印制　王　超

出　　　版　中国社会科学出版社
社　　　址　北京鼓楼西大街甲 158 号
邮　　　编　100720
网　　　址　http://www.csspw.cn
发 行 部　010 - 84083685
门 市 部　010 - 84029450
经　　　销　新华书店及其他书店

印刷装订　北京明恒达印务有限公司
版　　　次　2017 年 3 月第 1 版
印　　　次　2017 年 3 月第 1 次印刷

开　　　本　710×1000　1/16
印　　　张　16
插　　　页　2
字　　　数　238 千字
定　　　价　59.00 元

# 总　序

　　根据党的十七大关于"优先发展教育,建设人力资源强国"的战略部署,《国家中长期教育改革的发展规划纲要(2010—2020 年)》(以下简称《教育规划纲要》)提出要"适应全面建设小康社会、建设创新型国家的需要,坚持育人为本,以改革创新为动力,以促进公平为重点,以提高质量为核心,全面实施素质教育……加快从教育大国向教育强国、从人力资源大国向人力资源强国迈进"。作为未来十年中国教育改革和发展基本蓝图的规划纲要,不仅勾画出这一宏伟愿景,还进一步拟定了有时间标志的战略——"到 2020 年,基本实现教育现代化,基本形成学习型社会,进入人力资源强国行列"。《教育规划纲要》第 23 条又说:"以加强人力资源能力建设为核心……倡导全民阅读。广泛开展城乡社区教育,加快各类学习型组织建设,基本形成全民学习、终身学习的学习型社会。"

　　如此看来,《教育规划纲要》提出的是建设"人力资源强国"和建立"全民终身学习社会"这两个目标,尽管这两个目标显示出国家立场和个人立场两种不同的立场,表达的也是两种不同的视角,即"经济教育学视角"和"终身学习视角",但二者之间又存在着不可忽视的内在关联性。建设人力资源强国的目标,也将创建学习型社会作为未来50 年我国教育与人力资源开发的三大战略之一,同时还强调"使教育与培训成为解决人民群众生存与发展问题的重要手段,成为社会弱势群体改变生活命运、增加家庭收入的重要手段,成为劳动者提高就业能力和提高劳动生产率的重要手段,成为全体人民实现全面发展目标的重要手段"。① 正是二者之间的这种内在关联性，使我们意识到，这两个目标不仅有空间上的互补关系，同时也存在时间上的先后关系——衡量社会发展的尺度，总是先强调其经济标准，而后渐渐转向教育的或者说文化的标准。这意味着，衡量社会进步要从经济尺度转向教育尺度，这种转换，不是用教育学视角替代经济学视角，而是既超越又包容，即承认经济是国家和民族繁荣富强的重要条件和基础，但经济又不等于社会的一切，教育学视角同时还要关注那些能产生巨大物质力量的精神性的素质。

《教育规划纲要》还"鼓励和支持教育科研人员坚持理论联系实际，深入探索中国特色社会主义教育规律，研究和回答教育改革发展重大理论和现实问题，促进教育事业科学发展"。事实上，自改革开放以来，我国广大教育工作者和众多教育学者都一直在孜孜不倦地探寻教育发展的中国之路，同时也在探求教育学发展的中国之路。这里呈现给读者的《教育研究新视野丛书》就是研究者们在致力于这条中国之路探索过程中的思想积淀与智慧结晶。

从这套丛书涉及的研究领域看，主要是教育学原理研究、基础教育研究和高等教育研究；从研究的主题看，主要集中于教育的本质论、价值论、知识论、教学论、教师专业发展及高等教育政策研究；从研究方法来讲，不仅有理性的思辨，也有实证性分析。总体上看，展现出较为广阔的学术视野和负责的研究态度和精神。

《教育的情怀与修炼》一书，是作者近30年在高校从事教育学研究心路历程的真实写照。作者在教育哲学、教育学原理、课程与教学论、基础教育改革、教师教育等领域都积累了丰富的教学经验和研究心得。收入这本书的30余篇学术论文，大体分为8个部分，涵盖两个层面。一是教育理想层面。研究的重点问题包括：什么是受过良好教育的人？教育应该培养什么样的人？人的素质的内涵、内容和结构是怎样的？在教育活动中如何认知、理解和达成人的知识、智慧和德性？对这

① 《中国教育与人力资源问题报告》课题组：《从人口大国迈向人力资源强国——中国教育与人力资源问题报告概要》，《上海教育》2003年3B期。

些重要问题的阐述，分别从"教育与人的发展""教育与人的素质"
"教育与人的智慧""教育与人的德性"四个方面来呈现。二是教育实
践层面。研究的重点问题包括：学校教育活动的主导者——教师该如何
基于"以生为本"的理念，成长为智慧型、专家型、艺术型教师？学
校教育活动的主阵地——课堂该如何顺应时代潮流产生积极而深刻地变
革？在当今国际化、全球化、多元化的背景之下，中国教育如何保持与
世界的交流与对话？中国教育学如何立足自身的学科立场、研究范式、
知识样式与话语方式？对这些重要问题的阐述，体现在"教育之教师
发展""教育之教学变革""教育之国际比较""教育之学科建设"这
四个部分之中。

《知识的祛魅与人的回归——对中国当代知识教育的考察与反思》
表达了作者对这一主题的批评与慎思。随着教育变革的推进和教育研究
的不断深入，"知识"成为研究者思考教育的核心问题。然而，由于研
究的偏好或思维的惯性，这一领域的研究尚未取得实质性的进展。我国
基础教育课程改革从某种意义上讲就是对知识的重新认识和解读，教育
学理论的更新与重建也无法绕开知识这一核心问题。因此，详细考察教
育中知识的本质及其变化，有助于改变人的思维方式，从一种新的视角
认识、澄清和解决教育问题。这本书从历史的、哲学的和教育的视角，
较为详细地阐述了知识的本质及其变化、知识的异化过程，特别是在学
校教育过程中知识异化的演进以及对人的发展的影响，试图用复杂性思
维方式研究知识异化的回归，从知识类型、知识价值、知识传授方式、
知识功能、知识基础等五个方面，探索从唯知识教育返回到充满人性的
知识教育的可能途径，为知识教育改革与发展探明一个新方向。

《大学教学的多维透视》这本书从教育学、学习学、伦理学、管理
学等多学科视角审视大学教学，系统地探讨了大学教学的理念问题、课
程与学习和教学问题、教学伦理及教学管理等问题。这些视野开阔、学
理性强的探讨，是基于作者多年从事大学教学及其研究的亲历亲为，既
是理论的自我指导，又是具体教学实践的理论提升，这无论是对高校教
师的教学与研究，还是对在高等教育学领域中深造的研究生，都具有重
要的参考意义和启示价值。

《中国高校资助政策与学生行为选择研究》一书，是教育部人文社科基金和国家自然科学基金资助项目的阶段性成果。作者首先梳理了高校资助政策与大学生行为选择关系的理论发展脉络，从新古典经济学、人力资本理论到行为经济学，揭示了经济学的发展对该问题研究的进展，为建立本书的研究框架奠定了理论基础。然后，基于 5000 多份调查问卷，采用单因素方差分析了解具有不同社会经济地位背景的学生对高校资助政策的认知感差异，采用无序多分类 Logistic 回归和定序回归模型，深入探讨了高校资助政策对大学生的高等教育入学与学业发展的影响。最后，在分析中国高校学生贷款发展趋势的基础上，比较了中美两国学生贷款的债务负担，并研究了校园地与生源地两种贷款项目不同的运行效率。针对高职高专学生资助政策和近五年美国高校资助政策变化的专题研究，为政府制订相关政策和大学生做出合理抉择提供了理论和实证研究的支持。

《知识·德性·审美：教师境界的反思与重建》一书，以"教师境界"作为论题，从知识、德性、审美三个维度分析教师境界的困境并提出相应的对策。审视教师的境界，无论是对于教师自身发展还是教学改革深化，都是一个颇有裨益的课题。尤其在这个"转型"的时代，教师往往在物质需求和纷繁价值中异化，在喧嚣的生活中争夺计较，在媚俗的氛围中随波逐流。部分教师境界不高，已成为不争的事实。教师境界的现实困境引发我们反思：究竟是什么原因导致当前教师境界不高？教师境界和哪些因素相关？如何提升教师的境界？教师能够摆脱困境，追求崇高境界吗？崇高的教师境界，理应在这些问题的解决中孕育而生。针对上述问题，这本书依据"理论分析—现实审视—实践建构"的思路依次展开，不但对教师境界进行了有益的理论探讨，对当前每一位教师的生活实践也有重要借鉴。

《基础教育课程信息化的理论与实践》一书，是关于信息化教学的实践研究。本书立足于基础教育的信息化教学变革及长效发展机制，以新课程理念为指导，以信息技术为支撑，探究信息技术融入教育教学实践的课程信息化道路。主要从课程信息化的背景概述、新课程理念下的课程信息化理论基础分析、新课程目标下的课程信息化内涵阐释、新课程内容下的课程信息化现状与实践探究、新课程实施下的课程信息化应用模型构建、新课程结构下的课程信息化分层推进设想、课程信息化的研究结论与反思等几个方面进行了全面的论述。研究成果对于推进基础教育的信息化教学方式变革具有重要的参考意义和启示价值。

《审思与重建：中小学学生学习行为研究》一书，展现了作者对学生学习行为的审慎思考和实践探索。从教学论研究构成体系上看，学习行为研究归属于教学行为研究领域，但我国现行教学论，由于受到苏联教学论影响，呈现出严重的"重教轻学"倾向，以致现有的教学行为研究仍然缺少对学习行为的关注。这本书首先澄清了教学论视域下学习行为研究的理论价值与现实意义，并在参考国内外关涉学习行为分类的理论及观点的基础上，提出了学习行为"对象—操作—结果"三维分类框架。然后，依托该框架对学生学习行为运用情况、学生生活状态与学生发展状况进行了调查分析，在比照现实的基础上进一步阐明了我国学习行为知识立场的形成及其表现，厘清了学习行为生活立场重建的依据与内容，并通过解析学习行为与学生发展的相关性，提出了生活立场导向下促进学生整体发展的学习行为多样化的实现策略。最后，探讨了促进学习行为变革的教育改革策略和社会支持条件。这本书所提出的学习行为重建的理论构想和实践策略具有可行性，对当前课堂教学变革具有重要的参考价值与借鉴意义。

党的"十八大"之后，我国将实施创新驱动发展战略。其中，完善知识创新体系，强化基础研究、前沿技术研究、社会公益技术研究，提高科学研究水平和成果转化能力等要求，对每一位研究者来说，都有自己的一份责任，也都有可能做出一份属于自己的贡献。教育作为一项公益事业是值得去付出的事业，教育学研究作为一种学术生活，也是一种值得去过的生活，诚愿这套丛书的每一位读者，都能体味到作者们的精神追求与学术良知。

杨小微教授

华东师范大学

# 目　　录

# 导　　论

## 一　研究缘起

本书基于对学生学习行为（主要是良好学习行为）的内涵、类型及其功能的理论解析以及对当下中小学学生学习行为现状的调查分析，着力探讨学生的学习行为与学生生活、学生发展的关系，并据此提出生活立场中学生学习行为重建的依据与内容，构建以学生整体发展为导向的学习行为的选择与组织策略，最后阐明促进学生学习行为变革的策略与条件。

之所以提出并研究学生的学习行为问题，主要基于以下两点思考。

### （一）对当代教学研究动态的整体把握

在当代教学研究中，有效教学研究、教学设计研究、学习方式变革研究虽然研究重点各不相同，但殊途同归，体现出共同的关注焦点，即学生学习行为问题。

有效教学作为一种理念与思想，源于 20 世纪上半叶西方的教学科学化运动，深受美国实用主义哲学和行为主义心理学的影响，是工业社会追求生产效率最大化在教育领域内的反映，也是自然科学研究范式应用于教学研究中的结果。目前，有效教学已成为国内外教学研究和改革的一种基本诉求，而教学是否有效主要是体现在学生的进步或发展上。获得进步和发展是对有效教学质的规定，进步和发展的程度是对有效教学量的把握。[①] 纵观西方有效教学的研究历程，有效教学研究正从有效

---

① 余文森：《有效教学的三大内涵及其意义》，《中国教育学刊》2012 年第 5 期。

教师品质研究、有效教学行为研究逐渐过渡到有效教学综合研究，而其中对学习行为的研究正日益受到重视。时下我国基层学校所进行的有效课堂教学变革也开始深入到学生学习行为这一层面。最为典型的成功案例是江苏洋思中学"先学后教、当堂训练"教学模式和山东杜郎口中学"三三六"教学模式，突出了"少教多学"的课堂教学策略，对教师的教导行为和学生的学习行为作出了新的诠释和安排。学习行为研究已然成为有效教学研究新的增长点。

教学设计在西方最早萌芽于军队和工业培训领域，到20世纪60年代才被引入学校教育当中，成为以解决教学问题为宗旨的一个专门研究领域。我国自20世纪80年代后期起才开始进行教学设计研究，且早期的研究大多基于对提高教学效果、完成特定教学目标的考虑，着眼于教学系统本身的改进，重点放在设计"如何教"上。[①] 随着后期建构主义认识论取代客观主义认识论逐渐成为教学领域的基本理念，我国教学设计研究的重点也开始发生转移，逐渐向学习者相关要素，如学习需要、学习者特征等要素倾斜。在教育教学实践领域，教师的教学设计产品也由最初的"教案"转向了"学案""导学案"，要求对学生学习活动及其行为进行考量与设计。这显现出当下的教学设计开始聚焦于学习者及其学习行为。

学习方式变革作为新课程的"重音符"，已经成为当前基础教育课程改革研究的一大热点。一些学者纷纷著书立说对学习方式的变革进行了理论层面的探讨，如吴永军的《新课程学习方式》、王坦的《合作学习》、庞维国的《自主学习》以及任长松的《探究式学习》与刘儒德的《探究学习与课堂教学》等。而在实践层面，各级各类的中小学校针对机械接受学习一统天下的流弊，对新的学习方式展开了如火如荼的实践探索。事实上，与方式、方法相比，行为的外延更大。更为重要的是，与学习行为活生生的形态相比，学习方式更多的是一种抽象和概括性的存在，只有在实践中以具体的行为和操作策略展现出来才真正具有实践意义。正如有学者指出的，离开了有效的行为付出，作为静态存在物的

---

① 张筱兰：《论教学设计》，《电化教育研究》1998年第1期。

方法知识是无法转化为教学实践效果的。① 进一步而言，学习行为研究可对学习方式变革研究作出重要补充和有力延伸，成为深化学习方式变革研究的一个有效途径。

然而，近年来开始在我国受到关注的教学行为研究却显露出了对学习行为的严重忽视。从构成体系上看，教学行为研究应包含教师教导行为研究、学生学习行为研究和师生互动行为研究。但现有教学论意义上的教学行为研究，过多地关注了教师教导行为和师生互动行为研究，对学生学习行为的研究涉及较少。可能由于学生的学习在心理学研究中成果颇丰，以致教学行为研究理所当然地把学习行为研究看作教师行为和师生互动行为研究的一个先在假设和自然前提，从而在研究进程中消解或遗失了学习行为。有鉴于此，学习行为研究应尽早提上教学研究的日程，以期推动教学研究往纵深方向发展。

### （二）对当下中小学学生学习生活状态的理性反思

与西方中小学学生相比，我国中小学学生学习负担过重、生活状况堪忧已是一个不争的事实。② 以英国肯特郡的伊格尔顿小学一年级为例，学生早上 8:50 到校，下午 15:15 放学，上午 3 节课，下午 2 节课，课程学习以识字和算术为主，辅以体育、音乐和各种兴趣活动，没有家庭作业。放学以后和周末，学生可以按照自己的兴趣做自己想做的事。我国小学一年级，学生上午 8:00 到校，下午 17:30 放学，每天 7—8 节课，放学回家马上吃饭，吃完饭立即开始做作业，一般要在22:00才能完成，周末还有一大堆作业，而且大部分是机械的抄词、背书和做算术，稍微有一点空闲，家长马上安排英语班、钢琴班、舞蹈班，不一而足。中学的情况则更为严重。以澳大利亚的格兰威尔南中学为例，周一至周五早上 8:50 上课，下午最早 13:50 放学，最晚 15:05 放学，每天 6 节课，每节课 35—50 分钟不等，只有一点点家庭作业，一般是教师给

① 裴娣娜主编：《教学论》，教育科学出版社 2007 年版，第 197 页。
② 李昌银：《谁动了我们快乐的童年——中西学生学习负担漫议》，《云南教育》2009 年第 2 期。

学生推荐一些有用的网站，鼓励他们在网络上寻找答案，完成作业。反观我国中学生，早上 7：40 就要到校参加早读，下午 18：00 左右吃晚饭，晚饭后还要上晚自习和写作业，每天至少 9 节课，一般也要到 22：00 甚至 23：00 才能结束一天的学习。学生周六还需继续上课，周日难得休息一天，除了要完成许多作业外，还要上各种数学、英语和物理等学科补习班。有学者对这种"过度学习"的状况及其危害进行了剖析：过度学习是指在公共学习领域内对超量、超难的内容过多地进行反复学习，具体表现为重复学习、超量学习和过难学习，它损害了学生的健康，耗尽了学生的潜能，扼杀了学生的天性，抑制了学生的个性。① 在超负荷的过度学习中，我国中小学学生真是苦不堪言，能做到苦中作乐者毕竟是少数，以致厌学、弃学情况严重。

当下，减轻学生的学习负担，提高学生的学习生活质量已是我国基础教育改革的重要任务之一。《国家中长期教育改革和发展规划纲要（2010—2020）》明确指出，减轻学生课业负担是全社会的共同责任，政府、学校、家庭和社会必须共同努力，标本兼治，综合治理。然而，纵然政府三令五申，全社会共同瞩目，教育者穷尽心力，广大中小学学生的学习负担仍未减轻。据一项小学生学习状况调查报告显示，曾于2005 年发现的学生课业负担过重、活动空间狭小和自由支配时间过少等问题，在 2011 年仍然没有得到改观。在学校，近一半的学生每天在教室里上课的节数超过 6 节；在校外，70% 以上的 1—3 年级学生、60% 以上的 4—5 年级学生每天放学后的学习时间超过教育部门规定的要求，56% 的学生在周末参加各种课外补习，城市中参加课外补习的学生比例更是在 70% 以上。② 另据 2014 年一项中小学学生课业负担现状调研结果显示，54.6% 的小学生和 73.1% 的初中生作业时间超时，46.4% 的小学生和 38.1% 的初中生参加学习辅导班，77.6% 的小学生

① 罗祖兵、杨娥：《"过度学习"的危害及其救赎——兼谈如何建立"全面而有个性地发展"的教育制度体系》，《全球教育展望》2013 年第 5 期。

② 小学生学习状况调查组：《除学习负担以外，还应关注什么？——2011 小学生学习状况调查报告》，《基础教育参考》2011 年第 12 期。

和 87.1% 的初中生一学期至少新增一本教辅。① 而据《解放日报》报道，我国青少年学生近视率居世界第二，小学生近视率为 28%，初中生近视率为 60%，高中生近视率为 85%，学习负担过重为学生近视的主因。② 学习负担过重问题已严重危及我国广大青少年学生的健康成长与发展。有学者指出，对我国中小学学生学习负担要进行辩证分析，要看到学习负担过重与学习负担较轻乃至过轻的双面性。我国中小学学生学习负担过重主要表现为：在学时间过长、上课时数过多、作业量过大、简单机械的重复性训练过频；而学习负担较轻则表现在：学习主要局限于接受现成的知识，学生的学在很大程度上被教师的教所替代，学生的学习方式已基本模式化、套路化，考试科目（内容）与非考试科目（内容）学习负担严重失衡。③ 不难看出，学生学得多、学得苦、学得累却学不好，是与学生学习行为的单一、片面以及机械行为的大量重复使用有关的。也就是说，学生学习行为的运用状况是导致学生学习负担过重或过轻的症结所在。因此，只有对学生的学习行为进行科学研究与优化指导，帮助学生摒弃无效和低效的学习行为，尽可能以有效的学习行为去达成学习目标，才能从根本上解决学生学习负担过重的问题，让学生在学校中过上幸福、完整的教育生活。

# 二　国内外研究现状

## （一）国外学习行为研究现状述评

国外有关学习行为的研究主要分为两类。

1. 学生的问题学习行为研究

国外对学习行为的研究，一般是把学习行为置于一个狭义的概念范畴下进行研究，把学生的学习行为等同于学生的问题行为，主要研究如何改变和控制学生的问题行为。比如，索尼娅·布纳德（S. Burnard）

---

① 宋乃庆、杨欣：《中小学生课业负担过重的定量分析》，《教育研究》2014 年第 3 期。

② 肖华：《近视率过高不可小觑》，《解放日报》2011 年 12 月 8 日第 6 版。

③ 扈中平：《对我国中小学生学习负担的辩证分析》，《课程·教材·教法》2002 年第 6 期。

从教师视角出发，探讨了如何控制、改善学生的学习行为。她在参考了埃尔顿（Elton）1989 年的调查报告后指出，目前大家对儿童行为控制和管理的关注不够，尤其是师资培训很少涉及这一方面的问题。据此，她认为，在师资培训中，一方面可通过案例教会教师控制、管理学生的行为，另一方面要注重培养教师的问题意识，使其能在实践中及时发现学生学习行为所存在的问题，并调整自己的教学行为以解决问题。[①] 西尔维亚·麦克纳马拉和吉尔·莫尔顿（S. McNamara & G. Moreton）在全纳教育的背景下，探讨了教师怎样控制学生的学习行为。他们在分析影响学生心理和行为困难的因素的基础上，提出了一些具体的控制和管理学生学习行为的方法，并列举了一些实例来说明如何教授有心理和行为问题的学生。[②] 芭芭拉·谢菲尔（B. A. Schaefer）利用学习行为量表（McDermott et al.），根据全美人口普查的数据，采用随机分层抽样的方法，对美国学生的不良学习行为进行了人口统计学调查研究。其中涉及的人口统计学变量包括性别、种族、年龄、父母受教育水平、居住地、家庭结构以及特殊教育状况。该研究主要关注学生在课堂环境中对于学习需求做出的特定的适应不良的反应，分析了其流行率和相对等级，并探索了行为与特定人口统计学子群体的相关性。[③] 托马斯·泽波利（T. J. Zirpoli）分类描述了学校中常见的学生的不良学习行为，如破坏行为、冲动行为、攻击行为、刻板行为等，并在分析各类问题行为起因的基础上提出了相关干预措施，为教师控制学生行为提供了方法和手段方面的参考。[④] 埃德蒙·埃默（E. T. Emmer）和卡罗琳·埃弗森（C. M. Evertson）将学生学习的不当行为分为非问题行为、轻微问题

---

① Burnard, S., *Developing Children's Behaviour in the Classroom—A Practical Guide for Teachers and Students*, Routledge Falmer, 1998, p. 25.

② McNamara, S. and Moreton, G., *Teaching Children with Emotional and Behavioural Difficulties in Primary and Secondary Classrooms* (2nd ed.), David Fulton Publishers, 2001, pp. 65 – 108.

③ Schaefer, G. A., "A Demographic Survey of Learning Behaviors Among American Students", *School Psychology Review*, Vol. 33, No. 4, 2004.

④ ［美］泽波利：《学生行为管理——教师应用指南》，郑丹丹、张宏、申靓等译，中国轻工业出版社 2004 年第 4 版，第 253—286 页。

行为、范围和影响有限的问题行为以及正在升级或蔓延的问题行为，并据此提出了学生问题行为管理的轻度、中度和深度干预策略。① 理查德·斯卡帕基（R. T. Scarpaci）指出可以运用 IOSIE 的方法，即通过辨别问题、确定目标、提出解决方案、实施以及评价这五个步骤分析学生课堂上的不当行为。② 这种做法实际上就是将问题解决的一般过程运用于解决"分析学生课堂上的不当行为"这一现实问题。

2. 学生的学习行为与其他因素的关系研究

国外学生的学习行为研究还有一部分涉及学习行为与其他因素的关系研究。比如，伯利纳和蒂奇诺夫（Berliner & Tichenoff）立足于中小学的阅读和数学教学，通过观察学生的课堂学习行为，探讨有效教学所引起的学生的学习行为和学习结果的变化，进而解释教学行为与学习行为和学习结果的相关性。③ 埃里克·杜勃鲁（E. H. Durbrow）研究了学生的学习行为、焦虑、注意、认知能力和家庭背景对学习成绩的影响。结果表明，焦虑、注意以及学习行为对成绩的影响占 32%—35%，而认知能力和家庭背景只占 11%—14%，进而指出可以通过降低学生的焦虑感和促进适当的学习行为来提高学生的学习成绩。④

综上，国外对课堂学习行为的研究主要聚焦于学生的问题学习行为，相对窄化了课堂学习行为的研究范畴。但这些研究可为我们甄别、改进学生的不良课堂学习行为提供参照与指导。

---

① ［美］埃默、埃弗森：《透视中学生课堂行为：中学教师的课堂管理指南》，陈彩虹译，中国轻工业出版社 2016 年第 9 版，第 200—223 页；［美］埃弗森、埃默：《透视小学生课堂行为：小学教师的课堂管理指南》，赵琴译，中国轻工业出版社 2016 年第 9 版，第 228—244 页。

② Scarpaci, R. T., "IOSIE: A Method for Analyzing Students Behavioral Problems", *The Clearing House*, Vol. 80, No. 3, 2007.

③ Perrott, E., *Effective Teaching: a Practical Guide to Improving Your Teaching*, New York: Longman, 1986, p. 4.

④ Durbrow, E. H., "Learning Behaviors, Attention and Anxiety in Caribbean Children: Beyond the 'Usual Suspects' in Explaining academic performance", *School Psychology International*, Vol. 21, No. 3, 2000.

**（二）国内学习行为研究现状述评**

国内对教师教学行为的关注多于对学生学习行为的关注。因此，陈桂生在《关于试行"课堂学习行为设计"的建议》一文中，提出要试行课堂学习行为设计，并剖析了试行课堂学习行为设计的原因和要义。① 此文对于学生学习行为研究的深化具有重要的指导价值。

与国外有关学习行为的研究相比，国内的学习行为研究比较零散，大致可分为以下五个方面。

1. 学习行为本质与特征的研究

由于对学习行为的内涵存在一定的争议，目前还有很多研究者把学习行为等同于学习方式进行研究。② 尤为典型的是，在新课程改革的背景下，研究者仅对新的学习方式，如自主学习、合作学习与探究学习等进行了细致的分析与研究，这种研究偏向在一定程度上窄化了学习行为研究的内涵。此外，朱相谌分析了学习行为结构、职能和特性，并在此基础上对学习行为的展开与压缩进行了探讨。③ 彭水源对学生有效学习行为的特征进行了分析，认为有效的学习行为要体现学生学习的差异性、建构性与情境性。④

2. 学习行为类型的研究

现有学习行为的分类研究相对较少，而且，分类较为随意，过于简单，更多的是对现实课堂中常见的学习行为进行归纳提炼后做出的分类，缺乏一定的理论架构。比如，丁朝蓬、刘亚萍和李洁将学生的学习行为分为单纯通过听觉与视觉接受信息的接受式学习行为、有外显语言

---

① 陈桂生：《关于试行"课堂学习行为设计"的建议》，《现代中小学教育》2004 年第 5 期。

② 姚纯贞、米建荣、王红成：《国内外"学习行为"研究综述》，《教学与管理》2009 年第 10 期。

③ 朱相谌：《学习行为的展开与压缩》，《绵阳经济技术高等专科学校学报》1997 年第 4 期。

④ 彭水源：《学生学习行为与教师教学行为分析》，《中小学教材教学》2006 年第 9 期。

或身体动作表达的产生式学习行为以及与学习任务无关的行为。[①] 王姣姣将学生的学习行为分为个体学习行为和群体学习行为，其中，个体学习行为主要有听讲、笔记、阅读等行为，群体学习行为主要有合作、讨论等行为。[②] 岳超楠也将学生学习行为分为个体学习行为和群体学习行为两类，但其中个体学习行为构成不同，具体包括认知行为（包含信息选择行为、记忆行为和知识组织行为）、元认知行为与资源管理行为（包含时间管理行为、环境管理行为和科学用脑行为）。[③] 张迪将小班教学中学生的学习行为分为三类：一是倾听行为，包括听教师、听同学和听文本；二是言说行为，包括朗读、回答、提问和讨论；三是操练行为，包括操作与练习。[④] 张军霞和丁朝蓬将小学科学课堂中学生的学习行为分为三类：一是接受的行为，包括听讲与观看、阅读；二是产生的行为，包括齐答、个别回答问题、主动提问、讨论、当众表现与小组汇报、操作活动和其他学习活动；三是与任务无关的行为。[⑤] 李智晔将多媒体学习过程中的学习行为分为既有区别又紧密联系的三类行为：浏览行为、检索行为和阅读行为。[⑥]

3. 学习行为与其他因素的关系研究

学生学习行为的研究还涉及学习行为与其他因素的关系研究。比如，孙喜龙论述了教师权威、师生的情感因素对学生学习行为的影响。[⑦] 李小平、郭江澜采用问卷调查的方式，探查了态度的三种成

---

① 丁朝蓬、刘亚萍、李洁：《新课程改革优质课的教学现场样态：教与学的行为分析视角》，《课程·教材·教法》2013 年第 5 期。

② 王姣姣：《实践与反思：课堂教学行为研究——以六所中小学校为个案》，博士学位论文，湖南师范大学，2009 年，第 28 页。

③ 岳超楠：《初中课堂教学行为分析与优化策略研究》，硕士学位论文，温州大学，2011 年，第 18—47 页。

④ 张迪：《小班教学中学生学习行为的研究》，硕士学位论文，南京师范大学，2011 年，第 12—49 页。

⑤ 张军霞、丁朝蓬：《小学科学课堂教学行为的研究与分析——以 16 节公开课为例》，《课程·教材·教法》2014 年第 6 期。

⑥ 李智晔：《多媒体学习过程的学习行为辨析》，《教育研究》2014 年第 11 期。

⑦ 孙喜龙：《师生关系对学生学习行为的影响》，《张家口师专学报（社会科学版）》1994 年第 4 期。

分——认知、情感和意向与学习行为的关系。研究表明，影响学习行为的最主要因素不是认知，而是意向和情感，因此，要让学生形成一种能够促进学习行为的学习态度，关键在于使学生产生对学习的愉悦体验和强烈的投入意愿。① 胡卫星、赵苗苗对多媒体技术在学生学习行为中的作用进行了实验研究，探讨了多媒体教学系统对学生言语行为（如讨论、提问、答问等）和非言语行为（如点头、举手等）的影响。② 宋志燕、梁彦清对学习信念与学习行为和学习动机的关系进行了理论层面的探讨，指出学习信念对学生的学习行为、学习动机有着重要的影响，成熟的学习信念导向积极的学习行为和学习动机。③ 程宏宇分析了认知风格、学习风格与课堂学习行为之间的关系，并探讨了认知风格与学习风格影响学生课堂学习行为的内在机制。④ 董芳和周江涛以高一寄宿生为对象，通过实证研究探讨了学习态度、学习环境对学习行为的影响，其具体路径为：学习态度直接影响学习行为，学习环境对学习行为的影响分为直接影响和间接影响；与学习环境相比，学习态度较强地影响了学习行为。⑤

4. 不良学习行为的优化研究

在教学论整体框架中，对不良学习行为的理性探讨主要集中在课堂管理板块。施良方、崔允漷阐述了学生课堂问题行为的特性与类型，分析了问题学习行为产生的原因，并提出了治理课堂问题行为的若干管理策略。⑥ 而当下不良学习行为的研究则主要是以问卷调查、个案分析和

---

① 李小平、郭江澜：《学习态度与学习行为的相关性研究》，《心理与行为研究》2005年第4期。

② 胡卫星、赵苗苗：《多媒体教学过程中学生学习行为的实验研究》，《中小学电教》2005年第11期。

③ 宋志燕、梁彦清：《学习信念及其对学习行为和学习动机的影响》，《长治学院学报》2009年第3期。

④ 程宏宇：《认知风格影响学习行为机制初探——基于跨文化比较研究的视角》，浙江大学出版社2012年版，第65—70页。

⑤ 董芳、周江涛：《高一寄宿生学习行为影响因素探析》，《中国教育学刊》2016年第1期。

⑥ 施良方、崔允漷主编：《教学理论：课堂教学的原理、策略与研究》，华东师范大学出版社1999年版，第289—309页。

案例解读的方式进行，从内容上看可分为两类。

（1）不良学习行为的总体状况研究

比如，金阿宁自编问卷对初中生学习行为的总体状况进行了调查，归纳出学生积极学习行为与不当学习行为的表现，进而提出改进不当学习行为的应对策略。[①] 邱九凤对学习者学习行为低效性的成因进行了解读，即教室座位布局不合理、教学组织形式单一、作业内容布置有待改善、学生学习态度有待端正，据此提出了提高学习者学习行为有效性的若干策略。[②] 黄丽娟采用课堂观察的方式，选取一名学习困难生为研究对象，观察其在课堂学习活动中的行为表现，探寻该生游离于课堂学习活动之外的原因，并提出了一些教学对策。[③] 刘国丽自编问卷对中学生课堂问题行为进行了调查与分析，并提出了相关预防、调控与矫正策略。[④]

（2）具体学科教学中不良学习行为的现状研究

比如，林通在对高中地理图像教学行为进行界定的基础上，指出了图像教学行为的基本价值取向，同时对地理课堂中选图、呈图、指图、析图、评价、收图与用图行为进行了细致的观察和分析，剖析了其中存在的问题，并提出了相应的改进建议。[⑤] 张彩霞自编问卷对初中英语课堂学习行为的现状进行了调查，并以两名学习困难生为个案，探讨了学习困难生课堂生存状态及其不当学习行为的成因，进而提出了矫治和改进策略。[⑥] 冀芳选取个案对化学课堂和科学课堂中学生的主要学习行为进行了观察和分析，认为分科课堂中的学习行为缺乏目的性和稳定性，

---

① 金阿宁：《初中生学习行为研究》，硕士学位论文，陕西师范大学，2008 年，第 13—37 页。

② 邱九凤：《改善学习者学习行为有效性的策略》，《现代中小学教育》2007 年第 4 期。

③ 黄丽娟：《"学困生"在课堂学习中究竟在干什么——关于一个"学困生"的课堂行为表现的观察报告》，《教育科学研究》2006 年第 6 期。

④ 刘国丽：《中学生课堂问题行为研究——以兰州市榆中县为例》，硕士学位论文，西北师范大学，2011 年，第 16—58 页。

⑤ 林通：《高中地理课堂图像教学行为观察与分析》，硕士学位论文，华中师范大学，2008 年，第 12—44 页。

⑥ 张彩霞：《初中英语学习困难生课堂学习行为研究》，硕士学位论文，华东师范大学，2006 年，第 16—59 页。

被动程度高，学生学习兴趣低下，厌学倾向明显，进而提出了相关教与学的对策。① 刁颖基于对高中生高效率数学学习行为特征的调查与分析，选取五名被试，分析比较了高效率学生和普通学生的数学学习行为，最后提出了改进不良学习行为的若干建议。②

### 5. 网络学习行为的研究

随着互联网资源和移动终端的广泛使用，网络学习行为的研究也日益增多。李玉斌、姚巧红、侯威和王晶对国内网络学习行为研究的现状进行了梳理，指出现有研究主要涉及三个方面：一是对网络学习行为本质与特征的研究，当下对网络学习行为的解释主要有三种向度，即远程自主向度、学习活动向度和交互作用向度；二是对网络学习行为影响因素的研究，从研究内容上来看，影响因素主要集中在学习者和网络学习环境层面，从研究手段上来看则主要反映在理性分析、调查统计和模型实证三种取向上；三是对网络学习行为调控的研究，具体包括网络学习行为的结构模型研究、数据采集处理研究和调控系统开发研究。③

但在网络学习行为的研究中，目标群体大多以大学生为主。比如，彭文辉、杨宗凯、涂山青和李念对网络学习者的学习行为进行了调查与分析，围绕如何改进网络学习平台、网络学习资源的设计与开发展开了探讨，并提出了相应的建议。④ 刘川川基于对复杂学习与复杂学习行为内涵的探讨，构建了复杂学习行为模型，并对网络复杂学习行为进行了问卷调查和分析，进而提出了构建网络学习环境的几点意见。⑤ 潘庆红分析了网络自主学习行为的要素和本质特征，将网络自主学习行为分为

---

① 冀芳：《不同课程形态的课堂教学中学生学习行为现状的个案研究》，硕士学位论文，东北师范大学，2007 年，第 12—30 页。

② 刁颖：《高中生高效率数学学习行为特征的研究》，硕士学位论文，天津师范大学，2009 年，第 28—57 页。

③ 李玉斌、姚巧红、侯威等：《网络学习行为研究的向度与分析》，《电化教育研究》2012 年第 9 期。

④ 彭文辉、杨宗凯、涂山青等：《网络学习者的学习行为调查及分析》，《中国电化教育》2007 年第 12 期。

⑤ 刘川川：《基于学习风格的网络复杂学习行为分析》，硕士学位论文，西北大学，2010 年，第 19—54 页。

信息获取、知识加工、沟通交流和评价反馈四类行为，并总结出了与之对应的网络应用形式。[①] 元帅、邹军华、刘丹分析了学习者基于网络学习平台的在线学习行为，并从学习结果和学习方式两个维度出发建构了在线学习行为评价指标体系。[②] 这些研究成果显现出了科技进步对学习行为的影响，但由于网络学习行为主要是学习者在网络环境下为了达到学习目标而进行的一系列操作[③]，因此，对中小学学生学习行为分析的参考价值有限。

综上，国内对学习行为的研究正处于起步阶段，大多停留在现状调查层面，研究缺乏系统性和统整性。首先，研究范围较为杂乱，研究的问题不够集中。由于目前对学习行为的内涵尚未形成较为一致的看法，因此，不同学者往往从各自的视角出发，对自己所理解的"学习行为"进行了"想当然"的研究。这导致现有研究呈现出"你说你的，我说我的"的状况，没有形成整合的研究力量，也缺乏学术含量和学术价值——既缺乏实践基础上的理论提升，又缺乏理论的实践验证，难以对实践起到切实的指导作用。其次，对学习行为的研究更多的是以追求学习行为的有效性为目的，或者说以实现有效课堂教学为宗旨，呈现出"就事论事"的狭隘倾向。笔者认为，学习行为的研究虽然直接指向有效教学的实现，但其最终旨趣应当是让学生成为生活的主体，过上幸福、完整的课堂生活、学校生活乃至社会生活。也就是说，学习行为的研究应上升到学生生活、生命的层次，用生活化理念来统整学生的学习行为研究。而现有的研究正是缺乏这种生活视野，以致对学生学习行为的研究仍然是外在于学生而追求教学成效的，在一定程度上缺乏对学生应有的生命关怀和生活观照。

---

① 潘庆红：《Web 2.0 环境下学习行为的基础——网络自主学习形态研究》，《中国远程教育》2012 年第 12 期。

② 元帅、邹军华、刘丹：《基于网络学习平台的在线学习行为分析与评价》，《中国教育技术装备》2013 年第 15 期。

③ 孙海民：《个性特征对网络学习行为影响研究的关键问题探究》，《电化教育研究》2012 年第 10 期。

# 三 研究思路与方法

围绕学生学习行为这一主题，本书在分析学习行为研究的理论价值与实践意义的基础上，提出学习行为的"对象—操作—结果"三维分类框架。根据这一分类框架，设计调查方案，编制调查工具，对当前中小学学生的学习行为运用情况、学生的生活状态和学生的发展状况进行调查与分析。然后，基于调查结果进一步探讨学生学习行为与学生生活、学生发展的关系，最后提出促进学生学习行为变革的策略与条件。

在研究过程中，主要运用文献法、问卷调查法、课堂观察法和访谈调查法等多种方法。

## （一）文献法

运用文献法梳理学习行为研究的国内外研究现状，阐述学习行为分类的相关理论依据，建构学生学习行为与学生生活、学生发展的关系，并提出促进学习行为变革的策略与条件。

## （二）问卷调查法

自编调查问卷，先后进行了三次问卷调查。首先，基于对学习行为的内涵与类型的理解，在与个别一线教师进行开放式访谈后，自编《中小学学生学习行为调查问卷（专家评定版）》，邀请专家（含教学论专家、中小学教研员和一线骨干教师）对问卷中调查项目的适切性进行评定。然后，基于对专家测评结果的分析，编制《中小学学生学习行为调查问卷（学生自评版）》预测问卷，以小学生、初中生和高中生为被试进行施测，在进行项目分析和因素分析的基础上，结合调查问卷的理论构想，对问卷题项进行删减与修改，形成《中小学学生学习行为调查问卷（学生自评版）》正式施测问卷。最后，采取分层整群抽样方式，以不同区域（城市与农村）的小学生、初中生和高中生为被试，发放正式问卷进行施测，目的在于考察学生学习行为的主体性、学习行为的类型、学习行为的占用时间与分布空间以及学生主观生活感受和学生实际发展状况。所有调查数据均采用 SPSS17.0 进行数据的统计处理。

### （三）课堂观察法

采用课堂观察法，旨在了解学生课堂学习行为的类型及其时间分布情况，以及班级内学生学习行为的空间分布状况。具体做法是：随机选取一所小学和中学的各一个班级，定点观察其中一名学生的学习行为使用情况，以五分钟为一个单位，现场记录该生学习行为的类型及其发生的频次。同时还辅之以 JVC GY-HM100EC 存储式高清摄录一体机全程摄像，于课堂观察结束后回放录像对现场记录情况进行校验和修正，并补充所发生的学习行为的时长信息。

### （四）访谈调查法

在实地调查时，随机对教师与学生进行非正式访谈。对教师的访谈，目的在于了解中学的实际情况，对问卷题项所描述的情况（如是否真的存在、如何准确表达等）进行调整。与学生的访谈主要在课间休息时间进行，旨在了解学生对学习行为的喜好、学生的主观生活感受和学生的实际发展状况。

## 四　本书的架构

概括而论，本书除了导论和结语外，共分为六章。

第一章，主要揭示学习行为研究的必然性和必要性。本章在对当代教学研究显现出来的学习行为研究视域进行揭示的基础上，探讨了学习行为研究的理论价值与实践意义。

第二章，主要探讨学习行为的内涵与类型。本章在对学习行为及其相关概念进行辨析的基础上，阐述了与学习行为分类相关的理论和观点，并提出了学习行为的"对象—操作—结果"三维分类框架。

第三章，主要分析当下我国中小学学生学习行为状态。本章根据第二章提出的学习行为分类框架，设计调查方案开展实地调查，具体运用问卷调查法、课堂观察法和访谈调查法等多种研究方法，重点考察学生学习行为的主体性、学习行为的类型、学习行为的占用时间与分布空间以及学生主观生活感受和学生实际发展状况。

第四章和第五章，主要阐述学生学习行为与学生生活、学生发展之间的关系。其中，第四章在分析学生学习行为知识立场的形成及其表现后，提出了生活立场中学生学习行为重建的依据与内容。第五章则在分析学习行为与学生发展的相关性后，提出了促进学生整体发展的学习行为多样化的实现策略。这两章的关联在于，学生素质的全面发展、终身发展与个性化发展，需从教育回归生活的视角出发，以培养生活主体为基本价值取向。在生活主体培养理念的统摄下，学生的学习行为应基于增进学生的幸福生活而存在，并扩展至整个社会生活版块和社会活动范围，且指向当下现实和未来可能的生活领域，这一切都要求学习行为从单一走向多样，实现多样化。而学习行为的多样化可通过在课堂教学中落实学习行为的主体性、本体性和选择性而得以实现。

第六章，主要探讨促进学习行为变革的策略与条件，具体涉及学校教育系统内部的整体性改革策略和社会系统的支持性条件。

# 第一章
## 学习行为研究的理论与实践意义 *

　　教学是人类特有的价值追求活动，不能靠教学的幻想或虚假的教学意识运行。揭示种种教学幻想和虚假意识掩盖下的教学真实，是教学论研究者不可推卸的责任。[①] 教学论视域下学生学习行为问题是一个"真"问题吗？它是否引起了教学论研究者的足够关注？它能否突破心理学附庸的尴尬境地，在当代教学研究中占据一席之地？它对于教学论学科立场的巩固能起到何种作用？它对于课堂层面教与学关系的变革又有何助益？廓清这些问题，不仅关涉教学论视域下学习行为研究的立论根基，还关涉教学论研究者的学术尊严和使命。

## 一　学习行为研究：当代教学研究的新视域

　　近半个世纪以来，随着有效教学理论探讨和实践探索的深入，教学行为研究在教学论研究中开始崛起。从构成上看，教学行为研究应包括教师教导行为研究、学生学习行为研究和师生互动行为研究。现有教学论视域下的教学行为研究过多关注教师教导行为和师生互动行为研究，对学生学习行为研究关注较少，以致已有的学习行为研究成果比较零散，大多停留在现状调查层面，没有形成基本的理论框架。然而，这并

---

　　* 向葵花、陈佑清：《聚焦学习行为：教学论研究的视域转换》，《课程·教材·教法》2013 年第 12 期。

　　① 徐继存：《教学研究意味什么——兼论教学论研究者的责任与使命》，《课程·教材·教法》2015 年第 2 期。

不意味着学习行为研究是一个不甚重要和无需关注的假问题。相反，在当代教学研究中，学习行为研究渐显端倪，呈现出强大的生命力和广阔的发展前景。

### （一）有效教学研究的最新走势：从关注教导行为到关注学习行为

有效教学研究起于西方，其发展大致经历了三个阶段：一是好教师的品质研究（20 世纪 30 年代初至 60 年代末），主要是从好教师的优秀品质与特征出发来研判教学的有效性；二是好教学的特点研究（20 世纪 70 年代初至 80 年代末），主要是从好的课堂教学特点，尤其是从好的教师教导行为出发来考量教学的有效性；三是有效教学的综合研究（20 世纪 90 年代初至今），试图从多方面、多角度来考察教学的有效性。[①] 这其中值得注意的是，从 20 世纪 70 年代后期起，有关好教学特点的研究出现了一个新的转向，即从研究教师的教导行为过渡到研究学生的学习行为。最具代表性的成果是伯利纳（Berliner）和蒂奇诺夫（Tichenoff）于 1976 年开展的一项实证研究，该研究采用课堂观察法，旨在探讨有效教学所引起的学生学习行为的变化，进而揭示出教学（教导）行为与学习行为、学习结果的相关性。[②]

我国有效教学的研究是在借鉴国外有效教学研究成果的基础上慢慢发展起来的，其成果主要集中于 20 世纪 90 年代之后，具体涉及有效教学的内涵、影响因素、策略、评价及标准等方面。[③] 近年来，我国学者也开始注意到有效教学中教师教导行为和学生学习行为之间的相关性。有学者在反思有效教学研究路径时指出，要以教师教导行为无效或低效等现实问题为研究原点，摒弃孤立研究教师教导行为的做法，从教导行为、学习行为以及师生互动行为关系中去进行整体性研究。[④] 还有学者

---

① 陈晓端、Stephen Keith：《当代西方有效教学研究的系统考察与启示》，《比较教育研究》2005 年第 8 期。

② Perrott, E., *Effective Teaching: a Practical Guide to Improving Your Teaching*, New York: Longman, 1986, p.4.

③ 范蔚、叶波：《20 世纪 90 年代以来"有效教学"研究述评》，《重庆大学学报》（社会科学版）2010 年第 4 期。

④ 赵士果：《有效教学行为研究的反思与重构》，《当代教育科学》2012 年第 20 期。

对教师教导行为和学生学习行为的关系进行了解析，指出两者相互关联、相互推动、相得益彰，具有目的的共同性、活动的一致性和行为的对应性。① 另外，新近有学者在对有效教学分析模型的探讨中发现，在影响有效教学的三类变量中，学习行为是决定教学是否有效的最为直接的控制变量，教师的教导行为要通过作用于学生的学习行为来影响学习的结果与效率。② 由此可见，有效教学研究的发展趋势显示，学习行为研究将会成为今后教学研究的一个重要议题，同时也会成为我国基础教育领域内有效教学实践探索的一个重要方向。

### （二）教学设计的研究进展：开始聚焦于学习者和学习行为

国外教学设计的系统研究始于 20 世纪 60 年代，至 90 年代已涌现出罗伯特·加涅（R. M. Gagné）的"教学设计原理"、大卫·梅里尔（M. D. Merrill）的"成分显示论"、亚历山大·罗米索斯基（A. J. Romiszowski）的"知能结构论"、查尔斯·赖格卢斯（C. M. Reigeluth）的"精细加工论"、帕特丽夏·史密斯（P. L. Smith）和蒂尔曼·雷根（T. J. Ragan）的"教学系统设计论"等一大批富有特色的教学设计理论。而我国的教学设计研究则起步较晚，大约在 20 世纪 80 年代后期，我国才开始引介国外教学设计研究成果，并在 90 年代中后期进行了教学设计的应用和实践研究。我国早期的教学设计研究大多基于对提高教学效果、完成特定教学目标的考虑，主张将教学目标、教学评价、教学策略等因素按照一定的程序紧密联系在一起，着眼于教学系统本身的改进，重点设计"如何教"，很少将教学系统与外部环境相联系，以致与社会发展需要、学生学会学习等脱节。③ 随着建构主义认识论逐渐取代客观主义认识论而成为教学领域的基本理念，教学设计的重心开始转向为学习者主动建构提供支持的学习环境的设计，并越来越注重"以学习者为焦点"的研究④：强调学习者对学习更有责任感和主动

---

① 高巍：《教师行为与学生行为的关系解析》，《教育研究》2012 年第 3 期。
② 陈佑清：《论有效教学的分析模型》，《课程·教材·教法》2012 年第 11 期。
③ 张筱兰：《论教学设计》，《电化教育研究》1998 年第 1 期。
④ 钟志贤：《论教学设计的发展趋势》，《外国教育研究》2005 年第 5 期。

性，鼓励学习者选择多种学习行为和学习方法，提倡设计良好的学习资源和学习伙伴，主张教师的角色从"讲坛上的圣人"转变为"旁边的指导者"等。

这种教学设计的新理念近年来开始影响到我国中小学教师。我国中小学教师过去进行的所谓"教学设计"，如钻研教材、选用教学手段、安排教学过程等，主要是从教师教的角度进行思考，对学生的考虑严重不足，而教师进行"教学设计"的结果就是写出教案。即便教师在备课时也"备学生"，但很多教师只是把学生作为一个处于某一年段的抽象群体来认识，研究的重点也是放在学生能否掌握教材、难点在何处等，依然是以教材为中心来认识学生。① 当下，我国中小学教师对教学设计的认识开始有了质的变化，表现在对学生、学情的充分关注和高度重视，提出了学习中心、以学定教的设计理念，并创造了具有中国特色的教学设计产品——"学案""导学案"等。显见，教学设计研究不管是在理论层面，还是在操作层面，都开始突破唯技术化的局限，向关注学习者相关要素倾斜，体现出浓厚的人文关怀和生命观照。在加强对学习需要、学习者特征、学习环境等因素进行分析、设计的同时，对学习者学习行为的专门考量与设计，也将会不可避免地纳入教学设计的范畴之内，成为教学设计研究的一个重要内容。

### （三）具身认知思潮的介入强调学生学习的"身体转向"

具身认知（Embodied Cognition），是自 20 世纪 80 年代以来，认知科学、神经科学、计算机科学以及现象学等诸多学科领域探究人类认知、知识等话题的当代最新成果以及时代精神的核心体现。具身认知思潮强调，认知或心智是由身体的动作和形式决定的，身体及其感觉运动图式影响并塑造人类所有的认知活动。

这种具身的心智观冲击了自笛卡尔以来以身心二元论为基础的传统教育观。身心二元论使传统教育与教学"扬心抑身"，过分重视精神培

---

① 叶澜：《让课堂焕发出生命活力——论中小学教学改革的深化》，《教育研究》1997年第 9 期。

育而贬低身体需要。在传统教育模式中，身体要么是通向真理的障碍，要么是一个把心智带到课堂的"载体"或"容器"，学生的学习活动被视为一种"离身"的精神训练。有学者形象地论述了传统教育的这一恶果：在没有身体的求知路上，学生的脑袋只能越来越大，身体只能越来越小……这种身体"缺席"的教育使得教师只能是死教书和教死书，学生只能是死学书和学死书，教与学变成了知识传输的机械运动，课堂也就变成了生产产品的工厂生产线。[①]

　　具身认知的研究指出，认知、思维、记忆、学习、情感和态度等是由身体作用于环境的活动而塑造出来的，心智是一种身体体验，身体的物理体验制约了心智活动的性质和特征。具身认知视角下的学习具有具身性，需遵循三大原则：①身心一体原则，即学习与身体活动密不可分；②心智统一原则，即学习过程中既有认知和情绪的成分，也有意志和行为的成分，是涵盖知识获取、情绪体验和行为操作的统一过程；③根植原则，即学习是一种嵌入身体和环境的活动，身体力行的实践经验是学习能够成功的关键。[②]　显见，具身学习强调把心智根植于身体，把身体根植于环境，从身体与环境互动的视角看待学习，强调学习与学生的身体构造和身体活动密切相关，这为学生学习行为的研究奠定了新的认识论基础。也就是说，在具身认知理论的观照下，学生不再是传统填鸭式教学的知识接受者，而是通过身体活动或各类学习行为，如动脑、动耳、动口、动手等，多层次和多渠道地接触学习内容，生成良好的身体体验。进一步而言，具身认知强调学生学习与发展的"身体"转向，在一定程度上指明了学习行为研究的方向。我们可以考察学生身体活动和身体体验的现实状况，揭示其中存在的问题，并通过优化学习环境，设计学习行为，增加身体积极体验来提高学生的学习效率和生活质量。

---

　　① 冯合国：《从身体与教育的关系探当代教育的身体转向》，《上海教育科研》2013 年第 4 期。
　　② 叶浩生：《身体与学习：具身认知及其对传统教育观的挑战》，《教育研究》2015 年第 4 期。

### （四）学习方式的变革凸显学习行为研究的重要性

在新一轮基础教育课程改革中，学习方式的变革已然成为一道亮丽的风景线。在中国学术期刊网络出版总库、中国重要报纸全文数据库、中国博士学位论文全文数据库、中国优秀硕士学位论文全文数据库中，可搜索到自 2000 年以来篇名中含有"学习方式"的文献共计 5600 余篇。而在实践层面，各级各类中小学校针对机械接受学习一统天下的流弊，对新的学习方式如自主学习、合作学习、探究学习、体验学习等进行了如火如荼的实践探索。这种学习方式变革研究与实践显现出鲜明的特点：突出学生学习的主体地位、能动作用和自主学习方式。而这三者归根结底均指向并落实在学生学习行为的调整和改进上。

学习方式的变革要求加强对学习行为的研究。学习方式与学习行为之间存在内在的关联。从概念上讲，学习行为是与学习活动同义的概念，是学习者在学习过程中表现出来的运动、动作和反应的总和。而学习方式亦即"学习行为的方式"，是指学习者为实现某种学习目标而作用于某种学习对象所采取的具体路径，主要包括学习者参与学习活动的方式和在头脑中对信息进行加工的方式两个方面。学习方式总是存在于一定的学习行为之中，并通过具体的学习行为得以体现或落实。比如，探究学习作为一种学习方式，可能通过文献查阅、社会调查、实地观察、实验操作等具体的行为而得以体现；合作学习可能通过小组讨论、团队实践、网上交流等学习行为进行。学习行为相比于学习方式更具有实体性，而学习方式则侧重于刻画学习行为在具体展开路径方面的特征，显得较为抽象和概括。因此，要深入理解学习方式和进行学习方式的实践变革，必须首先深入研究学习方式落实或体现的学习行为，包括研究学习行为的特征、类型、结构等。

## 二　学习行为研究：理论价值与现实意义

学习行为研究不仅在当代教学研究中呈现出欣欣向荣的发展态势，而且在教学论研究中也具有重要的理论价值和现实意义。它理应成为教学论研究的基础和重要组成部分，为教学论学科发展、为教学研究及应用起到自身所固有的促进作用。

### （一）学习行为研究的理论价值

1. 学习行为研究理应成为教学论研究的基础和重要组成部分

对学习问题的关注实际上是我国古老教育传统的重要特征之一。我国古代的教育研究非常看重对学习问题的研究。譬如，孔子曾说道，"吾十有五而志于学"（《论语·为政》），"学而不思则罔，思而不学则殆"（《论语·为政》），"学而时习之，不亦说乎"（《论语·学而》），"弗学，何以行"（治学篇），深刻揭示了学习与立志、学习与思考、学习与践行之间的关系。《学记》也曾指出，"君子如欲化民成俗，其必由学乎""玉不琢，不成器；人不学，不知道"，全面论述了学习对于社会进步和个人发展的重要意义。同时，它还具体分析了学习中容易出现的四种不良倾向，"人之学也，或失则多，或失则寡，或失则易，或失则止"，因"此四者，心之莫同"，故要求教育者采取不同的补救措施，"知其心，然后能救其失也"。此外，朱子读书法还详尽阐述了六条读书方法——循序渐进、熟读精思、虚心涵泳、切己体察、着紧用力、居敬持志，精辟反映出读书学习的基本规律和要求。这些真知灼见为我国教学论学科的形成和发展积淀了大量素材和经验。但由于这些教育教学思想往往是散见于各家各派的学说之中，且与哲学思想、伦理道德思想混杂在一起，从整体上看缺乏系统性，没有形成相对完备的教学论理论体系和框架，因此，我国现行教学论主要是在引进、吸收国外教学理论的基础上慢慢建立起来的。

而我国现行教学论学科体系对于学习问题的研究却是严重轻视的。纵观国内比较经典的教学论教材，不难发现，我国现行教学论深受苏联教育学和教学论的影响，以伦理学和认识论为学科理论基础，主要在课堂教学的范围内讨论教学问题，同时对教学问题的研究显现出严重的"重教轻学"的倾向。在学科结构上，形成了以教学目标、教学过程、教学内容、教学方法、教学组织形式等为核心概念，以关注教师的教为主的理论体系。比如，教学过程、教学内容、教学方法等所讨论的问题主要是教师教的过程、教的内容和教的方法等，而对学生学的过程、学的内容和学的方法等则很少关注。

近年来开始在我国受到重视的教学行为研究仍然缺少对学习行为的关注。虽然教学行为从教学方法、教学艺术和教学模式的研究中分离出来，成为教学论研究的一个独立的专门领域，使教学论研究更加细致化、微观化，对教学论学科发展起到了推动作用。但国内关于教学行为的研究可能是受"重教轻学"的传统教学观念的影响，仍将教学行为理解为教师的教导行为，以致教学行为的研究被窄化为教师教导行为研究，对学生的学习行为关注甚少。这一点典型地体现在现有教学行为研究对于教学行为类型的把握中。比如，有学者按照教师在课堂教学情境中的行为方式及其发挥的功能，将教学行为分为主要教学行为（含呈示行为、对话行为和指导行为）、辅助教学行为和课堂管理行为。① 有学者依据教学行为的功能、任务及其在课堂教学中的表现形式，将教学行为分为陈述行为、指导行为、展示行为、提问行为、反馈行为、管理行为、倾听行为、反思行为和评价行为。② 还有学者从教师角色入手，将教师行为分为教学交往行为和课堂管理行为，前者旨在传播教学信息，促进双向理解，求"通"，后者旨在实施对教学过程、课堂社会环境的调控，求"序"。③ 上述教学行为的分类仅仅只关注教师的教导行为，而将本应作为教学另一重要方面的学习行为排除在教学行为之外。这与一大认识误区有关，即一直以来大多数人都认为学习是心理学研究的范畴，以致在涉及学生学习问题时，一般都会直接套用和搬用心理学的学习概念以及相关研究成果。

学习问题研究的意义首先表现在，对学习问题的认识是理解教师教导过程的基础和前提。只有立足于"学"，才能弄清楚"教"。事实上，在西方国家（尤其是北美英语国家），对教师教导的研究和对学生学习的研究往往是分开进行的。学生学习问题是学习理论（或教育心理学）

---

① 施良方、崔允漷主编：《教学理论：课堂教学的原理、策略与研究》，华东师范大学出版社 1999 年版，第 149 页。

② 裴娣娜主编：《教学论》，教育科学出版社 2007 年版，第 201—205 页。

③ 柳夕浪：《课堂教学临床指导（修订版）》，人民教育出版社 2003 年版，第 21 页。

研究的对象，教师教导问题则是教学理论研究的对象。对教师教导的研究主要是基于学习理论的研究成果，着重探讨教师如何根据并利用学习规律去促进学生更有效地展开学习过程。从某种意义上讲，学习理论侧重于提出建立教学理论的基本依据，它主要研究学习的内在过程或机制，因而学习理论是描述性的（descriptive）；教学理论所关心的是促进学习而不是描述学习，教学理论是处方性的（prescriptive）和规范性的（normative），教学理论是学习理论的进一步推衍。① 对于一门完整的教学科学来说，教学理论与学习理论缺一不可，教学理论必须建立在学习理论的基础之上，并且把焦点对准教学实践。② 换言之，对教师教导问题的研究不能离开并越过学生学习研究这个根本，学生学习问题研究是教师教导问题研究的根基和应有之义。很显然，在这一问题上，我国教学论研究存在着严重不足，这与其所倚仗的学科基础以及随之而来的研究范式不无关系。

其次，从教学行为的运行过程来看，学习行为应是比教导行为更为根本性的问题。教学是由教师的教和学生的学耦合而成的相互协调的整体性活动。其中，学生的学具有相对独立性，教师的教依存于学生的学而存在。更为重要的是，在教学活动中，教师的教导是促进学生有效地学习的手段性活动（条件性活动），学生有效地学习是教师教导所追求的目的性活动（本体性活动）。③ 进一步而言，教师教导行为的对象是学生的学习行为，其目的在于引起、促进学生有效学习行为的产生和展开，教导行为的具体方式要根据教导所意在引起和促进的学习行为的种类来确定。④ 而现有教学论研究中学习行为研究的缺失，一方面直观地反映了当前教学行为研究在内容上的片面和狭隘，另一方面也在一定程度上客观地显现出其在教与学关系上的混乱与本末倒置。

由此可见，学习行为研究在教学论的知识结构中处于基础地位。照

---

① 施良方：《学习论》，人民教育出版社 2001 年版，第 21 页。

② 施良方、崔允漷主编：《教学理论：课堂教学的原理、策略与研究》，华东师范大学出版社 1999 年版，第 19 页。

③ 陈佑清：《教学论新编》，人民教育出版社 2011 年版，第 296 页。

④ 陈佑清：《论有效教学的分析模型》，《课程·教材·教法》2012 年第 11 期。

国内现行教学论体系框架，一般都将教学论的研究对象或中心问题定位在研究教师如何教，即主要研究教师教的行为。但这一中心问题无法规避且必须回答两个方面的问题：一是"教是怎样影响学的"，二是"怎样的教才是有效的"。① 显然，这两个问题要回答清楚必须要对学生的学习，尤其是学习行为有深入分析和全盘把握，况且，学生的学习行为是课堂教学效果最直接的影响变量和评估指标。教以学为对象，并以促进有效地学为目的，因此，研究教的行为要以研究学的行为为基础。关于学习的内在机制和外在行为的知识，深刻地影响到教的目标、内容、具体过程及评价标准的选择和设计。从一般意义上来看，所有关于教的问题的思考和设计，都应以对学的理解和把握为基础，否则，教就可能成为背离学的规律、脱离学的目的的无实际效果和意义的活动。所以，关于学习的机制和学习行为的研究理应成为教学论知识结构中最主要的理论基础。我国教学论过去比较多地关注教学论的哲学、社会学基础，而相对严重地忽视了教学论的学习理论基础，值得引起关注。

2. 学习行为研究有助于丰富对学习问题的认识，提升教学论研究的理论与实践品性

教育理论与教育实践的脱离作为一个公认的事实，多年来一直被教育理论界与实践界所诟病。事实上，不仅教育学存在这样的学科危机，教学论亦未幸免，存在着理论品性和实践品性双重不足的问题。改革开放以来，虽然我国教学论研究突飞猛进，收获颇丰，但其理论品性却仍有欠缺，具体表现在三个方面②：一是大量引进国外教学理论，奉若至宝，反而在某种程度上印证了自身教学理论的贫弱。二是大力借鉴其他学科的理论与方法，直接套用其他学科的概念、术语、原理、范畴等，缺少教学论研究的学科立场。三是依附于教学政策、条例和指令，沦为教学政策的注脚和传声筒，淡化了严谨的逻辑论证和独立的学术判断，丧失了教学论研究的学理性。不仅如此，教学论实践品性也存有不足，

---

① 施良方、崔允漷主编：《教学理论：课堂教学的原理、策略与研究》，华东师范大学出版社 1999 年版，第 13 页。

② 辛继湘：《教学论研究：理论自觉与实践情怀》，《课程·教材·教法》2012 年第 9 期。

具体表现为：理论与实践的相对脱离，理论指导实践能力的弱化。[1] 教学论从学科本质上看本是深具实践智慧的理论，但在科学化发展进程中却渐渐遗忘了实践智慧，缺乏对人的生命完整性的关照、对教学生活世界的关注以及对意义世界的追寻。[2] 有鉴于此，同时考虑到我国教学论理论体系的固有缺陷（即"重教轻学"倾向），今后我国教学论研究要做到理论自觉，还可进一步加强对学习问题的研究，夯实教学论研究的理论基础，建构起囊括学习理论在内的更具完整意义的教学科学体系，甚至是适于我国教育改革实践的本土化教学论学科体系，不断提高自身理论体系的思想力和执行力，使教学论研究更具"教学"意蕴和特质，更具"实践"骨感和质感。

实际上，学生的学习问题在心理学研究中成果颇丰。但现有心理学中，学习理论对学习问题的研究主要集中在学习的实质、学习的过程和学习的条件上。除了行为主义心理学偏重研究学习者的外在行为反应与环境刺激之间的关联以外，经典的认知主义心理学、建构主义心理学以及当代情境认知理论等心理学流派，均侧重研究学习者学习的内部心理过程、机制等，且大多是从学习目标出发，研究不同学习目标的学习过程或机制。也就是说，心理学研究学习问题主要是聚焦在学习的内部心理过程或机制上，而不是外在的学习行为的选择与组织上。

教学论视域下的学习行为研究，一方面要借用心理学中学习理论对学习的心理过程的研究成果，这是因为对于学习者而言，学习行为必然受到其内部心理过程或机制，如认知过程、情感过程与意志过程的支撑与调控，同时又是这些内部心理过程或机制的外在表现。学习是内外协调发生的，学习者的内部心理结构变化涵盖认知变化和情意变化，是基础和根本，而外部行为表现则是学习者通过躯体和肌肉的协调运动来展示所学到的东西，是形式和载体，两者呈现出一种"以内养外、以外

---

[1] 林正范、贾群生：《教师行为研究：课程与教学论的重要研究方向》，《教育研究》2006 年第 10 期。

[2] 辛继湘：《教学论实践智慧的缺失与重建》，《课程·教材·教法》2011 年第 3 期。

表内，内外协调、表里贯通"的关系。① 然而，更为重要的是，另一方面它与心理学中学习理论对学习问题的研究有本质区别，它要突出学习行为研究的教学论立场，即聚焦于具体教学情境中的学生学习行为的选择和组织问题。具体来讲包括：如何根据具体教学目标实现的需要、学生的具体学情、具体学习内容的发展功能以及具体的教学条件（时间、空间及设备等），选择适宜的学习行为并进行教学组织和实施。也就是说，教学论视域下的学习行为研究可以打破心理学对学习问题研究的垄断局面，突破心理学研究范式的限制，丰富对学习问题的认识和理解，并形成基于教学论立场的富有特色的学习行为研究领域、内容、方法与结果，甚至是全新的学习行为理论体系，从而加固教学论研究的学科立场，增强教学论研究的理论品性。

当然，教学论视域下的学习行为研究对提升教学论研究的实践品性也大有裨益。其表现有二。其一，从学习行为的功能与作用来看，学习行为是教学理念、教学观念现实化的中介。先进的教学理念、观点和理论要转变为教学现实，实际地促进学生的成长与发展，必须最终落实在设计出相应的学生学习行为上。正如有学者指出的，教学所追求的目标和结果，一定要由"学"体现出来，"学"是学生自己的独立主动的活动，教师包办代替不了。② 对学生学习行为的研究可以更好地实现教学理论与教学实践的对接和转换，增强教学理论对教学实践的解释力和指导力。其二，从学习行为研究本身来看，学习行为是一个具有高度实践品质的问题，这就决定了学习行为研究不能囿于单纯的理论思辨层面，还需结合具体的教学情境，综合运用观察法、调查法、实验法等实证研究方法，考察学习行为与教学目标、教学内容、学生学情和教学条件的相关性或匹配度。多元科学研究方法的有机融合，可以实现"理论"与"问题"之间的良性循环：基于某一理论提出研究问题，为了回答问题开展研究，搜集研究数据得出研究结论，根据研究结论增强或修正

---

① 盛群力：《论有效教学的十个要义——教学设计的视角》，《课程·教材·教法》2012年第4期。

② 王策三：《教学论稿》，人民教育出版社1985年版，第380页。

理论。[①] 学习行为的研究过程实际上也体现了理论与实践的相互观照和互动生成，彰显了教学论研究的实践品质。

**（二）学习行为研究的现实意义**

1. 学习行为研究有助于缓解学习负担过重问题，提高学生学习生活质量

中小学学生学习负担过重、学习生活状况堪忧已成为我国教育中最为突出和集中的问题。据 2011 年一项调查研究显示，随着年级的升高，中小学学生的考试压力越来越大，睡眠时间越来越少，完成作业后的疲惫感越来越重，对班级的喜爱程度也越来越低。[②] 学生学习负担过重有着深刻的文化根源和现实压力。我国传统文化就十分强调"苦学"精神，如"头悬梁、锥刺骨""学海无涯苦作舟"等，而现行的考试评价制度，单纯以学生考试分数的高低论成败，无形中加剧了人们对苦学精神的认同，以致中小学盛行题海战术、鼓吹加班加点、学生身心俱疲。当下，减轻学生的学习负担，提高学生学习生活质量已刻不容缓。然而，纵然政府三令五申，全社会共同瞩目，教育者穷尽心力，各项减负活动及其改革措施仍收效甚微。

究其原因，减负可作为和可着力的空间过小，只能在不触及现有考试评价制度的前提下小打小闹，颇有点画地为牢的意味，以致各项改革措施雷声大、雨点小。甚至有些一线教育工作者认为，只要高考制度不变，只要存在升学率这个硬指标，学生负担过重问题就不可能得到有效解决。事实上，在现有考试评价制度之下，减负仍然可行，而且势在必行，关键在于找到打开减负之门的钥匙。而学生学习行为研究恰如其中一把金钥匙，能够揭示出学生学习负担过重的症结所在和解决方略。

首先，从学生学习生活质量的构成和评估上看，学习行为因素在其中占据重要位置。学习生活质量是对学生在学习生活中生命存在状况好

① ［美］费兹科、麦克卢尔：《教育心理学：课堂决策的整合之路》，吴庆麟等译，上海人民出版社 2008 年版，第 5—6 页。
② 王俊山、张燕燕、柯慧：《中小学生学习生活质量调查研究——以上海市静安区为例》，《上海教育科研》2011 年第 1 期。

坏的集中反映，具体包括学生在学习生活中的主观感受、客观结果和现实行为表现三个方面的内容。其中，主观感受是学生对学习生活的自我感受，客观结果是学生的身心获得发展的实际状况，现实行为表现则是学生在学习生活中潜能的发挥状况，是学生自我感受的外在表现。[①] 显见，行为表现是学习生活质量的重要组成部分和评估指标，换言之，可从行为入手，通过研究、改进学习行为来提升学生学习生活质量。

其次，从学生学习负担问题的表现上看，学习行为的运用状况是导致负担过重或过轻的症结所在。中小学学生学习负担既存在过重的一面，也存在过重背后所隐藏的负担较轻乃至过轻的一面。学习负担"过重"主要表现为：在学时间长、上课时数过多、作业量过大、简单机械的重复性训练过频；而学习负担"较轻"则表现在：学习主要局限于接受现成的知识，学生的学在很大程度上被教师的教所替代，学生的学习方式已基本模式化、套路化，考试科目（内容）与非考试科目（内容）学习负担严重失衡。[②] 不难看出，学生学习负担过重或过轻，学生学得多、学得苦、学得累却学得被动、学得不好，甚至不愿去学，在很大程度上与学生学习行为的单一、片面以及机械行为的大量重复使用有关。只有对学生的学习行为进行优化指导，才能从根本上解决学生学习负担问题。

最后，从学习行为研究的初衷来看，教学论视域下的学习行为研究就是要寻找有效的学习行为，而有效的学习行为是减轻学生学习负担的根本举措。目前已有的学习行为研究大多停留在零散的现状调查层面，研究的范围比较杂乱，研究的问题不够集中，研究缺乏统整性，尚没有形成基本的理论框架，更谈不上对行为变革实践的指导。教学论视域下的学习行为研究立足于现有学习理论研究成果，着力分析讨学习行为（尤其是良好学习行为）的特征、类型、功能与局限，并试图从真实教学情境出发，依托理论思辨和现场调查等多种研究方式，全面考察学生

---

① 唐荣德：《学生学习生活研究》，博士学位论文，华东师范大学，2005 年，第 7 页。

② 扈中平：《对我国中小学生学习负担的辩证分析》，《课程·教材·教法》2002 年第 6 期。

学习行为的现实状况，构建生活立场中学生学习行为重建的依据、内容和策略，大力探讨适宜的学习行为的选择和教学组织，为教师引导、规划、组织和优化学生的学习行为提供参考和借鉴。言下之意，对学生学习行为的系统性研究，可以指导教师帮助学生摒弃无效和低效的学习行为，以有效的学习行为达成学习目标，甩脱繁重的学习负担。同时，此类研究还可增进学生对学习行为的意义理解，实现学习行为的多样化和一体化，让学生在轻松、自由、愉悦的氛围中感受到真实生命成长的力量。

2. 学习行为研究有助于引领课堂层面教与学关系的变革，建立学习中心课堂，真正实现课堂教学的转型

从横断面上看，教学系统是由观念系统、行为系统和物质系统三个相互交织的系统构成的。其中，行为系统是教学系统中最生动、最具有变革力量的成分，因为再好的物质手段都必须通过行为才能起作用，再深刻的观念也只有借助行为才能发挥作用，并且只有行为是教学活动的实体，是真实可见的。① 可以说，行为系统的变革是决定课堂教学改革成败的关键。在行为系统内部，教师的教导行为与学生的学习行为在教学过程中并不是处于平行的地位，而是存在功能上的差异和时空占用上的不同，并且成为影响教学有效性的不同变量。在功能上，学习行为是教学过程中能直接促成教学目标实现的目的性（本体性）行为，而教导行为在教学过程中是引起和促进学习行为的手段性（条件性）行为。从占用教学过程的时空大小来看，有效的教学要求学生的学习行为要占据主要的教学时空，对应地教导行为尤其是教师单边活动的教导行为（如讲授）就不能占据主要的教学时空。从作为影响有效教学的变量来看，学习行为是影响学习结果与效率的直接控制变量；教导行为则是间接控制变量，主要通过作用于学习行为来影响学习的结果与效率。② 由此可见，学习行为的变革在课堂教学改革中更具基础性和全局性地位与作用，而学习行为的研究也就更具先导性和战略性意义。它能够引领课

---

① 裴娣娜主编：《教学论》，教育科学出版社 2007 年版，第 192—193 页。
② 陈佑清：《论有效教学的分析模型》，《课程·教材·教法》2012 年第 11 期。

堂层面的教与学关系的变革，进而实现课堂教学结构整体性转型，即从以教师活动（尤其是讲授）为中心的课堂向以学生能动而有效学习为中心的课堂转变。

事实上，时下基层学校所进行的有效课堂教学变革已显现出了对教与学的关系，尤其是对教师教导行为和学生学习行为的关注和调整。最为典型的是江苏洋思中学和山东杜郎口中学在学校层面整体推行的课堂教学结构变革。洋思中学创建了"先学后教，当堂训练"的课堂教学模式，教师在课堂上面向学生讲授的时间一般控制在 15 分钟以内，其余时间则用于学生自学、质疑、讨论等。杜郎口中学创建了课堂教学的"三三六模式"，也凸显了学生学习的自主性。在该模式中，教师面对全体学生讲授的时间控制在 10 分钟以内，学生活动时间则要求在 35 分钟以上。从学生发展和社会反响上看，两所学校的课堂教学变革都取得了巨大的成功。通过对比不难发现，两所学校的课堂变革具体涉及教与学的关系（教与学占用教学时间的比重、教与学的先后顺序）的调整、教学组织形式的改变以及教师教导行为和学生学习行为的变化等。而这种变革彻底颠覆了我国传统的授受式课堂教学模式，把对学生主体地位的推崇发挥到极致，有利于改变学生被动学习、机械学习的境况，彰显学生学习的主体精神。因而，此类变革也被誉为具有中国本土特色的解决问题式的教改革命：变革直指我国教学的突出问题，关乎学校的生存与发展，且变革力度大。[1] 学习行为研究领域的开拓，能够聚焦并推广当前课堂教学改革的有效经验，建立学习中心课堂，从根本上解决我国课堂教学学生学习负担重、效率低、片面发展等不良弊病，真正实现教学的有效或高效，推进我国教学改革的本土化进程。

---

[1] 陈佑清：《教学过程的本土化探索——基于国内著名教学改革经验的分析》，《当代教育与文化》2011 年第 1 期。

# 第二章

# 学习行为的基本内涵

"行为"是一个跨学科的概念术语，具体关涉哲学、生物学和心理学等多个领域。鉴于人类行为的复杂性及其多源性，人类行为研究具有多个向度，如心理学、社会学、文化人类学、行为科学等向度。其中，与学习关联最为密切的研究向度是心理学。作为对学生学习行为的一项专门研究，显然需要借鉴其他研究向度，尤其是心理学向度的研究成果，但即便如此，仍需建立教学论学科视域下的学习行为概念。为此，本章在分析心理学对学习行为理解的基础上，试图回答以下问题：教学论视域下学习行为的基本内涵是什么？它有哪些主要特征？可以作出怎样的类型划分？

## 一 学习行为的含义

"学习行为"是建立在"行为"这一概念的基础之上的。谈到行为，就不能回避动物行为和人类行为的差异这一问题，进一步而言，不能回避人类学习行为与动物学习行为之间的差异。

### （一）行为

行为是有机体在与环境的相互作用中所表现出来的与生理、心理活动紧密相连的运动、动作、反应和活动。而有机体既可能是动物，也有可能是人类。

1. 动物行为

动物行为的研究历史悠久。早在古希腊，亚里士多德就曾采用观察法开启了动物行为研究的新纪元，在他的著作中，记录了540种动物的生活史和行为。进入19世纪之后，动物行为研究的四大先驱分别是达尔文、摩根、法布尔和巴甫洛夫。达尔文的《物种起源》（1859年）提出了进化论的观点，奠定了生物学研究的基石。摩根的吝啬律，颠覆了那种赋予动物过多智慧的研究趋势，指出当动物的行为可以依据较低的心理过程加以解释时，就不要将其解释为高级心理过程的结果。法布尔是第一位在自然环境中仔细观察和研究昆虫的科学家，被达尔文称为"无法仿效的观察家"，其著作《昆虫记》（1879年）真实地记录了昆虫的本能与习性，并透过昆虫生活折射人类世界，被誉为"昆虫的史诗"。巴甫洛夫创立了条件反射学说，为研究动物学习过程的本质作出了重要贡献。20世纪是动物行为学迅速发展和真正诞生的时期，基本上形成了动物行为研究的两大流派：一是以康拉德·洛伦兹、尼古拉斯·廷伯根与卡尔·冯·弗里施为代表的比较行为学派，主要研究动物在自然条件下的本能行为；另一派是以桑代克、华生、斯金纳为代表的实验心理学派，重点研究动物在实验室内的学习行为。截至目前，动物行为研究的核心问题有三：一是动物在不同情境下的不同行为表现，二是动物行为表现的生活意义（生物学功能），三是动物行为的内、外在原因及其控制机制。①

动物行为主要是指动物在与环境相互作用的过程中所做出的一切动作，除了跑、游、爬和其他方式的位置转变外，还包括进食、求偶、呼吸、休眠等一切动与不动的变化。从行为的功能上看，动物的行为可分为觅食行为、领域行为、社群行为、性行为、双亲抚育行为和节律行为（迁徙）等。从行为的源头上看，动物的行为可分为先天行为和后天行为。前者是动物与生俱来的、由遗传因素所控制的行为，后者是后天习得的、通过生活经验和学习逐渐建立起来的行为。有学者还对动物先天行为和后天行为的功能作出了区分：先天的、种的行为只能符合外界环

---

① 王敏慧：《简介行为研究的发展》，《动物学杂志》1981年第2期。

境的缓慢变化，而后天获得的、个体的行为则能使动物适应外界环境的不断变动；没有个体的习得行为，动物就不能与其生活环境取得平衡，就难以继续生存。① 尽管动物的行为多种多样，但其行为目的单一，仅仅是为了满足生物意义上的生存而已。进一步而言，动物的行为，尤其是后天的学习行为，不管多么高级，都只是一种生物现象，都只是个体对外界环境的适应或平衡。

2. 人类行为

人类行为是人类为满足自身需要在与环境相互作用的过程中所表现出的一系列动作、反应和活动。按照不同的标准，人类行为可以划分为不同的类型：从遗传和发育的角度可分为本能行为（先天定型行为）和学习行为（后天习得行为），按行为的起源可分为生物行为和社会行为，按行为与社会环境的协调性可分为适应性行为和适应不良行为，等等。与动物的行为相比，人类行为虽然也有基于本能的，但绝大部分都是后天习得的，而且其目的不是要获得生物意义上的生存，而是要获取社会意义上的生存，即谋求更加舒适的生活状态和更加优越的发展平台。

人类行为极其复杂多样，主要来源涉及四个方面。② 一是生物学来源。人类行为部分受生物学方面支配，源自规定一个人潜能和局限的遗传因素。二是心理学来源。人类行为出自感觉、认识和情感的发展，人类行为通过感觉、认识以及原动能力和个性结构的发展得以控制。三是社会结构来源。社会结构，诸如家庭和其他社会组织，一旦建立就会控制行为并施加压力以便维持行为。四是文化来源。文化包括价值观、知识以及对人们来说是适当的并乐于接受的物质技术。文化可被看作是全部人类所学行为的组合体，它以相同的方式规范和指导那些生来就导引其他动物种类的人类。实际上，上述四个来源在规范人类行为方面是同时起作用的。也就是说，每个人都有一种创造自己行为潜能的特殊生物

---

① 潘菽主编：《教育心理学》，人民教育出版社2001年版，第42页。

② ［美］伯格、费德瑞柯：《人类行为》，梅毅译，中国社会科学出版社1993年版，第26—32页。

能力，但这种潜能实现的程度却主要受自身心理发展、社会结构环境和文化的影响。

基于人类行为的复杂性及其多源性，人类行为的研究也具有多个向度，具体涉及心理学、社会学、文化人类学、行为科学以及社会科学等多门学科。不同学科领域的人类行为研究又显现出不同的研究取向和侧重点：以心理学取向来研究人类行为，基本特点是强调学习，因为学习是改变人类行为的关键；以社会学取向来研究人类行为，基本特点是使用互动理论来解释人类行为，强调在社会互动中形成社会角色，进而通过社会化对人类行为产生影响；以文化人类学取向来研究人类行为，基本特点是强调基本人格结构决定文化行为；以行为科学取向来研究人类行为，基本特点是综合心理学、社会学以及文化人类学等多学科的知识来研究人类行为的变化，借以描述、解释、预测和规范人类行为；以社会工作取向来研究人类行为，基本特点是运用整体的观点，即从完整的角度和较大的范畴，包括从生物、心理、社会、经济、政治以及物理力量等方面出发来理解人类行为，借以适应和进行社会服务活动。① 可以说，人类行为的各个层次、各个角度的多元化研究尽管表面上异向发展，但在实质上都发生着共同的深层变化——试图揭示人类行为发生、发展的内在机制，借以解释、预测、改善和改进人类行为，从而呈现出一幅回归行为本源的欣欣向荣的整体图景。

### （二）学习行为

在教育心理学领域，对"学习"的界定已达成共识，学习是指学习者因经验或练习而产生的行为或行为潜能的较为持久的变化。而对"行为"的含义则莫衷一是：行为主义者眼中的"行为"，通常是指外显的反应；拉尔夫·泰勒所认可的行为则不仅指外显反应，还包括思维、问题解决和态度；麦伦·邓波则认为行为是情感、知觉、信念和意图等使一个人不同于另一个人的种种内部行为。② 究竟什么是学习行为？笔者认为，学习行为是与学习活动同义的概念，是学习者在主客观

---

① 徐愫：《人类行为与社会环境》，社会科学文献出版社 2003 年版，第 21—25 页。
② 施良方：《学习论》，人民教育出版社 2001 年版，第 8 页。

因素的影响下在学习过程中表现出来的运动、动作和反应的总和，是学习者的思想、情感、情绪、态度、动机、能力等内在心理素质的外在表现。从构成要素上看，学习行为具体由行为的主体、对象、目的、过程、方式、手段、策略和结果等构成。

学习行为具有以下三个特点。

其一，有明显的动作表现。即便学习者进行思考或反省等内部思维学习活动，也会有可以观察到和测量到的外在行为表现，只不过其动作出现的时间（即时与延时）、形式、幅度和强度不同而已。赫根汉（B. R. Hergenhahn）和马修·奥尔森（M. H. Olson）在分析金布尔（G. A. Kimbel）提出的学习定义时就曾指出，学习是以行为变化为指标的，学习结果必须总是能够被转换成可观察的行为。这种行为变化不必在学习经验之后立即发生，学习可能会导致行为潜能发生变化，这种潜能可以在后来的时间才转变成行为。① 在此基础上，他们还对学习和表现进行了区分：学习是指行为潜能的变化，表现则指的是将这种潜能转化为行为。② 而我国学者也指出，要了解学习是否发生过，只能根据学习者在学习前后行为表现的变化才能推断出来，这种行为变化常常是指从事某项任务的能力的增长，但也可能包括态度、情感和价值观等方面的变化。③ 可以说，除斯金纳学派④外，大多数学习理论家都认为，学习过程不能被直接研究，其本质只能从行为变化中推论出来；学习是引起行为的中介过程，学习作为某种经验的结果而发生，进而导致后继的行为发生变化。如图2-1所示，学习处于中介变量的地位，被假设成发生于可观察的刺激与反应之间。自变量引起中介变量（学习）的某种变化，并随之引起因变量（行为）的变化。⑤

而对于学习者而言，在具体的教学活动中是否达成了教学目标或学习

---

① ［美］赫根汉、奥尔森：《学习理论导论》，郭本禹等译，上海教育出版社2011年第7版，第2页。

② 同上书，第4页。

③ 施良方：《学习论》，人民教育出版社2001年版，第302页。

④ 在斯金纳学派看来，行为变化就是学习，不需要作出进一步的推论。

⑤ ［美］赫根汉、奥尔森：《学习理论导论》，郭本禹等译，上海教育出版社2011年第7版，第3页。

图 2 - 1　学习与行为变化的关系

目标，也确实需要用外部行为表现来加以证明。一方面，学习者必须通过某种外显的表现方式向他人（同伴、老师等）证实自己的学习成果，得到他人评估；另一方面，学习者也需用外显的表现方式向自己证实内部心理过程的变化，得到自我评估。[①] 换句话说，学习者在学习过程中总是力图将所学用外显行为动作展露和表现出来，这使得学习结果具有可观察性，同时也便于教师通过学习者的"表现力"来推断其"摄取力"。

　　其二，外显动作并不孤立存在，由学习者内部生理、心理活动予以支撑。真正具有发展意义的学习行为，并不是简单的身体器官动作，也不是单纯的机械肢体活动。有意义的学习活动必然要求学习者身心整个参与，做到手脑并用。正如罗杰斯（C. R. Rogers）所提出的"意义学习（significant learning）"概念：意义学习不仅仅是一种增长知识的学习，而是一种与每个人各部分经验都融合在一起的学习，是一种使个体的行为、个性以及在未来选择行动方针时发生重大变化的学习。这种学习具有个人参与的性质，要求学习者整个人（包括情感和认知）都投入到学习活动中，并会使学习者在行为、态度、人格等方面获得全面发展。[②] 豪恩斯坦（A. D. Hauenstein）也曾指出，每一个人都是作为一个整体投入学习的，理智、情感和行为浑然一体，学习就意味着思考（thinking）、体验（feeling）和行动（doing），合成之后就是"付诸实践（acting）"和"表现业绩（performing）"。[③] 具身认知理论观照下的"具身学习"，也强调身心一体和心智统一，指出人是一种整体性的存在，是知、情、意、行的

　　① 盛群力、马兰、褚献华：《论目标为本的教学设计》，《教育研究》2008 年第 5 期。

　　② 陈琦、刘儒德主编：《当代教育心理学》，北京师范大学出版社 2007 年第 2 版，第205—206 页。

　　③ 盛群力等编著：《21 世纪教育目标新分类》，浙江教育出版社 2008 年版，第 58 页。

统一体，是灵与肉的完美结合。① 国内也有学者指出，学习是内外协调发生的，学习者的内部心理结构变化涵盖认知变化和情意变化，是基础和根本，而外部行为表现则是学习通过躯体和肌肉的协调运动来展示所学到的东西，是形式和承载体，两者表现出一种"以内养外、以外表内，内外协调、表里贯通"的关系。② 因此，要把学习行为与盲目或冲动性行为（如本能的反射、反应、冲动等）以及机械性的行为（纯粹的操作和动作等）区别开来。单纯的外显行为（如行为主义心理学所强调的"反应"）或因熟练化而无需意识参与的动作表现，只具有强化和训练人的行为习惯和行为技能的意义，对于学生身心发展的价值是比较有限的。在看待学习行为时，不能就行为论行为，不能将学习行为作"唯行为化""唯动作化"的片面、僵化、机械化理解。

其三，外显动作是考察学习者学习生活状态和生存状态的重要指标。学生的生活，与成人生活不同，主要是一种学习生活，是学生的一种特殊存在方式，反映了学生作为一个生命体的完整生存状态。有学者提出了"学习生活质量"概念，认为学习生活质量是对学生在学习生活中的生命存在状况好坏的集中反映，具体包括学生在学习生活中的主观感受、客观结果和现实行为表现三方面内容。③ 据此，学生的学习生活状态可以从学习生活带给学生的客观结果，即学生在身心行为方面发生的客观变化来加以窥探。一般来说，学习会使学生的身心行为发生三个方面的变化：一是心理变化，包括认知能力、认知策略、知识结构、思想观念、价值标准、情感特征和个性品质等方面的变化；二是行为变化，包括操作技能、运动技能、行为模式、言语特征、反应特征等方面的变化；三是生理变化，包括神经系统、内分泌系统、呼吸系统、循环系统和消化系统等方面的变化。④ 其中，心理变化和生理变化具有隐蔽

① 王会亭：《从"离身"到"具身"：课堂有效教学的"身体"转向》，《课程·教材·教法》2015年第12期。

② 盛群力：《论有效教学的十个要义——教学设计的视角》，《课程·教材·教法》2012年第4期。

③ 唐荣德：《学生学习生活研究》，博士学位论文，华东师范大学，2005年，第7页。

④ 张奇：《学习理论》，湖北教育出版社1998年版，第12页。

性，但或多或少可通过行为表现显现出来。因此，通过行为动作表现揭示和刻画学生的生活状态和生存状态切实可行。

概言之，学习行为是一个复合性概念，外部动作表现并不能脱离学习者的内部生理、心理活动而孤立存在，它只是学习行为的一个重要且基本的方面。因此，在对学习行为进行研究时，不能孤立地就行为论行为，要关注支撑学习行为的学习者内部状态，尤其是心理状态，并可以借助对外显行为动作表现的考察、指导和优化，去了解、研究和改进当前学生的学习状态、生存状态和生活状态。

## 二 学习行为与相关概念辨析

与学习行为相关的概念，主要有学习方式、学习心理、学习生活和教学行为等。

### （一）学习行为与学习方式

前已述及，学习方式即"学习行为的方式"，是指学习者为实现某种学习目标而作用于某种学习对象所采取的具体路径，主要涉及学习者参与学习活动的方式和在头脑中对信息进行加工的方式。学习方式反映了学习者在完成学习任务时基本的行为和认知取向，是学习者连续一贯表现出来的学习策略和学习倾向的总和。学习行为作为学习者在学习过程中表现出来的运动、动作和反应的总和，蕴含并体现了学习者的知识、智能、价值、情绪、态度、动机等个性心理要素。相比于学习方式，学习行为更具实体性，更为具体和多样，而学习方式则侧重于刻画学习行为在具体展开路径方面的特征，显得较为抽象和概括，只有在实践中以具体的行为和操作策略展现出来才具有真正的实践意义。

### （二）学习行为与学习心理

学习心理是教育心理学的基本研究领域，也是教育心理学发展至今相对完善且研究资料最为丰富的一个领域。学习心理中对学习问题的研究主要集中在学习的实质、学习的过程和学习的条件上。学习心理研究旨在揭示学习过程中的心理现象的特殊规律，以便为学习和教育实践服务。现有学习心理研究具体涉及三个方面：一是一般学习过程规律的理论，如条件作用、观察学习、信息加工和知识建构等；二是对各种学习结果及其过程的研究，如概念获得、技能形成、问题解决、学习策略的习得以及品德与态度的形成等；三是对各个内容领域的特殊学习过程的研究，如阅读、写作、数学和科学等。[①]

学习心理与学习行为关系密切，具体表现有二。其一，学习行为的产生需要一定的学习心理活动予以支撑。如果一种行动没有心智在其中起作用，那么这种行动要么是一种习惯的动作，要么是一种盲目的行动。心智是根据对未来可能的结果的预测而应付目前刺激的能力，目的在于控制将会发生的结果。[②] 行为需得到心智的指导和支撑，必须以心理活动为基础。其二，学习行为是学习心理活动的外在反映。心理活动主要涉及人的精神生活领域，由感知、记忆、思维、意志和情感等活动组成。与人的生理活动一样，心理活动很难通过感官进行直接观察。而行为活动则是人的生理和心理的直接的外化着的形式，它既表现着心理活动的自由能动性，又表现着生理和心理活动的统一性。[③] 学习行为是学习者外化着的生理活动（表现为动作和运动）和心理活动（表现为目的、价值、计划以及对生理性动作和运动的有意信息指令的调控）的有机统一。

## （三）学习行为与学习生活

"生活"是一个非常复杂的概念，不同的学者有着不同的理解。杜威在论述教育与生活的关系时指出，我们使用"生活"这个词来表示个体的和种族的全部经验，"生活"包括习惯、制度、信仰、胜利和失

---

① 陈琦、刘儒德主编：《当代教育心理学》，北京师范大学出版社 2007 年第 2 版，第 109 页。

② ［美］杜威：《民主主义与教育》，王承绪译，人民教育出版社 1990 年版，第 144 页。

③ 邬焜：《试论人的生理、心理、行为本质的全息统一》，《青海社会科学》1989 年第 5 期。

败、休闲和工作。① 可以说，在杜威看来，生活是经验的表达。陶行知在阐述生活教育思想时指出，有生命的东西，在一个环境里生生不已就是生活。② 可见，在陶行知看来，生活是有机体在环境中的活动过程。对于人类来说，生活就是人的一种现实的存在，是人有意识有目地维持生存和发展的活动和行为的总和。而学习生活作为生活的一种特殊类型，是学生以学业活动为表现形式的特殊生存过程，既是个人获取经验的过程，也是个人为了生存与发展而进行的自觉连续性活动过程。③

学习生活是学生的特殊存在方式，在内容上表现为各种学业活动，由学生自觉多样化的学习行为构成。而学生的学习生活质量可从学生在学习生活中的主观感受、客观结果和现实行为表现三个方面进行考察和评估。其中，主观感受是学生对学习生活的自我感受，客观结果是学生的身心实际状况，现实行为表现是学生在学习生活中潜能的发挥状况，是学生自我感受的外在表现。④ 也就是说，学生在学习生活中的各种行为表现也是评估学习生活质量高低的一个重要指标。

### （四）学习行为与教学行为

从广义上讲，教学行为包括教师教导行为、学生学习行为和师生互动行为；从狭义上讲，教学行为主要是指教师在课堂生活中展现出来的行为，即教师的教导行为。鉴于当前教学行为研究过多关注教师教导行为，且师生互动行为被单列出来进行了专门化研究，学习行为研究相对薄弱，此处提及的教学行为主要是指教师的教导行为。

教师的教导行为和学生的学习行为之间是一种相互影响、相互制约的关系。首先，教师的教导行为是引起、促进学生学习行为产生和有效推进的条件。⑤ 教学行为虽然并不一定必然导致所期望的学习行为发生，但它的确是学生学习行为产生的一个重要因素。教师拥有引导和规

---

① ［美］杜威：《民主主义与教育》，王承绪译，人民教育出版社 1990 年版，第 7 页。
② 陶行知：《中国教育改造》，东方出版社 1996 年版，第 142 页。
③ 唐荣德：《学生学习生活研究》，博士学位论文，华东师范大学，2005 年，第 5 页。
④ 同上书，第 7 页。
⑤ 陈佑清：《论有效教学的分析模型》，《课程·教材·教法》2012 年第 11 期。

划学生学习行为的学识、能力和权利，同时也负有引导和规划学生学习行为的使命、责任和义务。有效学习行为的产生，离不开教师合理教导行为的引导，这在低年级学生身上表现尤为明显。其次，学生的行为表现也影响着教师对学生学习动机和知识水平的假设，进而影响教师教导行为的选择。① 进一步而言，教师对学生学习行为的引导和规划是基于并受制于学生现有的行为表现、知识储备和能力发展水平的，教师对自身教导行为的选择并不是随心所欲的，必须参考并依据学生的现实发展水平，尤其是可观察到的学生学习行为表现。

# 三　学习行为的主要类型

在对学习行为进行分类时，我们试着从两个方面着力：一是梳理与学习行为分类相关的理论，从中寻找学习行为分类的可能视角与线索；二是整理现有的关涉学习行为分类的观点，从中获取学习行为分类的相关思路与信息。最后，在此基础上提出一个关于学习行为的"对象—操作—结果"三维分类框架。

## （一）与学习行为分类相关的理论

### 1. 泰勒的行为目标

泰勒因强调以行为方式来陈述目标而被称为"行为目标之父"。泰勒在《课程与教学的基本原理》（1949 年）一书中指出，在课程目标确定后，要用一种最有助于学习内容和指导教学过程的方式来陈述目标，既指出要使学生养成的那种行为，又言明这种行为能在其中运用的生活领域或内容。② 在泰勒看来，陈述目标的最有用的形式是按照"行为"和"内容"两个维度陈述，前者是指通过教学要求学生所表现出来的行为，后者则是指这种行为所适用的领域。行为目标的提出，开启

---

① ［美］古德、布罗菲：《透视课堂》，陶志琼、王凤、邓晓芳等译，中国轻工业出版社2002 年版，第 46 页。

② 施良方：《课程理论：课程的基础、原理与问题》，教育科学出版社 1996 年版，第84—85 页。

了用行为来观察、测量和评估教学效果的先河，凸显了学习行为研究的必要性和可能性，并对学习行为的多维分类具有一定的指导意义，即可考虑从行为适用领域出发对学习行为的类型作出划分。

2. 布卢姆的教育目标分类

布卢姆（B. S. Bloom）早期专注于考试、测量和评价方面的研究，20 世纪 70 年代后才开始从事学校学习理论的研究。基于早期的研究背景，布卢姆认为制定目标是为了便于客观的评价，而不是表述理想的愿望。布卢姆的教育目标分类学具有四个特征：一是用学生外显的行为来陈述目标，二是目标是有层次结构的，三是教育目标分类学是超越学科内容的，四是教育目标分类学是教师进行教学和科研的工具。[①] 也就是说，布卢姆的教育目标分类学致力于对教学过程和学生在教学过程中的行为变化作出假设，进而为教师评价教学结果提供测量的手段。

布卢姆提出的认知领域教育目标分类学说，经由洛林·安德森（L. W. Anderson）等人修订如下[②]：①记忆（remember），即从长时记忆系统中提取有关信息，包括再认和回忆。②理解（understand），即从口头、书面和图画传播的教学信息中建构意义，包括解释、举例、分类、概要、推论、比较与说明。③运用（apply），即在给定的情境中执行或使用某程序，包括执行和实施。④分析（analyze），即把材料分解为不同的组成部分，并确定各部分之间的关系及其与总体结构的关系，包括区分、组织和归属。⑤评价（evaluate），即依据标准作出判断，包括核查和评判。⑥创造（create），即将不同的要素或部分加以重组，以形成一个新的模式或结构，包括生成、计划和产生。这六个认知目标与相关认知过程及其样例如表 2-1 所示。

---

① 施良方：《学习论》，人民教育出版社 2001 年版，第 328—330 页。
② ［美］安德森：《学习、教学和评估的分类学》，皮连生主译，华东师范大学出版社 2007 年版，第 61—77 页。

表 2 – 1　　　认知过程维度的六个目标与相关的认知过程①

| 过程类目 | 认知过程及例子 |
|---|---|
| 1. 记忆——从长时记忆系统中提取有关信息 | |
| 　1.1 再认 | （如：再认美国历史上重要事件的日期） |
| 　1.2 回忆 | （如：回忆美国历史上重大事件的日期） |
| 2. 理解——从口头、书面和图画传播的教学信息中建构意义 | |
| 　2.1 解释 | （如：解释重要演讲或文件的含义） |
| 　2.2 举例 | （如：给出各种美术绘画类型的例子） |
| 　2.3 分类 | （如：将考察到的或描述过的心理混乱的案例分类） |
| 　2.4 概要 | （如：为录像记录的事件写一则简短的摘要） |
| 　2.5 推论 | （如：学习外语时从例子中推论出语法原理） |
| 　2.6 比较 | （如：比较历史事件与当前的情形） |
| 　2.7 说明 | （如：解释法国 18 世纪重要事件的原因） |
| 3. 运用——在给定的情境中执行或使用某程序 | |
| 　3.1 执行 | （如：多位整数除以多位整数） |
| 　3.2 实施 | （如：将牛顿第二定律运用于它适合的情境） |
| 4. 分析——把材料分解为组成部分并确定各部分之间的关系以形成总体结构或达到目的 | |
| 　4.1 区分 | （如：从数学应用题中区分出有关和无关数字） |
| 　4.2 组织 | （如：组织证据使之成为支持或反对某一特殊解释的证据） |
| 　4.3 归属 | （如：根据文章作者的政治观点确定他的观点） |
| 5. 评价——依据标准或规格作出判断 | |
| 　5.1 核查 | （如：确定科学家的结论是否来自观察的数据） |
| 　5.2 评判 | （如：判断两种方法中哪一种对于解决问题更恰当） |
| 6. 创造——将不同要素加以重组，以形成一个新的模式或结构 | |
| 　6.1 创新 | （如：提出假设来说明观察到的现象） |
| 　6.2 计划 | （如：计划写一篇历史题目的论文） |
| 　6.3 建构 | （如：为某一特殊目的建筑住处） |

---

① ［美］安德森：《学习、教学和评估的分类学》，皮连生主译，华东师范大学出版社 2007 年版，第 59—60 页。

布卢姆的教育目标分类学说，虽然没有明确地对学生的学习行为进行分类，但它指出了一个关涉学生学习行为的目标序列，并在安德森等人的努力下对每一级目标给出了评估样例和具体评估形式。这有助于增进我们对学生学习行为的认识和理解，也有助于我们对学生学习行为的具体操作方式进行考量和评估。

3. 加涅的学习结果分类

加涅认为，学习的出现是指学习者被置于"学习情境"中的前后行为发生了某种可以观察到的变化，就行为表现来看，这些变化可能是能力的提高，也可能是态度、兴趣或价值的倾向变化。[1] 他指出，人类在生活中和教育情境中主要存在五种学习结果（即习得性能）[2]：①言语信息（verbal information），是描述某些事实的知识，其表征形式有图式、线性排列、命题及命题网络等，旨在帮助学生解决"是什么"的问题。②智慧技能（intellectual skill），是一种对外办事的能力，其表征形式是产生式或产生式系统，由辨别、概念、规则和高级规则构成，旨在解决"怎么做"的问题。③认知策略（cognitive strategy）是一种对内调控的能力，支配着学习者在应对环境时的内部思维过程。④动作技能（psychomotor skill），是身体与肌肉协调的能力。经由练习可以不断提高动作的质量，如动作的流畅性、精确性、定时性等。⑤态度（attitude），是影响个人行动的内部信念，不能被直接观察，只能从推论中得知。

在该学习结果分类理论中，加涅特别强调，习得的结果类型不同，学习的条件也不同，因此，有必要区分学习结果（或习得性能）的类型，而这些性能必须作为人类的行为表现被观察到。为此，需要寻找具有共同特征的人类行为表现，从这些表现中作出使这些行为成为可能的习得的性能的推论。[3] 在加涅看来，习得的性能是一种内潜

---

① ［美］加涅：《学习的条件和教学论》，皮连生、王映学、郑葳等译，华东师范大学出版社 1999 年版，第 2 页。

② ［美］申克：《学习理论》，韦小满等译，江苏教育出版社 2003 年版，第 389—390 页。

③ ［美］加涅：《学习的条件和教学论》，皮连生、王映学、郑葳等译，华东师范大学出版社 1999 年版，第 47 页。

的心理状态或心理品质，其存在是根据学习者外在的行为表现（per-formance）推测出来的。也就是说，五种习得性能实际上是对学习者的学习行为进行推导和归纳的结果，它在一定程度上反映了学习行为的种类。也正是如此，五种习得性能也可分解为不同的行为表现，如表2-2所示。

表2-2                     五类习得性能及其行为样例①

| 性能（学习结果） | 行为样例 |
| --- | --- |
| 言语信息 | 陈述美国宪法第四修正案条款<br>叙述一车祸中的事件 |
| 智慧技能 | 识别出一个矩形的对角线<br>演示在介词后使用人称代词的宾格形式 |
| 认知策略 | 运用表象作为中介环节联系英文单词学习与之对应的外文单词<br>运用逆推法重组口头陈述的问题 |
| 动作技能 | 刨平一块木板的边<br>书写字母 E |
| 态度 | 选择阅读科幻小说<br>选择跑步作为锻炼的经常形式 |

可见，加涅的学习结果分类理论虽然旨在揭示不同类型的学习结果（或习得性能）及其得以发生的内、外部条件，但这些学习结果或性能与学习行为密切相关，而且，加涅的研究也启发着我们在对学习行为进行分类时，可从学习行为所要达到的结果或所负载的功能的角度作进一步思考。

4. 梅里尔的成分显示论

梅里尔及其合作者在借鉴加涅等人理论的基础上，通过大量有关概念学习的实证研究，于20世纪80年代提出了成分显示论，从行为水平和内容类型两个维度对认知领域内的学习结果进行分类。其中，行为

---

① ［美］加涅：《教学设计原理》，皮连生、庞维国等译，华东师范大学出版社1999年版，第44页。

（performance）维度是指学生学业行为的表现，包括记忆（remember）、应用（use）和发现（find）三种水平。内容（content）维度是指教学具体材料所涉及的项目，包括事实（fact）、概念（concept）、程序（procedure）和原理（principle）四种类型。①

如图2-2所示，行为水平和内容类型两者结合原本可以组合出12种教学活动，但鉴于事实知识一般只要求记忆，所以删去了"应用事实"和"发现事实"这两种成分，最后剩下了10种不同类型的教学活动成分。10种教学活动成分和学生应达到的能力如表2-3所示。

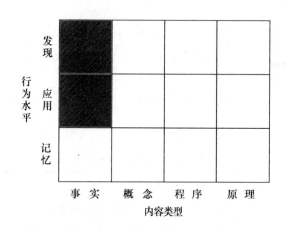

图2-2　"行为—内容"二维矩阵

表2-3　　　　　十种教学活动成分及其相应的行为目标

| 教学活动成分 | 学生应达到的能力（行为目标） |
| --- | --- |
| 记忆事实 | 能回忆出（能写出、能描绘、能指定、能选择）有关事实 |
| 记忆概念 | 能陈述（能写出、能描绘）有关概念的定义 |
| 记忆程序 | 能陈述步骤（能作出流程图、能列出步骤） |

---

① 盛群力等编著：《21世纪教育目标新分类》，浙江教育出版社2008年版，第179—180页。

续表

| 教学活动成分 | 学生应达到的能力（行为目标） |
|---|---|
| 记忆原理 | 能说明（能用文字描述或用图表曲线表示）有关原理中事物之间的关系 |
| 应用概念 | 能分析概念（能区分概念的本质和非本质属性） |
| 应用程序 | 能实际操纵、演示程序 |
| 应用原理 | 能运用原理（能把原理运用于新情境，预测和解释所得结果） |
| 发现概念 | 能发现概念间的关系 |
| 发现程序 | 能设计、分析并验证新程序 |
| 发现原理 | 能发现事物的性质规律 |

显见，梅里尔的成分显示论为分析认知领域的学习内容和教学活动提供了更具操作性的工具。"行为—内容"二维矩阵，在一定程度上显现出在教学过程中对学生学习行为关注和考察的重要性，同时也说明学生的学习行为是可以与知识学习或教学紧密联系起来的，对于考察认知领域的学习行为具有一定借鉴意义。

5. 豪恩斯坦的教育目标分类整合模式

与布卢姆和加涅不同的是，豪恩斯坦将教育目标分为认知、情感、心理动作和行为四大领域，每个领域按照发展水平和成就水平进行了层级分类，均分为五个层次。[①]

（1）认知领域

认知领域要达到的目标：一是形成概念（conceptualization），即在具体情境中识别定义和概括观念的能力；二是领会（comprehension），即转换、解释观念以及推断信息的能力；三是应用（application），即澄清问题或情境以及运用原理与程序解决问题或满足情景需要的能力；四是评价（evaluation），即分析与验证信息、数据或情境以作出价值判断的能力；五是综合（synthesis），即提出假设和复杂问题解决方案以体现新思路、新方案的能力。

---

① 马兰、盛群力：《教育目标分类新架构——豪恩斯坦教学系统观与目标分类整合模式述评》，《中国电化教育》2005 年第 7 期。

（2）情感领域

情感领域要达到的目标：一是接受（receiving），即具有意识、愿意与关注的素质；二是反应（responding），即对情境作出默许、依从和评估反应的素质；三是形成价值（valuing），即接受、喜爱与承诺价值观念的素质；四是信奉（believing），即将某种价值观念视为指导原则的素质；五是展露个性（behaving），即依据价值观念采取行动与调节行为的素质。

（3）心理动作领域

豪恩斯坦认为，心理（psycho）是指心智（mind），即大脑及神经系统的指挥作用；动作（motor）是指躯体或肌肉的运动。心理动作的学习绝非只是"动手做"，而是手脑并用、情知一体的体验性学习。①心理动作领域要达到的目标：一是知觉（perception），即接受刺激与识别刺激的能力；二是模仿（simulation），即激活、仿效和协调自然潜能以形成行为及其范式的能力；三是生成（conformation），即整合才能倾向和完成动作任务使技能得以被识别的能力；四是外化（production），即维持与调整技能以达到预期标准的能力；五是精熟（mastery），即创新与完善各种能力的品质和愿望。

（4）行为领域

豪恩斯坦指出，行为是个体对内外部刺激作出反应的方式，行为领域不是脱离认知、情感和心理动作领域而孤立存在的，它是对这三个领域进行整合而形成的一个完整结构。②行为领域可分为习得（acquisition）、同化（assimilation）、适应（adaptation）、表现（performance）和抱负（aspiration）五种水平。其中，习得是指能够获得新信息或内容，同化是指新知识和旧知识发生互动，适应是指将已学到的东西应用于与个体技能和价值观相关的情境或问题之中，表现是指产生或调整新知识、技能与价值观，抱负是指追求自我超越、精益求精。而这每一种水平分别由认知、情感、心理动作的相应类别成分所组成。如表 2-4

---

① 盛群力等编著：《21世纪教育目标新分类》，浙江教育出版社 2008 年版，第 51 页。
② 同上书，第 59 页。

所示，行为领域的"同化"水平，由认知领域的"领会"、情感领域的"反应"和心理动作领域的"模仿"整合而成。

表 2 - 4　　　　　　　　　豪恩斯坦目标分类的领域与类目

| 领域 | 类目 | | | | |
|------|------|------|------|------|------|
| 认知 | 形成概念 | 领会 | 应用 | 评价 | 综合 |
| 情感 | 接受 | 反应 | 形成价值 | 信奉 | 展露个性 |
| 心理动作 | 知觉 | 模仿 | 生成 | 外化 | 精熟 |
| 行为 | 习得 | 同化 | 适应 | 表现 | 抱负 |

　　豪恩斯坦坚信，每一个人的学习都是完整的人的整体行为，智慧、情感和身体动作在学习过程中缺一不可，学习者总是依据他知道什么、能做什么和有什么样的感受来表现自身行为，因此可用行为领域来统筹其他三个领域，也可以学习者真实行为业绩表现为依据来研制或评判教育目标。① 不难看出，豪恩斯坦的目标分类整合模式体现了外化和内化的统一、认知和情感的统一、业绩表现与心理素养的统一、大脑与身体的统一，并且将行为推至目标设计的首要位置。这在一定程度上彰显了行为考察和研究的重要意义，同时也对我们窥视和处理行为与认知、情感和动作技能的关系提供了新的视角。

## （二）已有的关涉学习行为分类的观点

### 1. 国外代表性观点

　　在学习心理学领域中，西方学者根据不同标准，对学习方式的类型作了较为细致的划分。比较有代表性的观点如下②。

　　①根据学习内容是否以定论的方式呈现，把学习分为发现学习和接受学习。发现学习是指学习内容不以定论的形式存在，学生必须经历一

---

　　①　Hauenstein, A. D., *A conceptual framework for educational objectives: a holistic approach to traditional taxonomies*, Lanham, MD: University Press of America, 1998, p. 1.

　　②　参见庞维国《论学习方式》，《课程·教材·教法》2010 年第 5 期。

个发现的过程去得出结论或找到答案。接受学习是学习内容以定论的形式呈现，学生可以直接获取，不需要经历发现过程。

②根据学习内容是否以有意义的方式获得，把学习分为有意义的学习与机械学习。有意义的学习是指符号表达的新观念与学生认知结构中有关观念建立实质性的、非人为的联系。反之则是机械学习。

③根据学习结束后是否生成新颖的、有价值的思维产品，把学习分为维持性学习和创新性学习。维持性学习旨在获取人类已有的知识、经验，帮助个体适应社会。创新性学习旨在生成新的思维产品，诱发革新，促进社会发展。

④根据学习过程是否有经验情境，把学习分为体验式学习和学术学习。体验式学习是指基于直接经验、经由反思和理论抽象而进行的学习。学术学习则是指不需要经过任何直接经验而通过学科学习获得信息的过程。

⑤根据学习环境是否情境化，把学习分为情境学习和抽象学习。情境学习意指学习是情境性的，发生于自然或社会环境中。抽象学习是一种去情境化的学习。

⑥根据学习活动是否具有社会性，把学习分为合作学习和独立学习。合作学习是指学生与他人共同开展学习活动，独立学习则是指个体独自进行的学习活动。

⑦根据学习者的自主水平，把学习分为自主学习与他主学习。自主学习是学生自觉主动进行学习活动，而他主学习则是学生在外界的各种压力和要求下被动从事学习活动。

2. 国内代表性观点

学习方式变革是我国新一轮基础教育课程改革的热点问题，有很多学者对学习方式及其教育过程的类型作出了探索，典型观点如下。

陈建翔从拓展学生的学习潜能出发，将学习方式分为动作的学习、感知的学习和潜意识的学习；从拓展丰富多样的学习形式出发，将学习方式分为与"井底之蛙"眼光不同的"海式学习"，与钻牛角尖的"显微镜学习"不同的"望远镜学习"，与循序渐进的学习不同的跳跃超前的学习，与过分理性的科学式学习不同的审美式学习，与不厌其烦的

"加法学习"不同的"减法学习"。①

王道俊按照学习方式将教育过程大体划分为五种类型。①读中学，特点是重在吸纳，掌握经过选择、编组的系统科学文化知识，分享人类的、民族的精神资源，养成个性素质。②研中学，特点是重在创新，从发现问题、解决问题出发，经过研究，重组知识，获得自己的独到见解或创造成果，展现个性素质。③做中学，特点是重在成事，完成特定的实践任务，在实际的具体的活动中综合地运用各种相关知识，确证个性素质。④生活中学，特点是适应生活，丰富、选择并更新生活，积累实际经验、体悟与问题，潜移默化地陶冶个性素质。⑤交往中学，特点是重在做人，通过与他人的合作共事，信息交流，心灵沟通，行为互动，拓展科学文化视域，深化对事物和生活的理解，提升个性素质的社会依存性和独立自主性。②

崔相录从哲学视角切入，主要从教育与社会环境、经验与知识两个哲学范畴出发，将历史的和现行的教育方式划分为三种。①书本中学习，亦可称之为"接受性学习"或"直接学习"。②经验中学习，与之类似的说法有做中学习、问题学习、活动学习、游戏学习、干中学习、使用中学习、问题学习、问题解决学习和间接学习等。③探究中学习，与之相近的说法有研究性学习、探究中教学、课题学习、基于课题的学习。③

廖哲勋和罗祖兵依据学习活动主体与学习对象相互作用的不同形式，将学习活动方式分为六种类型：①实物学习，主要包括实物观察、实物操作和实物研究；②模像学习，即通过事物的图像、录像、模型、模拟等对象进行学习；③语言学习，即通过他人的书面语言和口头语言进行学习；④数字化学习，即借助现代信息技术，通过收集、加工、处理各种信息进行学习；⑤交往学习，即通过与他人的对话、交流、讨论以及为他人服务等方式进行学习；⑥反思学习，即学习者以自己在学习

---

① 陈建翔：《当代学习方式变革的外延创新》，《北京教育》（普教版）2004 年第 10 期。

② 王道俊、郭文安主编：《主体教育论》，人民教育出版社 2005 年版，第 37—38 页。

③ 崔相录：《学习方式变迁的史地解读——关于学习方式以及教学模式的三分法》，《网络科技时代》2006 年第 4 期。

中的身心状态和学习效果为对象进行的反省性学习。①

吴刚平主张将学习方式与知识的类型联结起来，由此将学习方式分为：①与事实性知识相对应的记中学；②与方法性知识相对应的做中学；③与价值性知识相对应的悟中学。②

伍远岳认为学习具有实践属性，实践属性是学习的基本属性，在实践性教学中，体验、探究、操作和交往是学生学习活动的主要方式，由此形成了实践性教学中学生学习的四种样式：体验学习、探究学习、操作学习和交往学习。③

前已述及，学习方式亦即学习行为的方式，学习方式总是通过具体的行为操作才能得以落实。因此，对学习方式或样式的分类，可以为我们进行学习行为分类提供思路和有益参考。

### （三）学习行为的多维分类：一种可能的分析框架

从不同的角度出发，学生的学习行为可以划分为不同的类型。而不同学生的学习行为又因个体差异而千差万别，再加上具体的行为操作方式更是不计其数，致使学习行为分类的必要性和可行性受到质疑，这也在无形之中增加了学习行为分类的难度。概因如此，现有的学习行为分类维度较为纷乱，尚未形成一个统整的框架，更谈不上对教学实践的解释力和指导力。

笔者认为，学习行为的分类可以试着从三个维度予以考虑：一是对象维度，涉及的是"学什么"的问题，即从学习行为所指向的对象和领域来进行划分，具体包括符号性、操作性、交往性、观察性和反思性学习行为。二是操作维度，涉及的是"怎么学"的问题，即从学习行为的操作方式及其特性的角度来进行分类，主要考察点为学习行为操作方式的适切性、创新性、自主性、独立性和探究性，据此对学习行为作

---

① 廖哲勋、罗祖兵：《试论学习活动方式的本质含义和重要作用》，《课程·教材·教法》2013 年第 1 期。

② 吴刚平：《知识分类视野下的记中学、做中学与悟中学》，《全球教育展望》2013 年第 6 期。

③ 伍远岳：《论学习的实践属性与实践性教学》，《全球教育展望》2015 年第 12 期。

出进一步划分。三是结果维度，涉及的是"学得怎样"的问题，即从学习行为所要达到的结果或行为所负载的功能来进行划分，具体包括体现知识掌握与获得的学习行为、体现单项技能习得的学习行为、体现情感、态度及价值观形成的学习行为、体现综合性问题解决的学习行为。由此，形成一个全面完整的"对象—操作—结果"学习行为三维立体结构，如图2-3所示。

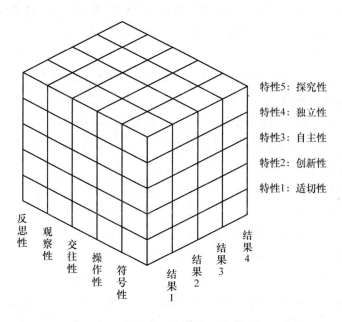

**图2-3 学习行为"对象—操作—结果"三维分类框架**

### 1. 对象维度

依据学习行为所指向的对象和领域，可将学习行为分为：符号性学习行为、操作性学习行为、交往性学习行为、观察性学习行为和反思性学习行为。[①]

符号性学习行为，是以用文字、图像、声音等符号形式承载的文化科学知识为加工对象的学习行为。主要表现为对符号性知识的听、说、

---

① 陈佑清：《教学论新编》，人民教育出版社2011年版，第111—113页。

读、写、算、记等。

操作性学习行为，是以某种实际事物或学习者自身的身体器官为操作对象的学习行为。操作性学习行为主要包括两种形式：一是学习者使用物质性工具为中介作用于实际事物，如实验、游戏、雕塑、绘画、制作、器乐演奏、劳动等。二是学习者直接以自身身体器官为操作对象，如唱歌、跳舞、戏剧表演、各种体育活动等。

交往性学习行为，是以他人为互动对象的学习行为。这类学习行为所指向对象不是文字符号，也不是实际事物，而是具体的人。主要表现为与他人进行对话、交流、讨论、合作等。

观察性学习行为是以感官可见的实际事物、他人的行为表现及其结果为观察对象的学习行为。在观察学习中，学习者没有实地参与活动的行为表现，但可以借助两种方式进行观察：一是在活动现场进行直接观察，如考察、见习等；二是利用媒介进行间接观察，如观看电视、录像、影片等。

反思性学习行为，是以学习者自身的生活经历、经验或身心结构为思考对象的学习行为。符号性、操作性、交往性和观察性学习行为均以外在于学习者的东西为学习对象，而反思性学习行为则以自我为对象，主要表现为自我反思、反省、评价等。

2. 操作维度

依据学习行为的操作方式及其特性，可对学习行为作出如下划分。

（1）从操作方式的适切性出发，可将学习行为分为问题学习行为和良好学习行为

问题学习行为，亦称消极或适应不良学习行为，是指对学习者的发展没有价值甚至会起到消极阻碍作用的行为。问题学习行为，可分为行为不足、行为过度和行为不适三种类型①：行为不足主要是指人们所期望的行为很少发生和从不发生，如沉默寡言等；行为过度主要是指某一类行为发生太多，如经常侵犯他人等；行为不适是指人们期望的行为在不适宜的情境下发生，但在适宜的情境下却不发生，如上课时放声大

---

① 杨心德：《中学课堂教学管理心理》，杭州大学出版社 1993 年版，第 109 页。

笑等。

良好学习行为，亦称积极或适应良好学习行为，与问题学习行为相对，是指对学习者的发展有意义、能起到积极促进作用的行为。此类学习行为没有性质上的好坏之分，只存在功能和作用的差异而已，且因学习目标、学习内容、学习者特点的不同而具有特定的适应性。也就是说，此类学习行为从一般意义上讲都是有存在价值和现实意义的，只不过因行为本身的特点、功能以及外在情境的不同而具有有限价值和特定发展意义。其具体行为操作方式有：听讲、讨论、练习、实验、参观等。

（2）从操作方式的创新性出发，可将学习行为分为常规性学习行为和创造性学习行为

常规性学习行为，是指学习者按照平常的惯例进行学习所表现出来的行为。此类学习行为具有一般性和例行性，缺乏创新元素。一般认为，学生的常规性学习有以下环节：制定计划、课前自学、专心上课、及时复习、独立作业、解决疑难、系统小结、课外复习等。常规性学习行为则是学生在这些环节中按部就班地进行学习所表现出来的具有普遍性和大众化的学习行为。

创造性学习行为，是指学习者在学习活动中突破常规所表现出来的积极、正向的行为。非理性、不理智、不计后果地突破常规的行为，不能称其为创造性行为。创造性学习行为有两个特点：一是行为操作新颖奇特，二是行为结果富有实效。

（3）从操作方式的自主性出发，可将学习行为分为他控性学习行为和自主性学习行为

他控性学习行为，亦称被动应答性学习行为，是学习者在他人（教师、家长等）或外界环境影响和支配下被迫发生和完成的学习行为。此类学习行为也可能在某种程度上实现学习目标和达到教学目标，但它并不是学习者自觉自愿发起和完成的，带有鲜明的外控性特征。

自主性学习行为，亦称主动作答性学习行为，是指由学习者自愿、主动地自我发起、支配和完成的学习行为。此类学习行为带有鲜明的内控性（自我控制）特征，体现出强烈的个人参与意识和自我调控能力。

此类学习行为有助于增强学生学习的能动性，培养学生主动学习的态度和习惯，建立学习责任感。

（4）从操作方式的独立性出发，可将学习行为分为个体性学习行为和合作性学习行为

个体性学习行为，是指学习者独自进行学习活动所表现出来的学习行为。此类学习行为自始至终均由学习者独自发起和完成，具有鲜明的个性特征，在水平上可能出现两种极端状况：一是行为水平过低，行为的发展价值不大，局囿于个体的单一经验，出现低层次行为的简单重复；二是行为水平较高，行为的发展价值较大，表现出复杂、精细、流畅和具有创新成分的高层次行为，体现了个人的高品质思维和实践动手能力。

合作性学习行为，是指学习者与他人（如教师、同学、家长等）共同进行学习活动所表现出来的学习行为。此类学习行为因他人介入而显现出集体智慧的力量，且要与他人的学习行为相互协调、相互支持、相互配合和相互促进。合作性学习行为作为共同体行为的构成要素，既体现了个人对他人或群体的责任和贡献，又体现了个人对他人或群体行为的考量和观照，有助于培养学习者的交流意识、互助意识和合作能力。

（5）从操作方式的探究性出发，可将学习行为分为接受性学习行为和发现性学习行为

接受性学习行为，亦称间接性学习行为，是指学习者没有实地参与活动，而是通过其他途径，如他人讲授、观看录像和影片、观摩演示实验等，间接获取现成知识结论的学习行为。间接性的学习一般是由外在于学习者的人所主导的，一般是他人先呈现，学习者后接受。类似于"坐着学"的学习行为。间接性学习行为有助于学习者系统、高效地掌握知识，促进认知能力发展，但不利于发挥学习者的学习主体性，也难以培养学习者的动手能力和实践精神。

发现性学习行为，亦称直接性或探究性学习行为，是指学习者通过亲身参与实践活动直接获取知识、发展能力的学习行为。类似于"做中学"的学习行为。此类学习行为的产生伴随着学习者直观、生动的

亲身体验，能够极大地调动学生学习的积极性，有助于培养学生的探究兴趣、研究意识和实践能力。

需要注意的是，基于行为的操作特性所划分的学习行为，从形式上看似乎存在两极对立，但在性质和价值上并不是全然对立的。比如，个体性和接受性的学习行为从形式上看分别是合作性和发现性学习行为的对立面，但前者和后者各有其存在的价值和意义。

3. 结果维度

依据学习行为所要达到的结果或行为所负载的主要功能来进行划分，可将学习行为分为：体现知识掌握与获得的学习行为、体现单项技能习得的学习行为、体现情感、态度及价值观形成的学习行为和体现综合性问题解决的学习行为。

结果1：体现知识掌握与获得的学习行为，是指行为负载的功能主要在于帮助学习者获取知识，发展认知能力，如语言智能、数理逻辑智能等。当然，也不排除此类行为能在一定程度上促进学习者在情感、态度、技能等方面获得某些发展，只不过这些发展都是附属性的。具体行为表现有：听讲、读书、写作业等。

结果2：体现单项技能习得的学习行为，是指行为负载的功能主要在于帮助学习者习得某项技能，旨在发展学习者的身体动觉智能。具体行为表现有：跳舞、踢球、弹琴等。

结果3：体现情感、态度及价值观形成的学习行为，是指行为负载的功能主要在于帮助学习者形成良好的情感、态度和正确的价值取向。因为情感、态度和价值观的形成具有内隐性，不太容易观察，故此类学习行为往往依附于其他类别的行为而出现。具体行为表现有：欣赏文学作品、刻苦学习等。

结果4：体现综合性问题解决的学习行为，是指行为负载的功能主要在于帮助学习者解决实际生活问题。此类行为体现出综合性和包容性，涵盖了上述三种学习行为及其具体表现，只不过其目标直指问题解决。

除上述分类外，从学习行为发生的空间上看，学习行为还可划分为课堂内的学习行为、课堂外（校园内）的学习行为和校外学习行为；

从学习行为是否伴随言语产物上看，学习行为还可分为非言语性学习行为和言语性学习行为。但不管在哪个空间内发生的学习行为，不管是否有言语与之相随，均可从以上三个维度去进行考察。

需要注意的是，如图2-3所示，针对不同学习对象和领域的学习行为与体现不同学习结果和功能的学习行为是统一的，两者共同使用学习行为的操作方式及其特性这个维度。也就是说，从对象出发所划分的每一类学习行为通过操作维度中的每种行为操作方式及其特性，进而与结果维度中每一类学习行为产生关联。比如，符号性的学习行为，基于操作维度中的独立性，可以采用个体性或合作性的行为方式，进而在行为表现上体现出学生在知识、技能、情感、问题解决等方面的发展。但从对象出发所划分的每一类学习行为因其自身的对象特点以及所采用的操作方式不同，在结果上体现的学习者发展的方面不同、发展的程度不一。当然，在这个分类维度中，也要注意一种"空当"现象。比如，交往性学习行为在操作特性的独立性上就不太可能出现个体性。

总而言之，学习行为的分类不是目的，通过分类不难发现，学生的学习行为，因指向对象不同，操作方式有异，达到的效果也不尽相同。要让学生在学习过程中实现全面、充分和个性化的发展，必须以多样化的学习行为为前提，单一的行为只会造成片面、畸形的发展。因此，对学习行为的选择、规划和设计尤显重要。

# 第三章

# 我国当下学生学习行为状态的调查分析

根据第二章提出的学习行为"对象—操作—结果"三维分类模型，本章拟对我国当下中小学学生学习行为状态进行调查分析。调查研究最为关键的是调查工具的科学性，若调查工具不科学，由此得出的结果也会大打折扣。为此，笔者严格遵循心理学与教育测量学中问卷编制的规范，经由问卷编制前的访谈调查、问卷编制后的专家评定以及对预测问卷调查结果的项目分析，最终形成了具有良好信度和效度的正式施测问卷。本章对调查问卷的形成过程进行了全景式的呈现，同时力图借助多种研究方法揭示出学生学习行为运用情况、学生主观生活感受以及学生实际发展状况。

## 一　学生学习行为问卷的编制

为了了解当下中小学学生学习行为的现实状况，笔者基于理论构想，编制调查工具，实施问卷调查，以考察学生学习行为的主体性、学习行为的类型、学习行为的占用时间与分布空间以及学生主观生活感受和学生实际发展状况。

### （一）问卷的初步编制与专家效度评定

1. 专家测评问卷的编制

基于对学习行为含义与类型的理解，在与个别一线教师进行开放式访谈后，自编《中小学学生学习行为调查问卷（专家评定版)》，并邀请专家对问卷中调查项目的适切性进行评定。

该问卷中，学生学习行为评定主要分为两大部分。

第一部分需要评定的学习行为（简称 B 类学习行为），具体包括：①符号性学习行为，涉及 7 个项目 B1、B2、B3、B4、B5、B6 和 B7；②操作性学习行为，涉及 7 个项目 B8、B9、B10、B11、B12、B13 和 B14；③交往性学习行为，涉及 7 个项目 B15、B16、B17、B18、B19、B20 和 B21；④观察性学习行为，涉及 7 个项目 B22、B23、B24、B25、B26、B27 和 B28；⑤反思性学习行为，涉及 7 个项目 B29、B30、B31、B32、B33、B34 和 B35。目的在于，让专家评判并选出最能代表每一类学习行为的具体行为表现。

第二部分需要评定的学习行为（简称 C 类学习行为），具体包括：①常规性学习行为，涉及 5 个项目 C1、C2、C3、C4 和 C5；②创造性学习行为，涉及 5 个项目 C6、C7、C8、C9 和 C10；③他控性学习行为，涉及 5 个项目 C11、C12、C13、C14 和 C15；④自主性学习行为，涉及 8 个项目 C16、C17、C18、C19、C20、C21、C22 和 C23；⑤个体性学习行为，涉及 6 个项目 C24、C25、C26、C27、C28 和 C29；⑥合作性学习行为，涉及 6 个项目 C30、C31、C32、C33、C34 和 C35；⑦接受性学习行为，涉及 5 个项目 C36、C37、C38、C39 和 C40；⑧发现性学习行为，涉及 5 个项目 C41、C42、C43、C44 和 C45。目的在于，让专家评判在每一类学习行为下列举出来的描述中小学学生行为特点的项目与该类学习行为的相符程度。

2. 专家的选取

选取教学论专家 10 人、中小学教研员 30 人和一线骨干教师 30 人为对象，发放调查问卷 70 份，回收问卷 61 份，其中，有效问卷 56 份，总有效率为 80%。最终有效问卷填答专家分布情况如下。

（1）教学论专家

10 人，来自高等学校和科研院所，具有博士学位或高级职称。

（2）中小学教研员

23 人，来自教研培训中心，具有高级职称。学段分布为：小学 8 人、初中 7 人、高中 8 人。学科分布主要包括语文、英语、数学、历史、思想品德、物理、化学等。

（3）一线骨干教师

23 人，其中，小学教师 7 人，初中教师 8 人，高中教师 8 人，均具有高级职称。学科分布主要包括语文、数学、英语、历史、政治、物理、化学、思想品德、信息技术等。

3. 专家测评结果及分析

（1）B 类学习行为测评结果与分析

在评定 B 类学习行为时，要求专家针对每一类学习行为下每个描述学生具体行为表现的项目，按其能够体现该类学习行为的程度进行排序。1 表示"最能体现"，计分为 1；2 表示"次能体现"，计分为 2……以此类推。排序越靠前，得分越低，则代表该项目越能体现其对应的学习行为类型。根据等级平均数的高低排序，从 7 个项目中选出最能代表该类学习行为的 5 个项目。

如表 3 - 1、表 3 - 2、表 3 - 3、表 3 - 4 和表 3 - 5 所示，在符号性学习行为中，最终选出的较为典型的具体学习行为项目有：B1、B2、B3、B5 和 B6；在操作性学习行为中，最终选出的较为典型的具体学习行为项目有：B8、B9、B10、B11 和 B12；在交往性学习行为中，最终选出的较为典型的具体学习行为项目有：B16、B17、B18、B19 和 B20；在观察性学习行为中，最终选出的较为典型的具体学习行为项目有：B22、B23、B24、B26 和 B27；在反思性学习行为中，最终选出的较为典型的具体学习行为项目有：B29、B30、B31、B32 和 B33。

表 3 - 1　　　全体专家样本对符号性学习行为的认可次序摘要

| 项目 | 样本数 | 最小值 | 最大值 | 等级平均数 | 标准差 | 排序 |
|------|--------|--------|--------|------------|--------|------|
| B1 | 56 | 1 | 7 | 2.71 | 2.180 | 1 |
| B2 | 56 | 1 | 7 | 3.52 | 1.673 | 2 |
| B3 | 56 | 1 | 7 | 3.59 | 1.703 | 3 |
| B4 | 56 | 1 | 7 | 4.61 | 1.681 | 6 |
| B5 | 56 | 1 | 7 | 4.13 | 2.089 | 4 |
| B6 | 56 | 1 | 7 | 4.21 | 1.659 | 5 |
| B7 | 56 | 1 | 7 | 5.23 | 2.009 | 7 |

表 3 - 2 　　全体专家样本对操作性学习行为的认可次序摘要

| 项目 | 样本数 | 最小值 | 最大值 | 等级平均数 | 标准差 | 排序 |
|---|---|---|---|---|---|---|
| B8 | 56 | 1 | 7 | 2.11 | 1.806 | 1 |
| B9 | 56 | 1 | 7 | 4.36 | 2.135 | 4 |
| B10 | 56 | 1 | 6 | 3.00 | 1.388 | 2 |
| B11 | 56 | 1 | 7 | 4.41 | 1.437 | 5 |
| B12 | 56 | 1 | 7 | 3.96 | 1.525 | 3 |
| B13 | 56 | 2 | 7 | 4.75 | 1.643 | 6 |
| B14 | 56 | 1 | 7 | 5.41 | 1.817 | 7 |

表 3 - 3 　　全体专家样本对交往性学习行为的认可次序摘要

| 项目 | 样本数 | 最小值 | 最大值 | 等级平均数 | 标准差 | 排序 |
|---|---|---|---|---|---|---|
| B15 | 56 | 1 | 7 | 4.09 | 2.100 | 6 |
| B16 | 56 | 1 | 7 | 3.80 | 1.752 | 4 |
| B17 | 56 | 1 | 7 | 3.57 | 1.661 | 2 |
| B18 | 56 | 1 | 7 | 3.73 | 2.058 | 3 |
| B19 | 56 | 1 | 7 | 3.50 | 1.963 | 1 |
| B20 | 56 | 1 | 7 | 4.00 | 1.829 | 5 |
| B21 | 56 | 1 | 7 | 5.21 | 2.130 | 7 |

表 3 - 4 　　全体专家样本对观察性学习行为的认可次序摘要

| 项目 | 样本数 | 最小值 | 最大值 | 等级平均数 | 标准差 | 排序 |
|---|---|---|---|---|---|---|
| B22 | 56 | 1 | 7 | 3.59 | 1.847 | 3 |
| B23 | 56 | 1 | 7 | 4.38 | 1.636 | 5 |
| B24 | 56 | 1 | 7 | 2.91 | 1.812 | 1 |
| B25 | 56 | 2 | 7 | 4.43 | 1.536 | 6 |
| B26 | 56 | 1 | 7 | 3.59 | 1.638 | 3 |
| B27 | 56 | 1 | 7 | 3.50 | 2.115 | 2 |
| B28 | 56 | 1 | 7 | 5.16 | 2.129 | 7 |

表 3 – 5 全体专家样本对反思性学习行为的认可次序摘要

| 项目 | 样本数 | 最小值 | 最大值 | 等级平均数 | 标准差 | 排序 |
|------|--------|--------|--------|-----------|--------|------|
| B29 | 56 | 1 | 7 | 3.88 | 2.265 | 3 |
| B30 | 56 | 1 | 7 | 4.16 | 1.914 | 5 |
| B31 | 56 | 1 | 7 | 4.00 | 1.706 | 4 |
| B32 | 56 | 1 | 7 | 3.29 | 1.776 | 1 |
| B33 | 56 | 1 | 7 | 3.38 | 1.835 | 2 |
| B34 | 56 | 1 | 7 | 4.91 | 2.109 | 7 |
| B35 | 56 | 1 | 7 | 4.45 | 1.999 | 6 |

（2）C 类学习行为测评结果与分析

在评定 C 类学习行为时，要求专家针对每一类学习行为下每个描述学生行为特点的项目，评定其与该类学习行为的相符程度。1 表示"完全不符合"，计分为 1；2 表示"比较不符合"，计分为 2；3 表示"不确定"，计分为 3；4 表示"比较符合"，计分为 4；5 表示"完全符合"，计分为 5。得分越高，则说明该项目的描述越符合对该类学习行为的认定和理解。

如表 3 – 6 所示，C1 至 C45 所有项目的得分平均数均大于中数 3，项目得分比较高，说明专家对这些项目的认可度较高。

表 3 – 6 不同操作特性学习行为的项目统计量

| 项目 | 样本数 | 平均数 | 标准差 | 项目 | 样本数 | 平均数 | 标准差 |
|------|--------|--------|--------|------|--------|--------|--------|
| C1 | 56 | 3.80 | 0.942 | C24 | 56 | 3.68 | 0.956 |
| C2 | 56 | 3.80 | 0.903 | C25 | 56 | 3.68 | 0.936 |
| C3 | 56 | 3.66 | 0.940 | C26 | 56 | 3.91 | 0.940 |
| C4 | 56 | 3.55 | 0.933 | C27 | 56 | 3.68 | 1.029 |
| C5 | 56 | 3.68 | 1.064 | C28 | 56 | 3.54 | 0.934 |
| C6 | 56 | 3.41 | 1.041 | C29 | 56 | 3.91 | 0.880 |
| C7 | 56 | 3.71 | 1.039 | C30 | 56 | 3.77 | 1.027 |
| C8 | 56 | 3.84 | 0.987 | C31 | 56 | 3.93 | 0.657 |

续表

| 项目 | 样本数 | 平均数 | 标准差 | 项目 | 样本数 | 平均数 | 标准差 |
|------|--------|--------|--------|------|--------|--------|--------|
| C9 | 56 | 3.73 | 1.036 | C32 | 56 | 3.59 | 0.930 |
| C10 | 56 | 3.73 | 1.070 | C33 | 56 | 3.89 | 0.779 |
| C11 | 56 | 3.82 | 1.162 | C34 | 56 | 3.73 | 0.924 |
| C12 | 56 | 3.75 | 1.014 | C35 | 56 | 3.77 | 0.972 |
| C13 | 56 | 3.64 | 1.151 | C36 | 56 | 3.95 | 1.086 |
| C14 | 56 | 3.70 | 1.025 | C37 | 56 | 3.52 | 1.009 |
| C15 | 56 | 3.36 | 1.394 | C38 | 56 | 3.55 | 0.872 |
| C16 | 56 | 4.07 | 0.806 | C39 | 56 | 3.34 | 1.066 |
| C17 | 56 | 3.79 | 1.107 | C40 | 56 | 3.86 | 0.841 |
| C18 | 56 | 3.75 | 0.879 | C41 | 56 | 3.79 | 1.057 |
| C19 | 56 | 3.86 | 0.903 | C42 | 56 | 3.80 | 0.818 |
| C20 | 56 | 3.64 | 1.034 | C43 | 56 | 3.84 | 1.041 |
| C21 | 56 | 3.71 | 1.057 | C44 | 56 | 3.55 | 1.174 |
| C22 | 56 | 3.59 | 1.108 | C45 | 56 | 3.52 | 1.221 |
| C23 | 56 | 3.79 | 1.004 | — | — | — | — |

为了进一步探查各个项目的合理性，笔者还对不同操作特性的学习行为的各个分量表作了项目分析，分析结果见表 3 - 7、表 3 - 8、表 3 - 9、表3 - 10、表3 - 11、表 3 - 12、表 3 - 13 和表 3 - 14。

如表 3 - 7 所示，在常规性学习行为分量表中，5 个项目的内部一致性 $\alpha$ 系数为 0.740，但项目 C3 与其他项目加总分数（C1 + C2 + C4 + C5）的积差相关系数 $r = 0.273 < 0.40$，属于低相关，故删除项目 C3。项目 C3 删除后，该量表的内部一致性 $\alpha$ 系数提高至 0.774。

表 3 - 7　　　　　　常规性学习行为的项目整体统计量

| 项目 | 项目删除时的尺度平均数 | 项目删除时的尺度方差 | 修正的项目总相关 | 项目删除时的Cronbach's Alpha 值 |
|------|------------------------|----------------------|------------------|----------------------------------|
| C1 | 14.70 | 7.415 | 0.572 | 0.668 |

| 项目 | 项目删除时的尺度平均数 | 项目删除时的尺度方差 | 修正的项目总相关 | 项目删除时的Cronbach's Alpha 值 |
|------|------|------|------|------|
| C2 | 14.70 | 7.961 | 0.483 | 0.702 |
| C3 | 14.84 | 8.828 | 0.273 | 0.774 |
| C4 | 14.95 | 7.397 | 0.585 | 0.663 |
| C5 | 14.82 | 6.695 | 0.620 | 0.645 |

如表 3 - 8 所示，在创造性学习行为分量表中，5 个项目的内部一致性 $\alpha$ 系数为 0.826，但项目 C7 与其他项目加总分数（C6 + C8 + C9 + C10）的积差相关系数 $r = 0.382 < 0.40$，属于低相关，故删除项目 C7。项目 C7 删除后，该量表的内部一致性 $\alpha$ 系数提高至 0.857。

表 3 - 8　　　　　　　**创造性学习行为的项目整体统计量**

| 项目 | 项目删除时的尺度平均数 | 项目删除时的尺度方差 | 修正的项目总相关 | 项目删除时的Cronbach's Alpha 值 |
|------|------|------|------|------|
| C6 | 15.02 | 10.054 | 0.703 | 0.767 |
| C7 | 14.71 | 11.953 | 0.382 | 0.857 |
| C8 | 14.59 | 10.137 | 0.743 | 0.757 |
| C9 | 14.70 | 10.652 | 0.600 | 0.797 |
| C10 | 14.70 | 9.888 | 0.705 | 0.766 |

如表 3 - 9 所示，在他控性学习行为分量表中，5 个项目的内部一致性 $\alpha$ 系数为 0.826。其中，每一个项目与其他项目加总分数的积差相关系数 $r$ 均大于 0.40，属于中等以上程度相关，故保留所有项目。

表 3 - 9　　　　　　　**他控性学习行为的项目整体统计量**

| 项目 | 项目删除时的尺度平均数 | 项目删除时的尺度方差 | 修正的项目总相关 | 项目删除时的Cronbach's Alpha 值 |
|------|------|------|------|------|
| C11 | 14.45 | 13.633 | 0.553 | 0.810 |

续表

| 项目 | 项目删除时的尺度平均数 | 项目删除时的尺度方差 | 修正的项目总相关 | 项目删除时的 Cronbach's Alpha 值 |
|---|---|---|---|---|
| C12 | 14.52 | 13.854 | 0.642 | 0.788 |
| C13 | 14.63 | 11.911 | 0.817 | 0.732 |
| C14 | 14.57 | 13.158 | 0.742 | 0.761 |
| C15 | 14.91 | 13.319 | 0.439 | 0.858 |

如表 3 - 10 所示，在自主性学习行为分量表中，8 个项目的内部一致性 $\alpha$ 系数为 0.880。其中，每一个项目与其他项目加总分数的积差相关系数 $r$ 均大于 0.40，属于中等以上程度相关，故保留所有项目。

表 3 - 10　　　　　　　自主性学习行为的项目整体统计量

| 项目 | 项目删除时的尺度平均数 | 项目删除时的尺度方差 | 修正的项目总相关 | 项目删除时的 Cronbach's Alpha 值 |
|---|---|---|---|---|
| C16 | 26.13 | 29.602 | 0.462 | 0.881 |
| C17 | 26.41 | 24.828 | 0.748 | 0.854 |
| C18 | 26.45 | 27.828 | 0.612 | 0.869 |
| C19 | 26.34 | 28.265 | 0.544 | 0.875 |
| C20 | 26.55 | 25.706 | 0.718 | 0.857 |
| C21 | 26.48 | 25.672 | 0.702 | 0.859 |
| C22 | 26.61 | 26.134 | 0.613 | 0.869 |
| C23 | 26.41 | 25.665 | 0.751 | 0.854 |

如表 3 - 11 所示，在个体性学习行为分量表中，6 个项目的内部一致性 $\alpha$ 系数为 0.828。其中，每一个项目与其他项目加总分数的积差相关系数 $r$ 均大于 0.40，属于中等以上程度相关，故保留所有项目。

表 3 - 11　　　　　　　个体性学习行为的项目整体统计量

| 项目 | 项目删除时的尺度平均数 | 项目删除时的尺度方差 | 修正的项目总相关 | 项目删除时的Cronbach's Alpha 值 |
|------|------|------|------|------|
| C24 | 18071 | 11. 735 | 0. 716 | 0. 775 |
| C25 | 18. 71 | 12. 135 | 0. 663 | 0. 787 |
| C26 | 18. 48 | 12. 581 | 0. 581 | 0. 804 |
| C27 | 18. 71 | 12. 753 | 0. 479 | 0. 827 |
| C28 | 18. 86 | 12. 161 | 0. 661 | 0. 787 |
| C29 | 18. 48 | 13. 345 | 0. 500 | 0. 819 |

如表 3 - 12 所示，在合作性学习行为分量表中，6 个项目的内部一致性 $\alpha$ 系数为 0. 729，但项目 C30 与其他项目加总分数（C31 + C32 + C33 + C34 + C35）的积差相关系数 $r = 0. 265 < 0. 40$，属于低相关，故删除。项目 C30 删除后，C31 与其他项目加总分数（C32 + C33 + C34 + C35）的积差相关系数 $r$ 降至 0. 264 < 0. 40，仍属于低相关，故删除项目 C31。项目 C30 和 C31 删除后，该量表的内部一致性 $\alpha$ 系数提高至 0. 787。

表 3 - 12　　　　　　　合作性学习行为的项目整体统计量

| 项目 | 项目删除时的尺度平均数 | 项目删除时的尺度方差 | 修正的项目总相关 | 项目删除时的Cronbach's Alpha 值 |
|------|------|------|------|------|
| C30 | 18. 91 | 9. 392 | 0. 265 | 0. 757 |
| C31 | 18. 75 | 10. 155 | 0. 365 | 0. 718 |
| C32 | 19. 09 | 8. 301 | 0. 550 | 0. 664 |
| C33 | 18. 79 | 9. 262 | 0. 473 | 0. 690 |
| C34 | 18. 95 | 7. 979 | 0. 628 | 0. 639 |
| C35 | 18. 91 | 8. 119 | 0. 550 | 0. 663 |

如表 3 - 13 所示，在接受性学习行为分量表中，5 个项目的内部一致性 $\alpha$ 系数为 0. 643，但项目 C40 与其他项目加总分数（C36 + C37 +

C38 + C39）的积差相关系数 $r = -0.098$，属于微弱负相关，故删除项目 C40。项目 C40 删除后，该量表的内部一致性 $\alpha$ 系数提高至 0.770，项目 C36 与其他项目加总分数（C37 + C38 + C39）的积差相关系数 $r$ 上升至 0.449，属于中等程度相关。故保留项目 C36、C37、C38 和 C39。

表 3 - 13　　　　　　　接受性学习行为的项目整体统计量

| 项目 | 项目删除时的尺度平均数 | 项目删除时的尺度方差 | 修正的项目总相关 | 项目删除时的 Cronbach's Alpha 值 |
|---|---|---|---|---|
| C36 | 14.27 | 6.672 | 0.362 | 0.609 |
| C37 | 14.70 | 5.633 | 0.674 | 0.438 |
| C38 | 14.66 | 6.592 | 0.564 | 0.516 |
| C39 | 14.87 | 5.857 | 0.559 | 0.499 |
| C40 | 14.36 | 9.688 | -0.098 | 0.770 |

如表 3 - 14 所示，在发现性学习行为分量表中，5 个项目的内部一致性 $\alpha$ 系数为 0.855。其中，每一个项目与其他项目加总分数的积差相关系数 $r$ 均大于 0.40，属于中等以上程度相关，故保留所有项目。

表 3 - 14　　　　　　　发现性学习行为的项目整体统计量

| 项目 | 项目删除时的尺度平均数 | 项目删除时的尺度方差 | 修正的项目总相关 | 项目删除时的 Cronbach's Alpha 值 |
|---|---|---|---|---|
| C41 | 14.71 | 12.899 | 0.544 | 0.856 |
| C42 | 14.70 | 14.143 | 0.541 | 0.855 |
| C43 | 14.66 | 11.610 | 0.769 | 0.799 |
| C44 | 14.95 | 10.633 | 0.801 | 0.787 |
| C45 | 14.98 | 10.891 | 0.715 | 0.813 |

综上，在对 C 类学习行为专家测评结果进行项目分析后，最终保留的项目有 C1、C2、C4、C5、C6、C8、C9、C10、C11、C12、C13、C14、C15、C16、C17、C18、C19、C20、C21、C22、C23、C24、C25、

C26、C27、C28、C29、C32、C33、C34、C35、C36、C37、C38、C39、C41、C42、C43、C44 和 C45。

**（二）预测问卷的形成与预测结果及分析**

1. 预测问卷的形成

首先基于研究构想和自身研究经验，编制学生学习行为评定 A 部分。然后根据专家测评结果，将确定保留的 B 类、C 类学习行为项目分别进行随机化，打乱顺序重新排序，编制学生学习行为评定 B 部分和 C 部分。最后形成《中小学学生学习行为调查问卷（学生自评版）》预测问卷。

该问卷具体包括四个部分：第一部分是被试基本情况，采集被试的人口统计学信息；第二部分是学生学习行为评定 A 部分，了解学生学习行为的整体状况；第三部分是学生学习行为评定 B 部分，考察学生不同类型学习行为的发生情况；第四部分是学生学习行为评定 C 部分，测评学生学习行为适切性、创新性、自主性、独立性和探究性。

本次预测的主要目的是，对 B 类、C 类学习行为中的题项进行进一步的筛选与剔除。

2. 预测对象的选取

采取分层整群抽样方式，选取中小学学生为对象，发放调查问卷 280 份，回收问卷 276 份，其中，有效问卷 257 份，总有效率为 88.6%。最终有效问卷填答被试分布情况如下：男生 149 人，女生 108 人；小学生 70 人（五年级 34 人、六年级 36 人），初中生 97 人（七年级 48 人、八年级 49 人），高中生 90 人（高一 51 人、高二 39 人）；学生干部 119 人，非学生干部 137 人，另有 1 人未填答。

3. 问卷预测结果及分析

预测问卷中，学生学习行为评定 B 部分，要求学生评定 25 种具体学习行为最近一周在自己身上出现的频率。采用 Likert 式 5 点计分方法：选项 0 表示"从不"，即一周之内从来没有出现过，计分为 0；选项 1 表示"偶尔"，即一周之内只有 1 天会出现，计分为 1；选项 2 表示"有时"，即一周之内有 2 天会出现，计分为 2；选项 3 表示"经常"，即一周之内有 3—4 天会出现，计分为 3；选项 4 表示"总是"，即一周之内有 5—7 天会出现，计分为 4。

学生学习行为评定 C 部分，要求学生评定 40 个题项所描述的情境与自己的相符程度。采用 likert 式 5 点计分方法：1 表示"完全不符合"，计分为 1；2 表示"比较不符合"，计分为 2；3 表示"不确定"，计分为 3；4 表示"比较符合"，计分为 4；5 表示"完全符合"，计分为 5。

对 257 份有效问卷进行项目分析，采用决断值、题项与总分相关、校正题项与总分相关、题项删除后的 α 值、共同性和因素负荷量，作为项目分析的判别指标。题项删除的标准是：违反上述 6 项指标中的 3 项及以上，则将该题项删除；反之，则保留该题项。

（1）B 类学习行为预测结果与分析

如表 3-15、表 3-16、表 3-17、表 3-18 和表 3-19 所示，题项 B3 和 B5 因违反 6 项判别指标中的 4 项，予以删除，其他题项则予以保留。题项 B3 和 B5 删除后，B 类学习行为的"符号分量表""操作分量表""观察分量表""交往分量表"和"反思分量表"的内部一致性 α 系数分别为 0.449、0.632、0.718、0.633 和 0.722。

表 3-15　　　　B 类学习行为"符号分量表"项目分析摘要

| 题项 | 极端组比较 | 题项与总分相关 | | 同质性检验 | | | 未达标准指标数 | 备注 |
|------|-----------|---------------|---------------|-----------|--------|----------|-----------|------|
| | 决断值 | 题项与总分相关 | 校正题项与总分相关 | 题项删除后的 α 值 | 共同性 | 因素负荷量 | | |
| B5 | 8.589 *** | 0.511 ** | # 0.128 | # 0.449 | # 0.157 | # 0.396 | 4 | 删除 |
| B7 | 5.051 *** | 0.433 ** | # 0.244 | 0.384 | 0.320 | 0.566 | 1 | 保留 |
| B14 | 14.513 *** | 0.651 ** | # 0.242 | 0.364 | 0.363 | 0.603 | 1 | 保留 |
| B18 | 8.313 *** | 0.529 ** | # 0.186 | 0.400 | 0.220 | 0.469 | 1 | 保留 |
| B25 | 9.033 *** | 0.646 ** | # 0.384 | 0.260 | 0.557 | 0.746 | 1 | 保留 |
| 判别标准 | ≥3.000 | ≥0.400 | ≥0.400 | ≤0.428 | ≥0.200 | ≥0.450 | — | — |

注：* $p < 0.05$，** $p < 0.01$，*** $p < 0.001$；#为未达指标值；判别标准中的 0.428 为符号分量表的内部一致性 α 系数。

表 3 – 16 　　　　B 类学习行为"操作分量表"项目分析摘要

| 题项 | 极端组比较 | 题项与总分相关 | | 同质性检验 | | | 未达标准指标数 | 备注 |
|---|---|---|---|---|---|---|---|---|
| | 决断值 | 题项与总分相关 | 校正题项与总分相关 | 题项删除后的 α 值 | 共同性 | 因素负荷量 | | |
| B1 | 11.495 *** | 0.645 ** | # 0.398 | 0.572 | 0.431 | 0.657 | 1 | 保留 |
| B2 | 11.059 *** | 0.634 ** | # 0.381 | 0.581 | 0.398 | 0.631 | 1 | 保留 |
| B4 | 12.114 *** | 0.662 ** | 0.457 | 0.550 | 0.506 | 0.711 | 0 | 保留 |
| B10 | 9.237 *** | 0.522 ** | # 0.284 | 0.623 | 0.246 | 0.496 | 1 | 保留 |
| B15 | 16.055 *** | 0.714 ** | 0.427 | 0.561 | 0.465 | 0.682 | 0 | 保留 |
| 判别标准 | ≥3.000 | ≥0.400 | ≥0.400 | ≤0.632 | ≥0.200 | ≥0.450 | — | — |

注：* $p < 0.05$，** $p < 0.01$，*** $p < 0.001$；#为未达指标值；判别标准中的 0.632 为操作分量表的内部一致性 α 系数。

表 3 – 17 　　　　B 类学习行为"观察分量表"项目分析摘要

| 题项 | 极端组比较 | 题项与总分相关 | | 同质性检验 | | | 未达标准指标数 | 备注 |
|---|---|---|---|---|---|---|---|---|
| | 决断值 | 题项与总分相关 | 校正题项与总分相关 | 题项删除后的 α 值 | 共同性 | 因素负荷量 | | |
| B3 | 7.045 *** | 0.431 ** | # 0.138 | # 0.718 | # 0.048 | # 0.220 | 4 | 删除 |
| B17 | 11.097 *** | 0.681 ** | 0.459 | 0.578 | 0.574 | 0.757 | 0 | 保留 |
| B19 | 13.490 *** | 0.681 ** | 0.446 | 0.583 | 0.404 | 0.635 | 0 | 保留 |
| B21 | 11.285 *** | 0.720 ** | 0.525 | 0.548 | 0.636 | 0.798 | 0 | 保留 |
| B23 | 16.061 *** | 0.725 ** | 0.501 | 0.554 | 0.555 | 0.745 | 0 | 保留 |
| 判别标准 | ≥3.000 | ≥0.400 | ≥0.400 | ≤0.654 | ≥0.200 | ≥0.450 | — | — |

注：* $p < 0.05$，** $p < 0.01$，*** $p < 0.001$；#为未达指标值；判别标准中的 0.654 为观察分量表的内部一致性 α 系数。

表 3 - 18　　　　　B 类学习行为"交往分量表"项目分析摘要

| 题项 | 极端组比较 | 题项与总分相关 | | 同质性检验 | | | 未达标准指标数 | 备注 |
|---|---|---|---|---|---|---|---|---|
| | 决断值 | 题项与总分相关 | 校正题项与总分相关 | 题项删除后的 $\alpha$ 值 | 共同性 | 因素负荷量 | | |
| B8 | 9.008 *** | 0.568 ** | # 0.350 | 0.598 | 0.362 | 0.601 | 1 | 保留 |
| B9 | 13.318 *** | 0.693 ** | 0.458 | 0.543 | 0.526 | 0.725 | 0 | 保留 |
| B12 | 8.165 *** | 0.551 ** | # 0.280 | 0.629 | 0.238 | 0.488 | 1 | 保留 |
| B16 | 13.618 *** | 0.660 ** | # 0.386 | 0.581 | 0.393 | 0.627 | 1 | 保留 |
| B20 | 12.180 *** | 0.704 ** | 0.467 | 0.537 | 0.529 | 0.727 | 0 | 保留 |
| 判别标准 | ≥3.000 | ≥0.400 | ≥0.400 | ≤0.633 | ≥0.200 | ≥0.450 | — | — |

注：* $p < 0.05$，** $p < 0.01$，*** $p < 0.001$；#为未达指标值；判别标准中的 0.633 为交往分量表的内部一致性 $\alpha$ 系数。

表 3 - 19　　　　　B 类学习行为"反思分量表"项目分析摘要

| 题项 | 极端组比较 | 题项与总分相关 | | 同质性检验 | | | 未达标准指标数 | 备注 |
|---|---|---|---|---|---|---|---|---|
| | 决断值 | 题项与总分相关 | 校正题项与总分相关 | 题项删除后的 $\alpha$ 值 | 共同性 | 因素负荷量 | | |
| B6 | 12.095 *** | 0.705 ** | 0.512 | 0.663 | 0.526 | 0.725 | 0 | 保留 |
| B11 | 10.989 *** | 0.640 ** | 0.426 | 0.696 | 0.413 | 0.643 | 0 | 保留 |
| B13 | 15.566 *** | 0.729 ** | 0.537 | 0.653 | 0.548 | 0.740 | 0 | 保留 |
| B22 | 10.765 *** | 0.618 ** | # 0.359 | # 0.727 | 0.309 | 0.556 | 2 | 保留 |
| B24 | 14.463 *** | 0.759 ** | 0.590 | 0.632 | 0.611 | 0.782 | 0 | 保留 |
| 判别标准 | ≥3.000 | ≥0.400 | ≥0.400 | ≤0.722 | ≥0.200 | ≥0.450 | — | — |

注：* $p < 0.05$，** $p < 0.01$，*** $p < 0.001$；#为未达指标值；判别标准中的 0.722 为反思分量表的内部一致性 $\alpha$ 系数。

经删除不合标准的题项后，B 类学习行为最终保留题项 23 项：B1、B2、B4、B6、B7、B8、B9、B10、B11、B12、B13、B14、B15、B16、B17、B18、B19、B20、B21、B22、B23、B24 和 B25。

（2）C 类学习行为预测结果与分析

如表 3 - 20、表 3 - 21、表 3 - 22、表 3 - 23、表 3 - 24、表 3 - 25、表 3 - 26 和表 3 - 27 所示，题项 C16、C18 和 C24 均违反 6 项判别指标中的 4 项，予以删除，其他题项则予以保留。题项 C16、C18 和 C24 删除后，C 类学习行为的"常规性分量表""创造性分量表""他控性分量表""自主性分量表""个体性分量表""合作性分量表""接受性分量表"和"发现性分量表"的内部一致性 α 系数分别为 0.574、0.637、0.545、0.767、0.577、0.552、0.483 和 0.695。

表 3 - 20　　　　C 类学习行为"常规性分量表"项目分析摘要

| 题项 | 极端组比较 | 题项与总分相关 | | 同质性检验 | | | 未达标准指标数 | 备注 |
| --- | --- | --- | --- | --- | --- | --- | --- | --- |
| | 决断值 | 题项与总分相关 | 校正题项与总分相关 | 题项删除后的 α 值 | 共同性 | 因素负荷量 | | |
| C4 | 12.300 *** | 0.671 ** | # 0.331 | 0.526 | 0.393 | 0.627 | 1 | 保留 |
| C7 | 11.840 *** | 0.657 ** | # 0.356 | 0.502 | 0.429 | 0.655 | 1 | 保留 |
| C8 | 10.877 *** | 0.649 ** | # 0.361 | 0.499 | 0.458 | 0.677 | 1 | 保留 |
| C31 | 11.535 *** | 0.676 ** | # 0.381 | 0.482 | 0.483 | 0.695 | 1 | 保留 |
| 判别标准 | ≥3.000 | ≥0.400 | ≥0.400 | ≤0.574 | ≥0.200 | ≥0.450 | — | — |

注：* $p < 0.05$，** $p < 0.01$，*** $p < 0.001$；#为未达指标值；判别标准中的 0.574 为常规性学习行为分量表的内部一致性 α 系数。

表 3 - 21　　　　C 类学习行为"创造性分量表"项目分析摘要

| 题项 | 极端组比较 | 题项与总分相关 | | 同质性检验 | | | 未达标准指标数 | 备注 |
| --- | --- | --- | --- | --- | --- | --- | --- | --- |
| | 决断值 | 题项与总分相关 | 校正题项与总分相关 | 题项删除后的 α 值 | 共同性 | 因素负荷量 | | |
| C3 | 15.433 *** | 0.776 ** | 0.557 | 0.465 | 0.677 | 0.823 | 0 | 保留 |
| C23 | 11.882 *** | 0.711 ** | 0.469 | 0.534 | 0.578 | 0.760 | 0 | 保留 |
| C28 | 12.711 *** | 0.618 ** | # 0.327 | 0.628 | 0.344 | 0.587 | 1 | 保留 |
| C35 | 12.179 *** | 0.671 ** | # 0.339 | 0.632 | 0.359 | 0.599 | 1 | 保留 |

续表

| 题项 | 极端组比较 | 题项与总分相关 | | 同质性检验 | | | 未达标准指标数 | 备注 |
|---|---|---|---|---|---|---|---|---|
| | 决断值 | 题项与总分相关 | 校正题项与总分相关 | 题项删除后的 α 值 | 共同性 | 因素负荷量 | | |
| 判别标准 | ≥3.000 | ≥0.400 | ≥0.400 | ≤0.637 | ≥0.200 | ≥0.450 | — | — |

注：＊ $p < 0.05$，＊＊ $p < 0.01$，＊＊＊ $p < 0.001$；#为未达指标值；判别标准中的 0.637 为创造性学习行为分量表的内部一致性 α 系数。

表 3 - 22 　　　　C 类学习行为"他控性分量表"项目分析摘要

| 题项 | 极端组比较 | 题项与总分相关 | | 同质性检验 | | | 未达标准指标数 | 备注 |
|---|---|---|---|---|---|---|---|---|
| | 决断值 | 题项与总分相关 | 校正题项与总分相关 | 题项删除后的 α 值 | 共同性 | 因素负荷量 | | |
| C9 | 11.835＊＊＊ | 0.646＊＊ | # 0.338 | 0.470 | 0.420 | 0.648 | 1 | 保留 |
| C19 | 8.073＊＊＊ | 0.549＊＊ | # 0.238 | 0.531 | 0.264 | 0.514 | 1 | 保留 |
| C26 | 11.199＊＊＊ | 0.635＊＊ | # 0.398 | 0.442 | 0.479 | 0.692 | 1 | 保留 |
| C34 | 7.979＊＊＊ | 0.525＊＊ | # 0.217 | 0.541 | 0.223 | 0.472 | 1 | 保留 |
| C39 | 12.023＊＊＊ | 0.631＊＊ | # 0.368 | 0.454 | 0.423 | 0.650 | 1 | 保留 |
| 判别标准 | ≥3.000 | ≥0.400 | ≥0.400 | ≤0.545 | ≥0.200 | ≥0.450 | — | — |

注：＊ $p < 0.05$，＊＊ $p < 0.01$，＊＊＊ $p < 0.001$；#为未达指标值；判别标准中的 0.545 为他控性学习行为分量表的内部一致性 α 系数。

表 3 - 23 　　　　C 类学习行为"自主性分量表"项目分析摘要

| 题项 | 极端组比较 | 题项与总分相关 | | 同质性检验 | | | 未达标准指标数 | 备注 |
|---|---|---|---|---|---|---|---|---|
| | 决断值 | 题项与总分相关 | 校正题项与总分相关 | 题项删除后的 α 值 | 共同性 | 因素负荷量 | | |
| C14 | 10.879＊＊＊ | 0.661＊＊ | 0.541 | 0.731 | 0.490 | 0.700 | 0 | 保留 |
| C15 | 10.812＊＊＊ | 0.623＊＊ | 0.458 | 0.744 | 0.360 | 0.600 | 0 | 保留 |
| C20 | 9.886＊＊＊ | 0.626＊＊ | 0.474 | 0.741 | 0.414 | 0.644 | 0 | 保留 |

续表

| 题项 | 极端组比较 | 题项与总分相关 | | 同质性检验 | | | 未达标准指标数 | 备注 |
|---|---|---|---|---|---|---|---|---|
| | 决断值 | 题项与总分相关 | 校正题项与总分相关 | 题项删除后的 α 值 | 共同性 | 因素负荷量 | | |
| C25 | 10.089 *** | 0.593 ** | 0.436 | 0.747 | 0.339 | 0.582 | 0 | 保留 |
| C33 | 9.895 *** | 0.646 ** | 0.516 | 0.734 | 0.438 | 0.662 | 0 | 保留 |
| C36 | 9.208 *** | 0.596 ** | 0.468 | 0.743 | 0.395 | 0.628 | 0 | 保留 |
| C38 | 11.124 *** | 0.594 ** | 0.406 | 0.756 | 0.296 | 0.544 | 0 | 保留 |
| C40 | 10.105 *** | 0.624 ** | 0.467 | 0.742 | 0.368 | 0.607 | 0 | 保留 |
| 判别标准 | ≥3.000 | ≥0.400 | ≥0.400 | ≤0.767 | ≥0.200 | ≥0.450 | — | — |

注：$* p < 0.05$，$** p < 0.01$，$*** p < 0.001$；#为未达指标值；判别标准中的 0.767 为自主性学习行为分量表的内部一致性 α 系数。

**表 3 - 24　　C 类学习行为"个体性分量表"项目分析摘要**

| 题项 | 极端组比较 | 题项与总分相关 | | 同质性检验 | | | 未达标准指标数 | 备注 |
|---|---|---|---|---|---|---|---|---|
| | 决断值 | 题项与总分相关 | 校正题项与总分相关 | 题项删除后的 α 值 | 共同性 | 因素负荷量 | | |
| C5 | 8.215 *** | 0.523 ** | # 0.289 | 0.524 | 0.344 | 0.586 | 1 | 保留 |
| C6 | 11.331 *** | 0.612 ** | # 0.343 | 0.499 | 0.380 | 0.616 | 1 | 保留 |
| C11 | 10.537 *** | 0.630 ** | 0.429 | 0.468 | 0.525 | 0.725 | 0 | 保留 |
| C17 | 10.822 *** | 0.583 ** | # 0.330 | 0.506 | 0.340 | 0.583 | 1 | 保留 |
| C18 | 7.265 *** | 0.488 ** | # 0.183 | # 0.577 | # 0.114 | # 0.338 | 4 | 删除 |
| C27 | 8.554 *** | 0.545 ** | # 0.278 | 0.530 | 0.254 | 0.504 | 1 | 保留 |
| 判别标准 | ≥3.000 | ≥0.400 | ≥0.400 | ≤0.563 | ≥0.200 | ≥0.450 | — | — |

注：$* p < 0.05$，$** p < 0.01$，$*** p < 0.001$；#为未达指标值；判别标准中的 0.563 为个体性学习行为分量表的内部一致性 α 系数。

表 3 - 25　　　C 类学习行为"合作性分量表"项目分析摘要

| 题项 | 极端组比较 | 题项与总分相关 | | 同质性检验 | | | 未达标准指标数 | 备注 |
|---|---|---|---|---|---|---|---|---|
| | 决断值 | 题项与总分相关 | 校正题项与总分相关 | 题项删除后的 α 值 | 共同性 | 因素负荷量 | | |
| C2 | 10.565 *** | 0.630 ** | # 0.286 | 0.525 | 0.320 | 0.566 | 1 | 保留 |
| C10 | 16.259 *** | 0.725 ** | # 0.367 | 0.460 | 0.466 | 0.682 | 1 | 保留 |
| C30 | 7.487 *** | 0.556 ** | # 0.290 | 0.519 | 0.371 | 0.609 | 1 | 保留 |
| C32 | 11.585 *** | 0.700 ** | 0.431 | 0.406 | 0.577 | 0.760 | 0 | 保留 |
| 判别标准 | ≥3.000 | ≥0.400 | ≥0.400 | ≤0.552 | ≥0.200 | ≥0.450 | — | — |

注：* $p < 0.05$，** $p < 0.01$，*** $p < 0.001$；#为未达指标值；判别标准中的 0.552 为合作性学习行为分量表的内部一致性 α 系数。

表 3 - 26　　　C 类学习行为"接受性分量表"项目分析摘要

| 题项 | 极端组比较 | 题项与总分相关 | | 同质性检验 | | | 未达标准指标数 | 备注 |
|---|---|---|---|---|---|---|---|---|
| | 决断值 | 题项与总分相关 | 校正题项与总分相关 | 题项删除后的 α 值 | 共同性 | 因素负荷量 | | |
| C16 | 5.719 *** | 0.426 ** | # 0.013 | # 0.295 | # 0.047 | # 0.217 | 4 | 删除 |
| C22 | 10.037 *** | 0.574 ** | # 0.167 | 0.108 | 0.594 | 0.771 | 1 | 保留 |
| C24 | 8.409 *** | 0.504 ** | # 0.004 | # 0.337 | # 0.015 | # 0.121 | 4 | 删除 |
| C29 | 12.030 *** | 0.689 ** | # 0.294 | 0.212 | 0.681 | 0.825 | 1 | 保留 |
| 判别标准 | ≥3.000 | ≥0.400 | ≥0.400 | ≤0.228 | ≥0.200 | ≥0.450 | — | — |

注：* $p < 0.05$，** $p < 0.01$，*** $p < 0.001$；#为未达指标值；判别标准中的 0.228 为接受性学习行为分量表的内部一致性 α 系数。

表 3 - 27　　　C 类学习行为"发现性分量表"项目分析摘要

| 题项 | 极端组比较 | 题项与总分相关 | | 同质性检验 | | | 未达标准指标数 | 备注 |
|---|---|---|---|---|---|---|---|---|
| | 决断值 | 题项与总分相关 | 校正题项与总分相关 | 题项删除后的 α 值 | 共同性 | 因素负荷量 | | |
| C1 | 13.795 *** | 0.701 ** | 0.463 | 0.641 | 0.475 | 0.689 | 0 | 保留 |

| 题项 | 极端组比较 | 题项与总分相关 | | 同质性检验 | | | 未达标准指标数 | 备注 |
|---|---|---|---|---|---|---|---|---|
| | 决断值 | 题项与总分相关 | 校正题项与总分相关 | 题项删除后的 $\alpha$ 值 | 共同性 | 因素负荷量 | | |
| C12 | 9.548 *** | 0.561 ** | # 0.319 | # 0.696 | 0.264 | 0.514 | 2 | 保留 |
| C13 | 12.111 *** | 0.662 ** | 0.434 | 0.653 | 0.441 | 0.664 | 0 | 保留 |
| C21 | 13.174 *** | 0.702 ** | 0.519 | 0.620 | 0.545 | 0.738 | 0 | 保留 |
| C37 | 15.418 *** | 0.730 ** | 0.528 | 0.611 | 0.553 | 0.744 | 0 | 保留 |
| 判别标准 | ≥3.000 | ≥0.400 | ≥0.400 | ≤0.695 | ≥0.200 | ≥0.450 | — | — |

注：* $p < 0.05$，** $p < 0.01$，*** $p < 0.001$；#为未达指标值；判别标准中的 0.695 为发现性学习行为分量表的内部一致性 $\alpha$ 系数。

经删除不合标准的题项后，C 类学习行为最终保留题项 37 项：C1、C2、C3、C4、C5、C6、C7、C8、C9、C10、C11、C12、C13、C14、C15、C17、C19、C20、C21、C22、C23、C25、C26、C27、C28、C29、C30、C31、C32、C33、C34、C35、C36、C37、C38、C39 和 C40。

综上，删除题项 B3、B5、C16、C18 和 C24 后，其后题项上行补上，顺序排列，最终形成《中小学学生学习行为调查问卷（学生自评版）》正式施测问卷。

## 二　学生学习行为状态的调查结果与分析

在正式施测中，采取分层整群抽样方式，选取 6 所学校 12 个班的中小学学生为被试，发放正式调查问卷 672 份，回收问卷 653 份，其中，有效问卷 615 份，总有效率为 90.4%。在被试样本中，正式施测问卷的学习行为评定 B 部分，符号性、操作性、交往性、观察性和反思性学习行为分量表的内部一致性 $\alpha$ 系数分别为 0.521、0.562、0.612、0.707 和 0.724；学习行为评定 C 部分，常规性、创造性、他控性、自主性、个体性、合作性、接受性和发现性学习行为分量表的内部

一致性 $\alpha$ 系数分别为 0.565、0.673、0.491、0.804、0.657、0.574、0.421 和 0.679。正式施测问卷中，学习行为评定 B 部分和 C 部分的计分方法，与预测问卷相应部分的计分方法相同。

正式施测中最终有效问卷填答被试分布情况如表 3-28 所示。

表 3-28　　　　　　　　有效被试构成情况摘要

| 变量 | 类别 | 人数 | 百分比（%） | 变量 | 类别 | 人数 | 百分比（%） |
|------|------|------|------|------|------|------|------|
| 年段 | 小学 | 190 | 30.9 | 班级规模 | 36—54 人 | 206 | 33.5 |
| | 初中 | 221 | 35.9 | | 55—70 人 | 348 | 56.6 |
| | 高中 | 204 | 33.2 | | 71 人及以上 | 61 | 9.9 |
| 性别 | 男 | 355 | 58.2 | 学生身份 | 干部学生 | 219 | 35.8 |
| | 女 | 255 | 41.8 | | 非干部学生 | 392 | 64.2 |
| | 缺失值 | 5 | — | | 缺失值 | 4 | — |
| 学校性质 | 普通 | 427 | 69.4 | 学校所在地 | 城市 | 257 | 41.8 |
| | 重点 | 188 | 30.6 | | 农村 | 358 | 58.2 |
| 父亲文化程度 | 专科及以下 | 384 | 69.8 | 母亲文化程度 | 专科及以下 | 410 | 75.4 |
| | 大学本科 | 122 | 22.2 | | 大学本科 | 105 | 19.3 |
| | 研究生 | 44 | 8.0 | | 研究生 | 29 | 5.3 |
| | 缺失值 | 65 | — | | 缺失值 | 71 | — |
| 住宿类型 | 住校生 | 242 | 39.7 | 家庭结构 | 独生子女 | 330 | 53.7 |
| | 非住校生 | 368 | 60.3 | | 非独生子女 | 285 | 46.3 |
| | 缺失值 | 5 | — | | 缺失值 | 0 | — |

与此同时，基于对学习行为类型的理论构想，采用课堂观察法，旨在了解学生课堂学习行为的类型及其时间分布情况以及教室内学生学习行为的空间分布状况。具体做法是：随机选取一所小学和中学的各一个班级，定点观察某一名学生的学习行为运用情况，用 JVC GY-HM100EC 存储式高清摄录一体机全程摄像，现场记录该生学习行为的类型及其发生频次。课堂观察结束后用 ME Nonlinear Editing System 软件对视频进

行编辑，以 5 分钟为一个单位，回放录像对现场记录情况进行校验和修正，并补充所发生的学习行为的时长信息，最终形成 3 节课的学生学习行为观察原始数据。此外，笔者在实地调查过程中还随机对教师与学生进行了非正式访谈，旨在了解教师对学生学习行为的认识与态度、学生的学习行为喜好以及学生的主观生活感受。

三种研究方法的综合使用，力图全面揭示和深入刻画中小学学生学习行为的主体性、学习行为的类型、学习行为的占用时间与分布空间以及学生主观生活感受和学生实际发展状况。

### （一）学习行为的主体性

学习行为的主体性是学生学习行为的精神内涵。没有学生主体精神的参与，学习行为容易降格为简单化、机械化和程式化的肌肉动作。学习行为的主体性主要表现为学生对学习活动的主动参与和自我调节。

1. 学生学习行为主体性的整体水平

在表 3 - 29 中，他控性学习行为因子有 5 个测评项目，项目均值为 2.83，低于项目中数 3；自主性学习行为因子有 8 个测评项目，项目均值为 3.61，高于中数 3。经配对样本 $t$ 检验，发现自主性学习行为的项目均值高于他控性学习行为的项目均值，$t = 15.457$，$p = 0.000 < 0.001$。这说明从整体上看，中小学学生已具备了一定的主体性水平。

表 3 - 29　　　　　学习行为主体性维度的描述性统计量

| 因子 | 项目数 | 最小值 | 最大值 | 平均数 | 标准差 | 项目均值 |
|---|---|---|---|---|---|---|
| 他控性学习行为 | 5 | 5.00 | 24.00 | 14.14 | 3.89 | 2.83 |
| 自主性学习行为 | 8 | 8.00 | 40.00 | 28.85 | 6.26 | 3.61 |

不同年段的学生在他控性和自主性学习行为上均存在显著差异，分别为 $F = 11.26$，$p = 0.000 < 0.001$；$F = 14.65$，$p = 0.000 < 0.001$。如表 3 - 30 所示，经事后多重比较发现，高中生的他控性学习行为得分

（15.09）显著高于小学生（13.27）和初中生·（14.01），而小学生的自主性学习行为得分（30.72）显著高于初中生（28.57）和高中生（27.42）。可见，随着年级升高，学生的学习变得越来越被动。按常理，学生的自主性应该随着年龄的增长、心智的成熟而增强。之所以出现这种矛盾，可能与中学生面临考试和升学压力有关。考试的压力和升学的渴望使得中学生甘愿接受学校和老师的安排，这在某种程度上抑制了其主体性的表现与提升。

表 3 - 30 不同年段学生学习行为主体性描述统计与差异比较

| 学习行为主体性 | 年段 | 个数 | 平均数 | 标准差 | $F$ | 事后比较 LSD 法 | 事后比较 Dunnett's C 法 |
|---|---|---|---|---|---|---|---|
| 他控性 | 小学 | 190 | 13.27 | 4.14 | 11.26*** | — | C > A<br>C > B |
| | 初中 | 221 | 14.01 | 3.91 | | | |
| | 高中 | 204 | 15.09 | 3.41 | | | |
| 自主性 | 小学 | 190 | 30.72 | 6.45 | 14.65*** | A > B<br>A > C | — |
| | 初中 | 221 | 28.57 | 5.73 | | | |
| | 高中 | 204 | 27.42 | 6.23 | | | |

注：* $p < 0.05$，** $p < 0.01$，*** $p < 0.001$；A 代表"小学"，B 代表"初中"，C 代表"高中"。

不同班级规模的学生在他控性和自主性学习行为上均存在显著差异，分别为 $F = 18.54$，$p = 0.000 < 0.001$；$F = 13.70$，$p = 0.000 < 0.001$。如表 3 - 31 所示，经事后多重比较发现，55—70 人班级和 71 人及以上班级学生他控性学习行为得分（14.71 和 15.26）显著高于 36—54 人班级学生他控性学习行为得分（12.85），36—54 人班级学生自主性学习行为得分（30.58）显著高于 55—70 人班级学生自主性学习行为得分（27.77）。可见，小规模班级中学生学习更加积极主动，这可能与小班化教学中人际互动（师生互动、生生互动）更充分有关。

表 3 - 31 不同班级规模学生学习行为主体性描述统计与差异比较

| 学习行为主体性 | 年段 | 个数 | 平均数 | 标准差 | $F$ | 事后比较LSD 法 | 事后比较Dunnett's C 法 |
|---|---|---|---|---|---|---|---|
| 他控性 | 36—54 人 | 206 | 12.85 | 3.82 | 18.54*** | B > A<br>C > A | — |
| | 55—70 人 | 348 | 14.71 | 3.73 | | | |
| | ≥71 人 | 61 | 15.26 | 3.98 | | | |
| 自主性 | 36—54 人 | 206 | 30.58 | 5.50 | 13.70*** | — | A > B |
| | 55—70 人 | 348 | 27.77 | 6.47 | | | |
| | ≥71 人 | 61 | 29.19 | 6.20 | | | |

注: * $p < 0.05$, ** $p < 0.01$, *** $p < 0.001$; A 代表 "36—54 人", B 代表 "55—70 人", C 代表 "≥71 人"。

不同区域学校的学生在他控性和自主性学习行为上均存在显著差异, 分别为 $t = -4.87$, $p = 0.000 < 0.001$; $t = 5.83$, $p = 0.000 < 0.001$。如表 3 - 32 所示, 农村学校学生他控性学习行为得分 (14.78) 显著高于城市学校学生 (13.26), 而城市学生自主性学习行为得分 (30.50) 显著高于农村学校学生 (27.67)。这可能与城市学校课程改革力度更大、教师教学素养相对较高有关。

表 3 - 32 不同区域学校学生学习行为主体性描述统计与差异比较

| 学习行为主体性 | 学校区域 | 个数 | 平均数 | 标准差 | $t$ |
|---|---|---|---|---|---|
| 他控性 | 城市 | 257 | 13.26 | 3.89 | -4.87*** |
| | 农村 | 358 | 14.78 | 3.77 | |
| 自主性 | 城市 | 257 | 30.50 | 5.41 | 5.83*** |
| | 农村 | 358 | 27.67 | 6.56 | |

注: * $p < 0.05$, ** $p < 0.01$, *** $p < 0.001$。

如表 3 - 33 所示, 不同身份的学生在他控性和自主性学习行为上均存在显著差异, 分别为 $t = -4.53$, $p = 0.000 < 0.001$; $t = 5.71$, $p = 0.000 < 0.001$。非学生干部的他控性学习行为得分 (14.66) 显著高于

学生干部（13.20），而学生干部自主性学习行为得分（30.71）显著高于非学生干部（27.92）。

表 3 - 33    不同身份学生学习行为主体性描述统计与差异比较

| 学习行为主体性 | 学生身份 | 个数 | 平均数 | 标准差 | $t$ |
|---|---|---|---|---|---|
| 他控性 | 学生干部 | 219 | 13.20 | 4.04 | -4.53*** |
| | 非学生干部 | 392 | 14.66 | 3.71 | |
| 自主性 | 学生干部 | 219 | 30.71 | 5.39 | 5.71*** |
| | 非学生干部 | 392 | 27.92 | 6.42 | |

注：* $p < 0.05$，** $p < 0.01$，*** $p < 0.001$。

如表 3 - 34 所示，不同住宿类型的学生在他控性和自主性学习行为上均存在显著差异，分别为 $t = 4.01$，$p = 0.000 < 0.001$；$t = -4.10$，$p = 0.000 < 0.001$。住校学生的他控性学习行为得分（14.91）显著高于非住校学生（13.64），而非住校学生自主性学习行为得分（29.68）显著高于住校学生（27.59）。这可能与非住校学生接触的社会生活更丰富、生活空间更广阔有关。

表 3 - 34    不同住宿类型学生学习行为主体性描述统计与差异比较

| 学习行为主体性 | 住宿类型 | 个数 | 平均数 | 标准差 | $t$ |
|---|---|---|---|---|---|
| 他控性 | 住校 | 242 | 14.91 | 3.67 | 4.01*** |
| | 非住校 | 368 | 13.64 | 3.94 | |
| 自主性 | 住校 | 242 | 27.59 | 6.12 | -4.10*** |
| | 非住校 | 368 | 29.68 | 6.20 | |

注：* $p < 0.05$，** $p < 0.01$，*** $p < 0.001$。

2. 学生课堂学习行为主体性状况

课堂教学中师生互动的状况是，老师讲学生听、老师问学生答的选答比率分别为51.6%和37.4%；学生讲老师听、学生问老师答的选答比率分别为5.4%和5.6%，如表3－35所示。也就是说，89.0%的学生满足于或形成了依赖教师的学习习惯。此外，不同性质学校的学生课堂师生互动状况存在显著差异，$\chi^2 = 74.476$，$p = 0.000 < 0.001$。如表3－36所示，普通学校课堂互动形式排前两位的是老师讲学生听和老师问学生答，选答比率分别为35.1%和30.5%；重点学校课堂互动形式排前2位的也是老师讲学生听和老师问学生答，选答比率分别为16.6%和6.9%。这说明，普通学校和重点学校课堂互动中学生的学习行为都具有被动依赖性，且普通学校的情况更为严重。这一点在学生讲老师听选项的作答上也得到了证实，普通学校学生选答比率为0.5%，明显低于重点学校学生的选答比率4.9%。

表3－35 　　　　　　　　课堂师生互动状况频次分布

| 选项 | 频次 | 百分比（%） | 有效百分比（%） | 累积百分比（%） |
| --- | --- | --- | --- | --- |
| 老师讲，学生听 | 315 | 51.2 | 51.6 | 51.6 |
| 老师问，学生答 | 228 | 37.1 | 37.4 | 89.0 |
| 学生讲，老师听 | 33 | 5.4 | 5.4 | 94.4 |
| 学生问，老师答 | 34 | 5.5 | 5.6 | 100.0 |
| 缺失值 | 5 | 0.8 | — | — |

表3－36 　　　　　不同性质学校课堂师生互动状况频次摘要

| 设计变量　　反应变量 | | 学校性质 | |
| --- | --- | --- | --- |
| | | 普通 | 重点 |
| 老师讲，学生听 | 频次 | 214 | 101 |
| | 百分比（%） | 35.1 | 16.6 |
| 老师问，学生答 | 频次 | 186 | 42 |
| | 百分比（%） | 30.5 | 6.9 |
| 学生讲，老师听 | 频次 | 3 | 30 |
| | 百分比（%） | 0.5 | 4.9 |
| 学生问，老师答 | 频次 | 20 | 14 |
| | 百分比（%） | 3.3 | 2.3 |

不同区域学校的学生在课堂师生互动状况上存在显著差异，$\chi^2 =$ 35.013，$p = 0.000 < 0.001$。如表 3 - 37 所示，农村学校课堂互动形式排前两位的是老师讲学生听和老师问学生答，选答比率分别为 31.5% 和 23.1%；城市学校课堂互动形式排前两位的也是老师讲学生听和老师问学生答，选答比率分别为 20.2% 和 14.3%。这说明，城市学校和农村学校课堂互动中学生的学习行为都具有被动依赖性，且农村学校的情况更为严重。这也在学生讲老师听选项的作答上得到了证实，城市学校学生选答比率为 4.9%，明显高于农村学校学生的选答比率 0.5%。

表 3 - 37　　　　不同区域学校课堂师生互动状况频次摘要

| 设计变量<br>反应变量 | | 学校所在地 | |
|---|---|---|---|
| | | 城市 | 农村 |
| 老师讲，学生听 | 频次 | 123 | 192 |
| | 百分比（%） | 20.2 | 31.5 |
| 老师问，学生答 | 频次 | 87 | 141 |
| | 百分比（%） | 14.3 | 23.1 |
| 学生讲，老师听 | 频次 | 30 | 3 |
| | 百分比（%） | 4.9 | 0.5 |
| 学生问，老师答 | 频次 | 15 | 19 |
| | 百分比（%） | 2.5 | 3.1 |

不同年段的学生在课堂师生互动状况上存在显著差异，$\chi^2 =$ 46.215，$p = 0.000 < 0.001$。如表 3 - 38 所示，小学生、初中生和高中生采用较多的课堂互动形式均是老师讲学生听和老师问学生答，其中，小学生的选答比率分别为 13.9% 和 15.9%，初中生的选答比率分别为 17.7% 和 13.8%，高中生的选答比率分别为 20.0% 和 7.7%。可见，中小学课堂大多是教师主导式课堂，学生一般都以教师为轴心，跟随教师的指令和进度开展学习活动。学生的学习主体性还有待进一步提升。此外，在学生讲老师听和学生问老师答选项上，小学生

的选答比率分别为0.3%和0.5%，初中生的选答比率分别为2.0%和2.8%，高中生的选答比率分别为3.1%和2.3%。这在一定程度上说明，相比中学生，小学生主动学习精神更为缺乏，这可能与小学生心理发展水平和认知发展水平较低有关。这也预示着小学阶段更要加强对学生主动学习精神的培养。

表3-38 不同年段学校课堂师生互动状况频次摘要

| 设计变量 / 反应变量 | | 年段 | | |
|---|---|---|---|---|
| | | 小学 | 初中 | 高中 |
| 老师讲，学生听 | 频次 | 85 | 108 | 122 |
| | 百分比（%） | 13.9 | 17.7 | 20.0 |
| 老师问，学生答 | 频次 | 97 | 84 | 47 |
| | 百分比（%） | 15.9 | 13.8 | 7.7 |
| 学生讲，老师听 | 频次 | 2 | 12 | 19 |
| | 百分比（%） | 0.3 | 2.0 | 3.1 |
| 学生问，老师答 | 频次 | 3 | 17 | 14 |
| | 百分比（%） | 0.5 | 2.8 | 2.3 |

课堂中教师提出问题后，如表3-39所示，仅有17.4%的学生总是会积极主动发言，45.3%的学生偶尔会主动发言，35.0%的学生被老师点名才发言，2.3%的学生即使被老师点名也不发言。不同区域学校的学生在课堂答问上存在显著差异，$\chi^2 = 24.252$，$p = 0.000 < 0.001$。如表3-40所示，在总是积极主动发言选项上，城市学校学生的选答比率为9.1%，要高于农村学校学生的选答比率8.3%。在偶尔主动发言选项上，城市学校学生和农村学校学生的选答比率分别为21.7%和23.6%。然而，在农村学校中，有24.6%的学生被老师点名才发言，1.8%的学生即使被老师点名也不发言，明显高于城市学校学生在相应选项上的水平（10.4%和0.5%）。这说明农村学生在课堂答问上的受动性更明显。

表 3 – 39　　　　　　　　学生课堂答问状况频次分布

| 选项 | 频次 | 百分比（%） | 有效百分比（%） | 累积百分比（%） |
|---|---|---|---|---|
| 总是积极主动发言 | 107 | 17.4 | 17.4 | 17.4 |
| 偶尔主动发言 | 278 | 45.2 | 45.3 | 62.7 |
| 被老师点名才发言 | 215 | 35.0 | 35.0 | 97.7 |
| 即使被老师点名也不发言 | 14 | 2.3 | 2.3 | 100.0 |
| 缺失值 | 1 | 0.2 | — | — |

表 3 – 40　　　　　不同区域学校学生课堂答问状况频次摘要

| 设计变量<br>反应变量 | | 学校所在地 | |
|---|---|---|---|
| | | 城市 | 农村 |
| 总是积极主动发言 | 频次 | 56 | 51 |
| | 百分比（%） | 9.1 | 8.3 |
| 偶尔主动发言 | 频次 | 133 | 145 |
| | 百分比（%） | 21.7 | 23.6 |
| 被老师点名才发言 | 频次 | 64 | 151 |
| | 百分比（%） | 10.4 | 24.6 |
| 即使被老师点名也不发言 | 频次 | 3 | 11 |
| | 百分比（%） | 0.5 | 1.8 |

不同年段的学生在课堂答问状况上存在显著差异，$\chi^2 = 97.980$，$p = 0.000 < 0.001$。如表 3 – 41 所示，在总是积极主动发言选项上，小学生选答比率为 11.1%，高于初中生（4.4%）和高中生（2.0%）。在偶尔主动发言选项上，初中生选答比率为 19.4%，高于小学生（12.7%）和高中生（13.2%）。在被老师点名才发言选项上，高中生选答比率为 16.3%，高于小学生（6.5%）和初中生（12.2%）。可见，小学阶段学生积极主动发言居多，初中阶段学生偶尔主动发言居多，高中阶段学生被指名发言居多。随着年级的升高，学生在课堂发言上越来越被动。

表 3 – 41　　　　　　　　不同年段学生课堂答问状况频次摘要

| 设计变量<br>反应变量 | | 年段 | | |
|---|---|---|---|---|
| | | 小学 | 初中 | 高中 |
| 总是积极主动发言 | 频次 | 68 | 27 | 12 |
| | 百分比（％） | 11.1 | 4.4 | 2.0 |
| 偶尔主动发言 | 频次 | 78 | 119 | 81 |
| | 百分比（％） | 12.7 | 19.4 | 13.2 |
| 被老师点名才发言 | 频次 | 40 | 75 | 100 |
| | 百分比（％） | 6.5 | 12.2 | 16.3 |
| 即使被老师点<br>名也不发言 | 频次 | 3 | 0 | 11 |
| | 百分比（％） | 0.5 | 0 | 1.8 |

不同住宿类型的学生的课堂答问状况也存在显著差异，$\chi^2$ = 58.745，$p = 0.000 < 0.001$。如表 3 – 42 所示，在总是积极主动发言和偶尔主动发言上，非住校学生选答比率分别为 14.6％ 和 29.7％，高于住校学生的选答比率 2.6％ 和 15.8％；在被老师点名才发言和即使被老师点名也不发言选项上，住校生的选答比率分别为 19.9％ 和 1.5％，高于非住校学生的选答比率 15.1％ 和 0.8％。可见，住校学生更加容易出现课堂沉默。这种状况的出现，可能是由于住校生大多是中学生，尤其是高中生，高中生相比其他阶段的学生在课堂发言上确实要被动些。这可在不同年段学生的课堂答问状况频次与卡方检验中得到印证。

表 3 – 42　　　　不同住宿类型学生课堂答问状况频次摘要

| 设计变量<br>反应变量 | | 住宿类型 | |
|---|---|---|---|
| | | 住校 | 非住校 |
| 总是积极主动发言 | 频次 | 16 | 89 |
| | 百分比（％） | 2.6 | 14.6 |
| 偶尔主动发言 | 频次 | 96 | 181 |
| | 百分比（％） | 15.8 | 29.7 |

续表

| 设计变量 | | 住宿类型 | |
| --- | --- | --- | --- |
| 反应变量 | | 住校 | 非住校 |
| 被老师点名才发言 | 频次 | 121 | 92 |
| | 百分比（%） | 19.9 | 15.1 |
| 即使被老师点名也不发言 | 频次 | 9 | 5 |
| | 百分比（%） | 1.5 | 0.8 |

### （二）学习行为的类型

#### 1. 学生课堂学习行为类型

按照学习行为所指向的对象与领域，学生的学习行为主要有 5 种类型，即符号性学习行为、操作性学习行为、交往性学习行为、观察性学习行为和反思性学习行为。为了促进学生全面发展、终身发展与个性化发展，学生的学习行为要实现多样化。在本次调查中，学生上述 5 类学习行为在课堂上分布的总体状况如表 3 - 43 所示。

表 3 - 43 　　　　　　　不同类型学习行为的描述统计量

| 因子 | 项目数 | 最小值 | 最大值 | 平均数 | 标准差 | 项目均值 |
| --- | --- | --- | --- | --- | --- | --- |
| 符号性学习行为 | 4 | 0.00 | 16.00 | 11.85 | 2.68 | 2.96 |
| 操作性学习行为 | 5 | 0.00 | 17.00 | 6.45 | 3.34 | 1.52 |
| 交往性学习行为 | 5 | 0.00 | 19.00 | 7.62 | 3.56 | 1.29 |
| 观察性学习行为 | 4 | 0.00 | 16.00 | 4.28 | 3.42 | 1.07 |
| 反思性学习行为 | 5 | 0.00 | 20.00 | 8.73 | 3.95 | 1.75 |

在表 3 - 43 中，符号性学习行为因子有 4 个测评项目，项目均值为 2.96；反思性学习行为因子有 5 个测评项目，项目均值为 1.75；操作性学习行为因子有 5 个测评项目，项目均值为 1.52；交往性学习行为因子有 5 个测评项目，项目均值为 1.29；观察性学习行为因子有 4 个测评项目，项目均值为 1.07。学生符号性学习行为的得分最高，远远超过其他学习行为的得分；且其标准差在 5 种学习行为中最小，说明被

试者在符号性学习行为上的填答更趋向一致。这意味着，当下在各类中小学校，符号性学习行为居于主导地位。

　　学生的学习以符号性学习行为为主，也可从教师布置的作业类型中得到佐证。如表 3 – 44 所示，99.2% 的学生接收的作业任务都是书面作业，如作文、试卷、习题等；其他类型的作业，如演讲类、调查类、手工制作类作业屈指可数。这种作业方式也在一定程度上规限了学生的学习行为。而且，在学生作业类型上，与被试相关的所有人口统计学变量，如年段、性别、学校性质、学校所在地、班级规模、学生身份、住宿类型、家庭结构、父母亲文化程度等，均不存在显著差异。这说明，学生的作业以书面作业为主，是一个相当普遍的现象。

表 3 – 44　　　　　　　　学生作业类型频次分布

| 选项 | 频次 | 百分比（%） | 有效百分比（%） | 累计百分比（%） |
|---|---|---|---|---|
| 书面作业，如作文、试卷、习题等 | 605 | 98.4 | 99.2 | 99.2 |
| 手工制作类作业，如制作学具等 | 0 | 0 | 0 | 99.2 |
| 调查类作业，如参考、实地考察等 | 2 | 0.3 | 0.3 | 99.5 |
| 演讲类作业，无纸笔形式仅口头表达 | 3 | 0.5 | 0.5 | 100.0 |
| 缺失值 | 5 | 0.8 | — | — |

　　不同年段的学生在符号性、操作性、交往性和观察性学习行为上均存在显著差异，分别为 $F = 12.69$，$p = 0.000 < 0.001$；$F = 96.79$，$p = 0.000 < 0.001$；$F = 13.47$，$p = 0.000 < 0.001$；$F = 10.90$，$p = 0.000 < 0.001$。如表 3 – 45 所示，经事后多重比较发现，小学生和初中生的符号性学习行为得分（11.88 和 12.46）均显著高于高中生，小学生的操作性学习行为得分（4.78）显著高于初中生和高中生，小学生和初中生的交往性学习行为得分（8.72 和 6.13）显著高于高中生，小学生和初中生的观察性学习行为得分（8.00 和 8.24）显著高于高中生。整体而言，小学生在上述四类学习行为上的得分，均高于高中生在相应学习行为类别上的得分。这也在一定程度上说明，与高中生相比，小学生的

学习行为更趋向多样化。出现这种状况，可能是小学生特定心理发展水平与特点决定的，也可能是受到了新课改学习方式变革的影响，但同时也说明高中课程改革在学习行为方式上还需加强变革力度。

表 3 - 45　　　　不同年段学生学习行为类型描述统计与差异比较

| 学习行为类型 | 年段 | 个数 | 平均数 | 标准差 | $F$ | 事后比较 LSD 法 | 事后比较 Dunnett's C 法 |
|---|---|---|---|---|---|---|---|
| 符号性 | 小学 | 190 | 11.88 | 2.96 | 12.69 *** | — | A > C |
|  | 初中 | 221 | 12.46 | 2.21 |  |  | B > C |
|  | 高中 | 204 | 11.17 | 2.71 |  |  |  |
| 操作性 | 小学 | 190 | 4.78 | 3.61 | 96.79 *** | — | A > B |
|  | 初中 | 221 | 4.67 | 3.48 |  |  | A > C |
|  | 高中 | 204 | 3.38 | 2.97 |  |  |  |
| 交往性 | 小学 | 190 | 8.72 | 2.87 | 13.47 *** | A > C | — |
|  | 初中 | 221 | 6.13 | 3.22 |  | B > C |  |
|  | 高中 | 204 | 4.67 | 2.58 |  |  |  |
| 观察性 | 小学 | 190 | 8.00 | 3.73 | 10.90 *** | — | A > C |
|  | 初中 | 221 | 8.24 | 3.50 |  |  | B > C |
|  | 高中 | 204 | 6.60 | 3.23 |  |  |  |
| 反思性 | 小学 | 190 | 9.13 | 3.94 | 1.43 | n.s. | — |
|  | 初中 | 221 | 8.59 | 3.96 |  |  |  |
|  | 高中 | 204 | 8.51 | 3.95 |  |  |  |

注：n.s. $p > 0.05$，* $p < 0.05$，** $p < 0.01$，*** $p < 0.001$；A 代表"小学"，B 代表"初中"，C 代表"高中"。

不同班级规模的学生在符号性、操作性、交往性、观察性和反思性学习行为上均存在显著差异，分别为 $F = 18.11$，$p = 0.000 < 0.001$；$F = 46.30$，$p = 0.000 < 0.001$；$F = 17.03$，$p = 0.000 < 0.001$；$F = 23.71$，$p = 0.000 < 0.001$；$F = 5.06$，$p = 0.007 < 0.01$。如表 3 - 46 所示，经事后多重比较发现，36—54 人班级中符号性学习行为的得分（12.71）显著高于其他规模班级得分，36—54 人和 71 人及以上班级中

操作性学习行为得分（7.97 和 7.29）显著高于 55—70 人班级得分，36—54 人班级中交往性和观察性学习行为的得分（8.71 和 5.51）均显著高于其他班级相应得分，36—54 人和 55—70 人班级中反思性学习行为得分（9.24 和 8.66）显著高于 71 人及以上班级得分。可见，在较小规模的班级中，5 类学习行为均比较丰富，这也在某种程度上印证了小班化教学的优势所在。

表 3-46　　不同班级规模学生学习行为类型描述统计与差异比较

| 学习行为类型 | 年段 | 个数 | 平均数 | 标准差 | $F$ | 事后比较 LSD 法 | 事后比较 Dunnett's C 法 |
|---|---|---|---|---|---|---|---|
| 符号性 | 36—54 人 | 206 | 12.71 | 2.44 | 18.11*** | A > B A > C | — |
| | 55—70 人 | 348 | 11.52 | 2.65 | | | |
| | ≥71 人 | 61 | 10.89 | 2.86 | | | |
| 操作性 | 36—54 人 | 206 | 7.97 | 3.54 | 46.30*** | — | A > B C > B |
| | 55—70 人 | 348 | 5.40 | 2.96 | | | |
| | ≥71 人 | 61 | 7.29 | 2.38 | | | |
| 交往性 | 36—54 人 | 206 | 8.71 | 3.87 | 17.03*** | — | A > B A > C |
| | 55—70 人 | 348 | 7.22 | 3.27 | | | |
| | ≥71 人 | 61 | 6.28 | 3.12 | | | |
| 观察性 | 36—54 人 | 206 | 5.51 | 3.70 | 23.71*** | — | A > B A > C |
| | 55—70 人 | 348 | 3.81 | 3.20 | | | |
| | ≥71 人 | 61 | 2.83 | 2.19 | | | |
| 反思性 | 36—54 人 | 206 | 9.24 | 3.95 | 5.06** | A > C B > C | — |
| | 55—70 人 | 348 | 8.66 | 4.03 | | | |
| | ≥71 人 | 61 | 7.44 | 3.13 | | | |

注：* $p < 0.05$，** $p < 0.01$，*** $p < 0.001$；A 代表"36—54 人"，B 代表"55—70 人"，C 代表"≥71 人"。

不同性质学校的学生在符号性和交往性学习行为上均存在显著差异，分别为 $t = -4.56$，$p = 0.000 < 0.001$；$t = -2.59$，$p = 0.010 < 0.05$。如表 3-47 所示，重点学校学生在符号性和交往性学习行为上的

得分（12.53 和 8.18）均显著高于普通学校学生的得分（11.55 和 7.38），而在其他学习行为类型上不存在显著差异。

表 3 - 47　　不同性质学校学生学习行为类型描述统计与差异比较

| 学习行为类型 | 学校性质 | 个数 | 平均数 | 标准差 | $t$ |
|---|---|---|---|---|---|
| 符号性 | 普通 | 427 | 11.55 | 2.78 | -4.56*** |
| | 重点 | 188 | 12.53 | 2.30 | |
| 操作性 | 普通 | 427 | 6.45 | 3.44 | -0.01 n.s. |
| | 重点 | 188 | 6.45 | 3.11 | |
| 交往性 | 普通 | 427 | 7.38 | 3.49 | -2.59* |
| | 重点 | 188 | 8.18 | 3.64 | |
| 观察性 | 普通 | 427 | 4.24 | 3.45 | -0.47 n.s. |
| | 重点 | 188 | 4.38 | 3.35 | |
| 反思性 | 普通 | 427 | 8.68 | 4.02 | -0.51 n.s. |
| | 重点 | 188 | 8.85 | 3.80 | |

注：n.s. $p > 0.05$，* $p < 0.05$，** $p < 0.01$，*** $p < 0.001$。

如表 3 - 48 所示，不同身份的学生在符号性、操作性、交往性、观察性和反思性学习行为上均存在显著差异，分别为 $t = 7.43$，$p = 0.000 < 0.001$；$t = 2.72$，$p = 0.007 < 0.01$；$t = 4.45$，$p = 0.000 < 0.001$；$t = 2.24$，$p = 0.026 < 0.5$；$t = 3.24$，$p = 0.001 < 0.01$。学生干部在五类学习行为的得分均显著高非学生干部，这说明，学生干部的学习行为要比非学生干部丰富和充分。出现这种状况原因可能是，学生干部通常是由学生成绩较好、有特长或表现活跃的学生担任的。

表 3 - 48　　不同身份学生学习行为类型描述统计与差异比较

| 学习行为类型 | 学生身份 | 个数 | 平均数 | 标准差 | $t$ |
|---|---|---|---|---|---|
| 符号性 | 学生干部 | 219 | 12.84 | 2.23 | 7.43*** |
| | 非学生干部 | 392 | 11.32 | 2.74 | |

| 学习行为类型 | 学生身份 | 个数 | 平均数 | 标准差 | $t$ |
|---|---|---|---|---|---|
| 操作性 | 学生干部 | 219 | 6.94 | 3.53 | 2.72** |
| | 非学生干部 | 392 | 6.18 | 3.20 | |
| 交往性 | 学生干部 | 219 | 8.48 | 3.64 | 4.45*** |
| | 非学生干部 | 392 | 7.16 | 3.43 | |
| 观察性 | 学生干部 | 219 | 4.71 | 3.66 | 2.24* |
| | 非学生干部 | 392 | 4.05 | 3.27 | |
| 反思性 | 学生干部 | 219 | 9.45 | 3.84 | 3.24** |
| | 非学生干部 | 392 | 8.38 | 3.95 | |

注：* $p < 0.05$，** $p < 0.01$，*** $p < 0.001$。

如表 3 - 49 所示，不同住宿类型的学生在符号性、操作性、交往性和观察性学习行为上均存在显著差异，分别为 $t = -3.18$，$p = 0.002 < 0.01$；$t = -8.18$，$p = 0.000 < 0.001$；$t = -3.82$，$p = 0.000 < 0.001$；$t = -4.05$，$p = 0.000 < 0.001$。住校学生在上述 4 类学习行为上的得分均显著低于非住校学生得分。这一现象耐人寻味，值得进一步关注和深入研究。

表 3 - 49　　不同住宿类型学生学习行为类型描述统计与差异比较

| 学习行为类型 | 住宿类型 | 个数 | 平均数 | 标准差 | $t$ |
|---|---|---|---|---|---|
| 符号性 | 住校 | 242 | 11.43 | 2.72 | -3.18** |
| | 非住校 | 368 | 12.13 | 2.60 | |
| 操作性 | 住校 | 242 | 5.22 | 2.70 | -8.18*** |
| | 非住校 | 368 | 7.26 | 3.46 | |
| 交往性 | 住校 | 242 | 6.97 | 3.17 | -3.82*** |
| | 非住校 | 368 | 8.04 | 3.70 | |
| 观察性 | 住校 | 242 | 3.63 | 3.02 | -4.05*** |
| | 非住校 | 368 | 4.72 | 3.60 | |
| 反思性 | 住校 | 242 | 8.48 | 3.92 | -1.24n.s. |
| | 非住校 | 368 | 8.88 | 3.94 | |

注：n.s. $p > 0.05$，* $p < 0.05$，** $p < 0.01$，*** $p < 0.001$。

2. 学生校外学习行为的类型

学校外的场所，如家庭、社会机构等也是学生开展学习活动的重要场域。如表3-50所示，放学或放假后，71.4%的学生会在家或校外辅导班做作业，温习功课；15.6%的学生会去游乐场等娱乐场所自由玩耍；12.3%的学生会去图书馆或书店看书，查阅资料；0.7%的学生会去青少年宫、博物馆等公共场所参观访问。可见，大部分学生离校后仍然被禁锢在家里或辅导班进行学习活动。

表3-50　　　　　学生校外学习活动状况频次分布

| 选项 | 频次 | 百分比（%） | 有效百分比（%） | 累计百分比（%） |
|---|---|---|---|---|
| 在家或校外辅导班做作业，温习功课 | 429 | 69.8 | 71.4 | 71.4 |
| 去图书馆或书店看书，查阅资料 | 74 | 12.0 | 12.3 | 83.7 |
| 去游乐场等娱乐场所自由玩耍 | 94 | 15.3 | 15.6 | 99.3 |
| 去青少年宫、博物馆等公共场所参观访问 | 4 | 0.7 | 0.7 | 100.0 |
| 缺失值 | 14 | 2.3 | — | — |

如表3-51所示，不同性别的学生校外学习活动状况存在显著差异，$\chi^2 = 18.658$，$p = 0.000 < 0.001$。绝大部分男生（38.9%）和女生（32.6%）都选择待在家里或去校外辅导班进行学习。但在去游乐场等娱乐场所自由玩耍的选项上，男生的选答比率为12.1%，显著高于女生的选答比率3.4%。这说明，相比女生，男生更喜欢或更多地选择了娱乐玩耍。这可能与男生天性活泼好动有关，也有可能是学生家长出于对女生安全的考虑作了去娱乐场所玩耍的禁令。

表3-51　　　　不同性别学生校外学习活动状况频次摘要

| 设计变量<br>反应变量 | | 性别 | |
|---|---|---|---|
| | | 男 | 女 |
| 在家或校外辅导班做作业，温习功课 | 频次 | 232 | 194 |
| | 百分比（%） | 38.9 | 32.6 |

续表

| 反应变量　　设计变量 | | 性别 | |
|---|---|---|---|
| | | 男 | 女 |
| 去图书馆或书店看书，查阅资料 | 频次 | 40 | 34 |
| | 百分比（%） | 6.7 | 5.7 |
| 去游乐场等娱乐场所自由玩耍 | 频次 | 72 | 20 |
| | 百分比（%） | 12.1 | 3.4 |
| 去青少年宫、博物馆等公共场所参观访问 | 频次 | 3 | 1 |
| | 百分比（%） | 0.5 | 0.2 |

　　如表 3 - 52 所示，不同年段的学生校外学习活动状况存在显著差异，$\chi^2 = 36.342$，$p = 0.000 < 0.001$。小学生、初中生和高中生在家里或去校外辅导班进行学习的比率分别为 21.1%、28.1% 和 22.1%，均高于其他学习形式的比率。但比较而言，小学生能够有更多的机会开展自由阅读，选答比率为 6.0%；高中生则选择去游乐场所自由玩耍居多，选答比率为 8.7%。造成这种状况的原因可能是，小学阶段家长为了扩大孩子的视野，较为支持课外阅读；但高中阶段学生面临升学压力，且住校学习时间较多，一般放假后选择了放松或休息。

表 3 - 52　　　　　不同年段学生校外学习活动状况频次摘要

| 反应变量　　设计变量 | | 年段 | | |
|---|---|---|---|---|
| | | 小学 | 初中 | 高中 |
| 在家或校外辅导班做作业，温习功课 | 频次 | 127 | 169 | 133 |
| | 百分比（%） | 21.1 | 28.1 | 22.1 |
| 去图书馆或书店看书，查阅资料 | 频次 | 36 | 22 | 16 |
| | 百分比（%） | 6.0 | 3.7 | 2.7 |
| 去游乐场等娱乐场所自由玩耍 | 频次 | 19 | 23 | 52 |
| | 百分比（%） | 3.2 | 3.8 | 8.7 |
| 去青少年宫、博物馆等公共场所参观访问 | 频次 | 2 | 2 | 0 |
| | 百分比（%） | 0.3 | 0.3 | 0 |

**（三）学习行为的时间**

1. 学生学习时间的总体分布状况

关于学生的在校学习时间，主要由地方教育主管部门予以规定。为了减轻中小学学生的学习负担，目前很多省市都对学生的作息时间进行了规范，较为一致的意见是：小学生在校集中学习时间不超过 6 小时，中学生不超过 8 小时。但如表 3 - 53 所示，72.3% 的学生每天在校学习时间超过 8 小时，而其中甚至有 33.3% 的学生每天在校学习长达 12 小时以上。可见，学生在校学习时间仍旧过长。

表 3 - 53　　　　　　学生每天在校学习时间频次分布

| 选项 | 频次 | 百分比（%） | 有效百分比（%） | 累计百分比（%） |
|---|---|---|---|---|
| 6 小时及以下 | .7 | 7.6 | 7.7 | 7.7 |
| 6—8 小时（含 8 小时） | 122 | 19.8 | 20.0 | 27.7 |
| 8—10 小时（含 10 小时） | 133 | 21.6 | 21.8 | 49.5 |
| 10—12 小时（含 12 小时） | 105 | 17.1 | 17.2 | 66.7 |
| 12 小时以上 | 203 | 33.0 | 33.3 | 100.0 |
| 缺失值 | 5 | 0.8 | — | — |

不同年段的学生在校学习时间存在极其显著差异，$\chi^2 = 294.048$，$p = 0.000 < 0.001$。如表 3 - 54 所示，在校时间 8 小时以下以小学生居多，小学生、初中生、高中生的选答比率分别为 20.5%、4.8% 和 2.4%。在校时间 8—10 小时以初中生为主，小学生、初中生、高中生的选答比率分别为 5.9%、12.6% 和 3.3%。在校时间 10—12 小时以初中生和高中生为主，选答比率相对持平，分别为 7.0% 和 7.5%，远远高于小学生的 2.6%。在校时间 12 小时以上高中生的选答比率达 19.8%，远远高于小学生（1.8%）和初中生（11.6%）。可见，随着

年级的升高，学生在校时间越来越长，这可能与中学生学习任务重、学习压力大有关。同时，住校的中学生服从学校自习安排，也在某种程度上延长了学习时间。

表 3 - 54　　　　不同年段学生每天在校学习时间频次摘要

| 设计变量<br>反应变量 | | 年段 | | |
|---|---|---|---|---|
| | | 小学 | 初中 | 高中 |
| 6 小时及以下 | 频次 | 45 | 0 | 2 |
| | 百分比（%） | 7.4 | 0 | 0.3 |
| 6—8 小时（含 8 小时） | 频次 | 80 | 29 | 13 |
| | 百分比（%） | 13.1 | 4.8 | 2.1 |
| 8—10 小时（含 10 小时） | 频次 | 36 | 77 | 20 |
| | 百分比（%） | 5.9 | 12.6 | 3.3 |
| 10—12 小时（含 12 小时） | 频次 | 16 | 43 | 46 |
| | 百分比（%） | 2.6 | 7.0 | 7.5 |
| 12 小时以上 | 频次 | 11 | 71 | 121 |
| | 百分比（%） | 1.8 | 11.6 | 19.8 |

此外，如图 3 - 1 和图 3 - 2 所示，周一至周五 49.8% 的学生每天校外学习时间超过 2 小时以上，休假日 49.6% 的学生每天校外学习时间超过 2 小时以上。但不同年段的学生周一至周五在校外学习时间上存在极其显著差异，$\chi^2 = 101.852$，$p = 0.000 < 0.001$。其中，如表 3 - 55 所示，校外学习时间在 2 小时以内以小学生居多，高于初中生和高中生，选答比率分别为 22.1%、10.7% 和 17.4%。校外学习时间为 2 小时以上以初中生居多，选答比率为 25.3%，高于小学生的 8.6% 与高中生的 15.8%。

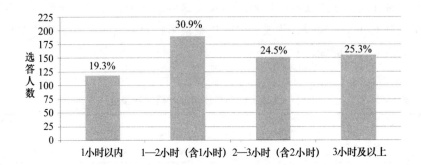

图 3 - 1　周一至周五学生每天校外学习时间

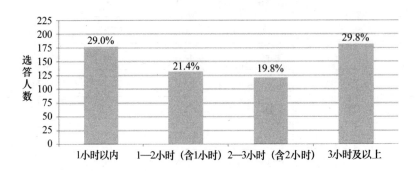

图 3 - 2　休假日学生每天校外学习时间

表 3 - 55　　　不同年段学生周一至周五校外学习时间频次摘要

| 设计变量<br>反应变量 | | 年段 | | |
|---|---|---|---|---|
| | | 小学 | 初中 | 高中 |
| 1 小时以内 | 频次 | 72 | 9 | 37 |
| | 百分比（%） | 11.8 | 1.5 | 6.0 |
| 1—2 小时（含 1 小时） | 频次 | 63 | 56 | 70 |
| | 百分比（%） | 10.3 | 9.2 | 11.4 |
| 2—3 小时（含 2 小时） | 频次 | 27 | 77 | 46 |
| | 百分比（%） | 4.4 | 12.6 | 7.5 |
| 3 小时及以上 | 频次 | 26 | 78 | 51 |
| | 百分比（%） | 4.2 | 12.7 | 8.3 |

不同性质学校的学生休假日在校外学习时间上存在极其显著的差异，$\chi^2 = 91.210$，$p = 0.000 < 0.001$。如表 3-56 所示，普通学校学生休假日校外学习在 1 小时以内、1—2 小时、2—3 小时选答比率分别为 25.4%、17.3% 和 13.6%，均高于重点学校学生的选答比率 3.6%、4.1% 和 6.2%。但重点学校学生休假日校外学习 3 小时及以上的选答比率反过来高于普通学校学生，两者的选答比率分别为 16.7% 和 13.1%。也就是说，相比普通学校学生，重点学校的学生在休假日会花费更多的时间用于学习。

表 3-56　　　　不同性质学校学生休假日校外学习时间频次摘要

| 设计变量 | | 学校性质 | |
|---|---|---|---|
| 反应变量 | | 普通 | 重点 |
| 1 小时以内 | 频次 | 155 | 22 |
| | 百分比（%） | 25.4 | 3.6 |
| 1—2 小时（含 1 小时） | 频次 | 106 | 25 |
| | 百分比（%） | 17.3 | 4.1 |
| 2—3 小时（含 2 小时） | 频次 | 83 | 38 |
| | 百分比（%） | 13.6 | 6.2 |
| 3 小时及以上 | 频次 | 80 | 102 |
| | 百分比（%） | 13.1 | 16.7 |

2. 学生课堂学习行为的时间分布情况

课堂是学生学习的重要场所，也是学习行为发生的主要空间。依据前面的分析，学生每天在课堂上尤其是室内课堂上课时间偏长，且学生的学习行为在类型上以符号性为主。为此，基于课堂观察，重点考察学生课堂学习行为的类型及其时间分布。

如表 3-57 所示，在 45 分钟的数学课堂教学中，某一小学生出现了 9 种行为。其中，不良学习行为有 2 种，持续时间为 17 秒；符号性学习行为有 5 种，持续时间为 44 分 29 秒；交往性和操作性学习行为有 2 种，持续时间为 14 秒。

表 3 – 57　　　　某一小学生数学课堂学习行为的类型、
　　　　　　　　　发生频次与持续时间分布

| 学习行为类型 | | 发生频次 | 持续时间 | 时间合计 |
|---|---|---|---|---|
| 听讲 | | 32 | 16′58″ | |
| 答问 | 回应提问 | 13 | 1′08″ | |
| | 被点名发言 | 0 | — | |
| 看书（默读） | | 0 | — | 44′29″ |
| 朗读 | | 5 | 5′40″ | |
| 做笔记 | | 0 | — | |
| 做习题（做作业） | | 21 | 17′26″ | |
| 板演 | | 2 | 3′17″ | |
| 讨论 | | 1 | 5″ | |
| 提问（主动发问） | | 0 | — | |
| 举手（示意发言引发关注） | | 2 | 9″ | 14″ |
| 鼓掌 | | 0 | — | |
| 翻书包 | | 0 | — | |
| 讲小话 | | 1 | 7″ | |
| 玩东西（如文具等） | | 0 | — | |
| 望外 | | 0 | — | 17″ |
| 打哈欠 | | 2 | 10″ | |
| 揉眼睛 | | 0 | — | |

如表 3 – 58 所示，在 45 分钟的数学课堂教学中，某一中学生出现了 13 种行为。其中，不良学习行为有 6 种，持续时间为 1 分 45 秒；符号性学习行为有 5 种，持续时间为 42 分 36 秒；交往性和操作性学习行为有 2 种，持续时间为 39 秒。

表 3-58　　　　某一中学生数学课堂学习行为的类型、
发生频次与持续时间分布

| 学习行为类型 | | 发生频次 | 持续时间 | 时间合计 |
|---|---|---|---|---|
| 听讲 | | 50 | 21′23″ | 42′36″ |
| 答问 | 回应提问 | 23 | 1′57″ | |
| | 被点名发言 | 1 | 34″ | |
| 看书（默读） | | 6 | 2′08″ | |
| 朗读 | | 0 | — | |
| 做笔记 | | 2 | 1′23″ | |
| 做习题（做作业） | | 14 | 15′11″ | |
| 板演 | | 0 | — | |
| 讨论 | | 0 | | 39″ |
| 提问（主动发问） | | 1 | 8″ | |
| 举手（示意发言引发关注） | | 7 | 31″ | |
| 鼓掌 | | 0 | — | |
| 翻书包 | | 1 | 17″ | 1′45″ |
| 讲小话 | | 1 | 6″ | |
| 玩东西（如文具等） | | 3 | 35″ | |
| 望外 | | 1 | 12″ | |
| 打哈欠 | | 7 | 28″ | |
| 揉眼睛 | | 1 | 7″ | |

　　如表 3-59 所示，在 45 分钟的语文课堂教学中，某一中学生出现了 13 种行为。其中，不良学习行为有 3 种，持续时间为 24 秒；符号性学习行为有 6 种，持续时间为 34 分 15 秒；交往性和操作性学习行为有 3 种，持续时间为 10 分 21 秒。

表 3 - 59　　　　　　某一中学生语文课堂学习行为的类型、
发生频次与持续时间分布

| 学习行为类型 | | 发生频次 | 持续时间 | 时间合计 |
|---|---|---|---|---|
| 听讲 | | 39 | 27′08″ | |
| 答问 | 回应提问 | 15 | 58″ | |
| | 被点名发言 | 1 | 12″ | |
| 看书（默读） | | 6 | 2′46″ | 34′15″ |
| 朗读 | | 2 | 1′44″ | |
| 做笔记 | | 5 | 51″ | |
| 做习题（做作业） | | 0 | — | |
| 板演 | | 1 | 36″ | |
| 讨论 | | 1 | 9′25″ | |
| 提问（主动发问） | | 0 | — | 10′21″ |
| 举手（示意发言引发关注） | | 8 | 50″ | |
| 鼓掌 | | 1 | 6″ | |
| 翻书包 | | 1 | 11″ | |
| 讲小话 | | 0 | — | |
| 玩东西（如文具等） | | 1 | 8″ | 24″ |
| 望外 | | 0 | — | |
| 打哈欠 | | 1 | 5″ | |
| 揉眼睛 | | 0 | — | |

　　总体而言，课堂上学生的学习以符号性学习行为为主，持续时间均较长。这一特点不因课程类型的差别（语文、数学）而不同，也不因学生年级的差别（小学、中学）而不同。具体来说，同一名学生（中学生）在不同课程（语文、数学）上的符号性学习行为占据大部分课堂教学时间，不同年级的学生（小学生、中学生）在相同课程（数学）上的符号性学习行为也占据了大部分课堂教学时间。

### （四）学习行为的空间

1. 学生校内室外活动空间状况

为了解决学生学习负担过重问题，促进学生身心健康，各地教育主管部门纷纷出台规定，要求各类中小学校严格控制学生的学习时间总量，并保证学生每天至少有 1 小时的体育活动时间。按照该规定，中小学学生每周至少应有 5—7 次大规模的室外活动。[①] 但如表 3 - 60 所示，学生每周参加集体室外活动 1—2 次和 3—4 次的选答比率分别为 54.3% 和 25.5%。可见，学生的户外活动没有达到标准。而且，不同年段学生在校内每周参加集体室外活动上存在极其显著差异，$\chi^2 = 199.969$，$p = 0.000 < 0.001$。如表 3 - 61 所示，相比小学生，中学生参加集体室外活动较少。初中生和高中生每周参加 1—2 次室外活动的选答比率为 20.2% 和 26.2%，明显高于小学生的选答比率 7.9%。总的来说，整个中学生群体随着年级的升高，集体参加室外活动的次数呈现出递减趋势。初中生在 7—8 次和 9 次及以上的选答比率分别降至 0.8% 和 0.3%，而高中生在 7—8 次和 9 次及以上的选答比率分别降至 1.2% 和 0.2%。

表 3 - 60　　　　　学生每周在校参加集体室外活动频次分布

| 选项 | 频次 | 百分比（%） | 有效百分比（%） | 累积百分比（%） |
|---|---|---|---|---|
| 1—2 次 | 330 | 53.7 | 54.3 | 54.3 |
| 3—4 次 | 155 | 25.2 | 25.5 | 79.8 |
| 5—6 次 | 55 | 8.9 | 9.0 | 88.8 |
| 7—8 次 | 26 | 4.2 | 4.3 | 93.1 |
| 9 次及以上 | 42 | 6.8 | 6.9 | 100.0 |
| 缺失值 | 7 | 1.1 | — | — |

---

① 据非正式访谈了解，有初中施行 1 周放假 1 天，而高中施行放月假或半月假。所以，按照每天 1 小时的体育活动的标准，中小学学生每周至少应有 5—7 次室外活动。

表 3 – 61　　　　不同年段学生每周在校参加集体室外活动
频次摘要

| 反应变量 / 设计变量 | | 年段 | | |
|---|---|---|---|---|
| | | 小学 | 初中 | 高中 |
| 1—2 次 | 频次 | 48 | 123 | 159 |
| | 百分比（%） | 7.9 | 20.2 | 26.2 |
| 3—4 次 | 频次 | 47 | 80 | 28 |
| | 百分比（%） | 7.7 | 13.2 | 4.6 |
| 5—6 次 | 频次 | 40 | 9 | 6 |
| | 百分比（%） | 6.6 | 1.5 | 1.0 |
| 7—8 次 | 频次 | 14 | 5 | 7 |
| | 百分比（%） | 2.3 | 0.8 | 1.2 |
| 9 次及以上 | 频次 | 39 | 2 | 1 |
| | 百分比（%） | 6.4 | 0.3 | 0.2 |

　　学生较少参加室外活动的情况，也在学生室内上课节数中得到了印证。如表 3 – 62 所示，学生每天在室内上课节数高达 9 节及以上，选答比率为 64.3%。而且，小学生、初中生和高中生每天在室内上课节数存在极其显著差异，$\chi^2 = 388.647$，$p = 0.000 \leqslant 0.001$。如表 3 – 63 所示，在小学阶段，在室内上课节数中选答 7—8 节者最多，选答比率为 14.3%；在初中阶段，在室内上课节数中选答 9—10 节者最多，选答比率为 14.8%；在高中阶段，在室内上课节数中选答 11 节及以上者最多，选答比率为 27.4%。这说明，中小学校随着学习难度的增大，上课时数不断增加；随着年级的升高，学生越来越多地被禁锢在教室内开展学习活动。

表 3 - 62　　　　　　　　学生每天室内上课节数频次分布

| 选项 | 频次 | 百分比<br>（％） | 有效百分比<br>（％） | 累计百分比<br>（％） |
|---|---|---|---|---|
| 3—4 节 | 35 | 5.7 | 5.7 | 5.7 |
| 5—6 节 | 46 | 7.5 | 7.5 | 13.3 |
| 7—8 节 | 137 | 22.3 | 22.5 | 35.7 |
| 9—10 节 | 147 | 23.9 | 24.1 | 59.8 |
| 11 节及以上 | 245 | 39.8 | 40.2 | 100.0 |
| 缺失值 | 5 | 0.8 | — | — |

表 3 - 63　　　　　　不同年段学生每天室内上课节数频次摘要

| 设计变量<br>反应变量 | | 年段 | | |
|---|---|---|---|---|
| | | 小学 | 初中 | 高中 |
| 3—4 节 | 频次 | 21 | 6 | 8 |
| | 百分比（％） | 3.4 | 1.0 | 1.3 |
| 5—6 节 | 频次 | 43 | 3 | 0 |
| | 百分比（％） | 7.0 | 0.5 | 0 |
| 7—8 节 | 频次 | 87 | 47 | 3 |
| | 百分比（％） | 14.3 | 7.7 | 0.5 |
| 9—10 节 | 频次 | 31 | 90 | 26 |
| | 百分比（％） | 5.1 | 14.8 | 4.3 |
| 11 节以上 | 频次 | 4 | 74 | 167 |
| | 百分比（％） | 0.7 | 12.1 | 27.4 |

　　住校和非住校的学生每天在室内上课节数也存在极其显著差异，$\chi^2 = 124.728$，$p = 0.000 < 0.001$。如表 3 - 64 所示，非住校的学生在室内上课 7—8 者最多，选答比率为 18.0％，其次为 9—10 节者，选答比率为 16.9％；而住校学生在室内上课 11 节以上者最多，选答比率为 26.4％。出现这种差异，一方面是由于小学一般是非寄宿制学校，小学生在校时间要比中学生短；另一方面，住校的中学生服从学校集中安排

与管理进行自习，也在无形中延长了学习时间和上课时数。

表 3 - 64　　　　　不同住宿类型学生每天室内上课节数频次摘要

| 设计变量 | | 住宿类型 | |
|---|---|---|---|
| 反应变量 | | 住校 | 非住校 |
| 3—4 节 | 频次 | 7 | 28 |
| | 百分比（%） | 1.2 | 4.6 |
| 5—6 节 | 频次 | 3 | 43 |
| | 百分比（%） | 0.5 | 7.1 |
| 7—8 节 | 频次 | 27 | 109 |
| | 百分比（%） | 4.5 | 18.0 |
| 9—10 节 | 频次 | 43 | 102 |
| | 百分比（%） | 7.1 | 16.9 |
| 11 节以上 | 频次 | 160 | 83 |
| | 百分比（%） | 26.4 | 13.7 |

2. 学生教室空间分布情况

通过实地测量，学生所在班级的规模与教室面积情况如表 3 - 65 所示。不难看出，整体而言，相比城市学校，农村学校的学生班级人数偏多，生均占用面积偏少。尤其是小学阶段，农村小学和城市小学的生均教室面积差别较大，这在一定程度上与农村撤点并校后，中心小学在校学生数增多但教学条件建设跟不上有关。而据 2008 年国家教育部、卫生部和财政部研制并发布的《国家学校体育卫生试行基本标准》，在教学卫生基本标准上，普通教室人均使用面积，小学不低于 1.15 平方米，中学不低于 1.12 平方米。另据 2012 年施行的《中小学校设计规范（GB50099—2011）》，小学生人均教室使用面积为 1.36 平方米，中学生人均教室使用面积为 1.39 平方米。[1] 显见，农

---

① 中华人民共和国住房和城乡建设部、国家质量监督检验检疫总局联合发布：《中小学校设计规范 GB50099—2011》，中国建筑工业出版社 2011 年版，第 36 页。

村小学教室人均使用面积尚不达标，农村中学教室人均使用面积也低于最新国家规定。

表 3 - 65　　　　　　　不同区域学校学生生均教室面积分布

| 学校区域 | 班级 | 人数 | 教室面积(平方米) | 生均教室面积(平方米) |
|---|---|---|---|---|
| 农村 | 小五（4）班 | 71 | 54.18 | 0.76 |
| | 小六（4）班 | 66 | 54.28 | 0.82 |
| | 初一（5）班 | 68 | 73.63 | 1.08 |
| | 初二（6）班 | 64 | 73.63 | 1.15 |
| | 高一（2）班 | 66 | 66.50 | 1.01 |
| | 高二（2）班 | 55 | 66.50 | 1.21 |
| 城市 | 小五（2）班 | 36 | 63.00 | 1.75 |
| | 小六（1）班 | 37 | 63.00 | 1.70 |
| | 初一（3）班 | 53 | 73.86 | 1.39 |
| | 初二（4）班 | 54 | 77.54 | 1.44 |
| | 高一（10）班 | 55 | 62.78 | 1.14 |
| | 高二（5）班 | 47 | 62.78 | 1.34 |

如图 3 - 3、图 3 - 4、图 3 - 5、图 3 - 6、图 3 - 7 和图 3 - 8 所示，城市与农村的教室条件和环境也有较大差别。城市小学大多已实现现代化，配置了多媒体控制台和投影仪，但农村小学条件较为简陋，只有广播、黑板与粉笔。农村初中由于是近年来搬迁的新校址，因此配备了多媒体控制台和投影仪等设备。农村高中教室条件也较为简陋，它兼并了原先的初中校址，没有翻新校舍和更新设备。没有一定的物质资源作后盾，学生多类型的学习活动难以开展，学习行为的多样化也难以实现。

图 3 - 3　农村某小学教室条件与座位编排

图 3 - 4　城市某小学教室条件与座位编排

图 3 - 5　农村某初中教室条件与座位编排

图 3 - 6　城市某初中教室条件与座位编排

图 3 - 7　农村某高中教室条件与座位编排

图 3 - 8　城市某高中教室条件与座位编排

图 3 – 3、图 3 – 4、图 3 – 5、图 3 – 6、图 3 – 7 和图 3 – 8① 也显示了学生所在教室的空间分布情况。目前，不管是城市学校，还是在农村学校，大多采用了秧田形的座位编排方式，些微不同的是秧田形的间隔因教室条件的限制而有所差别。这种教室空间布局直接影响了学生学习活动的开展。如表 3 – 66 所示，79.5% 的学生主要在自己的座位上开展学习活动，12.9% 的学生可以获得机会上讲台板演，而能去专门活动室开展学习活动的学生以及能打破座位限制在教室任意地方开展学习活动的学生均仅有 3.8%。显见，学生在教室内学习时空间过于狭小，且一般都只能在自己座位范围内活动。来自不同班级规模学生的学习行为数据分析也证实了这一点。不同班级规模的学生在学习活动空间状况上存在显著差异，$\chi^2 = 42.397$，$p = 0.000 < 0.001$。如表 3 – 67 所示，在 36—54 人、55—70 人、71 人及以上的班级中，学生在自己的座位上开展学习活动的选答比率分别为 24.4%、45.8% 和 9.3%，均高于其他类型学习活动形式的选答比率。换言之，不管班级规模有多大，学生都主要被固定在自己的座位上进行学习。

**表 3 – 66**          **学生在校学习的活动空间状态频次分布**

| 选项 | 频次 | 百分比（%） | 有效百分比（%） | 累计百分比（%） |
|---|---|---|---|---|
| 在自己的座位上学习和回答问题 | 486 | 79.0 | 79.5 | 79.5 |
| 获得机会上讲台板演或表现 | 79 | 12.8 | 12.9 | 92.5 |
| 可在教室任意地方（非讲台）学习 | 23 | 3.7 | 3.8 | 96.2 |
| 可去专门的活动室开展学习活动 | 23 | 3.7 | 3.8 | 100.0 |
| 缺失值 | 4 | 0.7 | — | — |

---

① 据非正式访谈了解到，该城市高中座位编排特意采纳了杜郎口中学的经验，采用模块式排放，六名学生一组，两两相向而坐，中间两名学生学习成绩较好，旁边四名学生学习成绩稍差。

表 3 - 67　　　　不同班级规模学生学习活动空间状态频次摘要

| 反应变量 | 设计变量 | 班级规模 | | |
|---|---|---|---|---|
| | | 36—54 人 | 55—70 人 | 71 人及以上 |
| 在自己的座位上学习和回答问题 | 频次 | 149 | 280 | 57 |
| | 百分比（%） | 24.4 | 45.8 | 9.3 |
| 获得机会上讲台板演或表现 | 频次 | 28 | 51 | 0 |
| | 百分比（%） | 4.6 | 8.3 | 0 |
| 可在教室任意地方（非讲台）学习 | 频次 | 8 | 13 | 2 |
| | 百分比（%） | 1.3 | 2.1 | 0.3 |
| 可去专门的活动室开展学习活动 | 频次 | 20 | 1 | 2 |
| | 百分比（%） | 3.3 | 0.2 | 0.3 |

### （五）学生的主观生活感受

与学生学习行为类型、时长分布与空间布局相比，学生的主观生活感受更多的是一种主观指标，是学生对自身和自身所处环境的感受与评价。它直接显现出学生的学习生活情绪情感状态，并影响着学生对后续学习行为的选择以及学习活动的展开。

1. 学生开启一天学习时的主观生活感受

如表 3 - 68 所示，仅有 26.8% 的学生在开启一天学习时是快乐的，49.1% 的学生没有什么感觉，还有 24.1% 的学生感到紧张或心绪烦乱。这种情绪状态可能会对学生一天的学习产生影响。经检验发现，不同性质学校的学生在开启一天学习时的情绪状态上存在显著差异，$\chi^2 = 25.924$，$p = 0.000 < 0.001$。如表 3 - 69 所示，普通学校学生愉快的情绪状态（选答比率为 21.0%）显著高于重点学校的学生（选答比率为 5.7%）；而重点学校学生选择平静（没感觉）者居多，选答比率为 19.7%，明显高于其他的情绪反应变量。重点学校学生可能因身处于竞争激烈的环境中，在开启一天的学习时更多的是无感或麻木状态。

表 3 - 68　　　　　　学生开启一天学习时的情绪状态频次分布

| 选项 | 频次 | 百分比<br>（%） | 有效百分比<br>（%） | 累计百分比<br>（%） |
|---|---|---|---|---|
| 烦乱 | 68 | 11.1 | 11.1 | 11.1 |
| 有点紧张 | 80 | 13.0 | 13.1 | 24.1 |
| 平静（没感觉） | 301 | 48.9 | 49.1 | 73.2 |
| 愉快 | 164 | 26.7 | 26.8 | 100.0 |
| 缺失值 | 2 | 0.3 | — | — |

表 3 - 69　　　　　不同性质学校学生开启一天学习时的情绪
状态频次及卡方检验摘要

| 设计变量<br>反应变量 | | 学校性质 | |
|---|---|---|---|
| | | 普通 | 重点 |
| 烦乱 | 频次 | 51 | 17 |
| | 百分比（%） | 8.3 | 2.8 |
| 有点紧张 | 频次 | 65 | 15 |
| | 百分比（%） | 10.6 | 2.4 |
| 平静（没感觉） | 频次 | 180 | 121 |
| | 百分比（%） | 29.4 | 19.7 |
| 愉快 | 频次 | 129 | 35 |
| | 百分比（%） | 21.0 | 5.7 |

不同年段的学生在开启一天学习时的情绪状态上存在极其显著差异，$\chi^2 = 132.511$，$p = 0.000 < 0.001$。如表 3 - 70 所示，16.6% 的小学生感到愉快，21.7% 的高中生处于平静或无感状态。虽然 19.6% 的初中生也选择了平静或无感状态，但其在烦乱的情绪选项上显著高于小学生和高中生，三者的选答比率分别为 6.0%、1.3% 和 3.8%。这显现出初中阶段有可能是学生情绪状态变化的一个关键分界点。小升初后，初中生处于青春发育期，面临着随之而来的升学压力，加之学校环境的骤然改变，初中生可能更易产生烦乱、无所适从的情绪状态。

表 3 – 70　　　　　　不同年段学生开启一天学习时的情绪状态
频次摘要

| 设计变量<br>反应变量 | | 年段 | | |
| --- | --- | --- | --- | --- |
| | | 小学 | 初中 | 高中 |
| 烦乱 | 频次 | 8 | 37 | 23 |
| | 百分比（%） | 1.3 | 6.0 | 3.8 |
| 有点紧张 | 频次 | 31 | 20 | 29 |
| | 百分比（%） | 5.1 | 3.3 | 4.7 |
| 平静（没感觉） | 频次 | 48 | 120 | 133 |
| | 百分比（%） | 7.8 | 19.6 | 21.7 |
| 愉快 | 频次 | 102 | 43 | 19 |
| | 百分比（%） | 16.6 | 7.0 | 3.1 |

2. 学生结束一天学习时的主观生活感受

在结束一天学习后，如表 3 – 71 所示，仅有 38.6% 的学生感觉有收获，心情愉悦。不同年段的学生在完成一天学习时的情绪状态存在极其显著差异，$\chi^2 = 123.771$，$p = 0.000 < 0.001$。如表 3 – 72 所示，小学生在结束一天学习时更易感到有收获和兴高采烈，选答比率为 21.8%，而高中生则更容易感到疲惫不堪，选答比率为 10.5%。这在一定程度上与中学生学习任务重、学习强度大有关。此外，不同住宿类型的学生在完成一天学习时的情绪状态也存在极其显著差异，$\chi^2 = 31.630$，$p = 0.000 < 0.001$。如表 3 – 73 所示，在感到学习有收获，心情愉悦选项上，走读生的选答比率为 26.1%，明显高于住校生的选答比率 12.4%；而在感到学习疲倦的选项上，住校生的选答比率要高于走读生，两者的选答比率分别为 11.1% 和 10.9%。这个结果相互印证出，住校学生在学习上更容易疲倦，这可能与学校环境单一、学习生活枯燥有关。

表 3 - 71 学生结束一天学习时的情绪状态频次分布

| 选项 | 频次 | 百分比（％） | 有效百分比（％） | 累计百分比（％） |
|---|---|---|---|---|
| 很累，很疲倦 | 133 | 21.6 | 21.8 | 21.8 |
| 很庆幸完工了，松了一口气 | 113 | 18.4 | 18.5 | 40.3 |
| 很平静，没什么感觉 | 129 | 21.0 | 21.1 | 61.4 |
| 有收获，很高兴 | 236 | 38.4 | 38.6 | 100.0 |
| 缺失值 | 4 | 0.7 | — | — |

表 3 - 72 不同年段学生结束一天学习时的情绪状态频次摘要

| 设计变量 / 反应变量 | | 年段 | | |
|---|---|---|---|---|
| | | 小学 | 初中 | 高中 |
| 很累，很疲倦 | 频次 | 17 | 52 | 64 |
| | 百分比（％） | 2.8 | 8.5 | 10.5 |
| 很庆幸完工了，松了一口气 | 频次 | 23 | 49 | 41 |
| | 百分比（％） | 3.8 | 8.0 | 6.7 |
| 很平静，没什么感觉 | 频次 | 16 | 57 | 56 |
| | 百分比（％） | 2.6 | 9.3 | 9.2 |
| 有收获，很高兴 | 频次 | 133 | 62 | 41 |
| | 百分比（％） | 21.8 | 10.1 | 6.7 |

表 3 - 73 不同住宿类型学生结束一天学习时的情绪状态频次摘要

| 设计变量 / 反应变量 | | 住宿类型 | |
|---|---|---|---|
| | | 住校 | 不住校 |
| 很累，很疲倦 | 频次 | 67 | 66 |
| | 百分比（％） | 11.1 | 10.9 |

续表

| 设计变量 | | 住宿类型 | |
| --- | --- | --- | --- |
| 反应变量 | | 住校 | 不住校 |
| 很庆幸完工了，松了一口气 | 频次 | 49 | 63 |
| | 百分比（%） | 8.1 | 10.4 |
| 很平静，没什么感觉 | 频次 | 49 | 63 |
| | 百分比（%） | 8.1 | 13.0 |
| 有收获，很高兴 | 频次 | 75 | 158 |
| | 百分比（%） | 12.4 | 26.1 |

### 3. 学生学习烦恼的一般状况

学生的学习烦恼各不相同。如表示 3 - 74 所示，有 29.6% 的学生烦恼作业太多做不完，22.1% 的学生烦恼老师讲课听不懂，21.9% 的学生烦恼家长要求太多，10.9% 的学生为背诵记忆内容太多而苦恼。不同区域学校的学生在学习烦恼种类上存在极其显著差异，$\chi^2 = 20.275$，$p = 0.000 < 0.001$。如表3 - 75所示，农村学校的学生在老师讲课听不懂、作业太多做不完、要背的内容太多、家长要求太高选项上的选答比率分别为 13.9%、19.0%、6.0% 和 12.3%，均分别高于城市学校的学生在相应选项上的选答比率 8.2%、9.8%、4.9% 和 9.6%。也就是说，相比城市学生，农村学生的学习烦恼更多。而且，城市学生和农村学生最大的烦恼都是作业太多写不完，可以说在各类中小学校题海战术的情况仍较为普遍。

表 3 - 74                          学生学习烦恼状况频次分布

| 选项 | 频次 | 百分比（%） | 有效百分比（%） | 累计百分比（%） |
| --- | --- | --- | --- | --- |
| 老师讲课听不懂 | 135 | 22.0 | 22.1 | 22.1 |
| 作业太多做不完 | 181 | 29.4 | 29.6 | 51.6 |
| 要背的内容太多 | 67 | 10.9 | 10.9 | 62.6 |
| 家长要求太高 | 134 | 21.8 | 21.9 | 84.5 |
| 其他 | 95 | 15.4 | 15.5 | 100.0 |
| 缺失值 | 3 | 0.5 | — | — |

表 3 – 75　　　　　　不同区域学校学生学习烦恼状况频次摘要

| 设计变量 反应变量 | | 学校所在地 | |
|---|---|---|---|
| | | 城市 | 农村 |
| 老师讲课听不懂 | 频次 | 50 | 85 |
| | 百分比（%） | 8.2 | 13.9 |
| 作业太多做不完 | 频次 | 60 | 121 |
| | 百分比（%） | 9.8 | 19.0 |
| 要背的内容太多 | 频次 | 30 | 37 |
| | 百分比（%） | 4.9 | 6.0 |
| 家长要求太高 | 频次 | 59 | 75 |
| | 百分比（%） | 9.6 | 12.3 |
| 其他 | 频次 | 57 | 38 |
| | 百分比（%） | 9.3 | 6.2 |

　　不同年段的学生在学习烦恼种类上也存在极其显著差异，$\chi^2 =$ 93.325，$p = 0.000 < 0.001$。如表 3 – 76 所示，小学生最大的烦恼是家长要求太高，选答比率为 12.3%，初中生最大的烦恼是作业太多写不完，选答比率为 13.7%，高中生最大的烦恼是老师讲课听不懂，选答比率为 11.9%。造成这种状况的原因可能是，一些城市学校，尤其是小学，布置给学生的作业相对较少，但家长为了不让孩子输在起跑线上，均要求校外补习或家教辅导，以致学生因家长要求太高而苦恼不堪。而到了高中阶段，学生学习目标较为明确，学习动机也较为强烈，为了升入名牌大学，大多数高中生任劳任怨、加班加点、践行题海战术，所以，学习的烦恼不是作业多的问题，而是老师讲课听不懂的问题。

表 3 – 76　　　　　　不同年段学生学习烦恼状况频次摘要

| 设计变量 反应变量 | | 年段 | | |
|---|---|---|---|---|
| | | 小学 | 初中 | 高中 |
| 老师讲课听不懂 | 频次 | 27 | 35 | 73 |
| | 百分比（%） | 4.4 | 5.7 | 11.9 |

续表

| 设计变量 反应变量 | | 年段 | | |
|---|---|---|---|---|
| | | 小学 | 初中 | 高中 |
| 作业太多做不完 | 频次 | 35 | 84 | 62 |
| | 百分比（%） | 5.7 | 13.7 | 10.1 |
| 要背的内容太多 | 频次 | 21 | 29 | 17 |
| | 百分比（%） | 3.4 | 4.7 | 2.8 |
| 家长要求太高 | 频次 | 75 | 45 | 14 |
| | 百分比（%） | 12.3 | 7.4 | 2.3 |
| 其他 | 频次 | 29 | 28 | 38 |
| | 百分比（%） | 4.7 | 4.6 | 6.2 |

### （六）学生的实际发展状况

学生的实际发展状况主要用学生在学习上的收获来加以衡量。如表 3-77 所示，38.0% 的学生认为主要收获是提高了学习成绩，27.0% 的学生认为主要收获是养成了优良的道德品质，22.4% 的学生则认为主要收获是建立了良好的人际关系，另各有 6.3% 的学生认为自己获得了身心方面的健康。

表 3-77　　　　　　　　学生学习收获类型频次分布

| 选项 | 频次 | 百分比（%） | 有效百分比（%） | 累积百分比（%） |
|---|---|---|---|---|
| 学习成绩 | 229 | 37.2 | 38.0 | 38.0 |
| 思想品德 | 163 | 26.5 | 27.0 | 65.0 |
| 身体健康 | 38 | 6.2 | 6.3 | 71.3 |
| 心理健康 | 38 | 6.2 | 6.3 | 77.6 |
| 人际关系 | 135 | 22.0 | 22.4 | 100.0 |
| 缺失值 | 12 | 2.0 | — | — |

不同区域学校的学生在学习收获类型上存在显著差异，$\chi^2$ =

12.157，$p = 0.016 < 0.05$。如表 3 - 78 所示，农村学校中，有25%的的学生认为在学习中最大的收获是提高了学习成绩。这不仅高于城市学生在学习成绩选项上的选答比率，也高于农村学校在其他收获选项上的选答比率。这表明，农村学校学生在学习上收获更多的是学习成绩。造成这种状况，可能与农村家庭望子成龙、渴望通过接受教育走出农村的价值观念有关。

表 3 - 78　　　　　不同区域学校学生学习收获类型频次摘要

| 设计变量<br>反应变量 | | 学校所在地 | |
|---|---|---|---|
| | | 城市 | 农村 |
| 学习成绩 | 频次 | 78 | 151 |
| | 百分比（%） | 12.9 | 25.0 |
| 思想品德 | 频次 | 81 | 82 |
| | 百分比（%） | 13.4 | 13.6 |
| 身体健康 | 频次 | 13 | 25 |
| | 百分比（%） | 2.2 | 4.1 |
| 心理健康 | 频次 | 19 | 19 |
| | 百分比（%） | 3.2 | 3.2 |
| 人际关系 | 频次 | 60 | 75 |
| | 百分比（%） | 10.0 | 12.4 |

不同年段的学生在学业收获类型上存在极其显著差异，$\chi^2 = 34.040$，$p = 0.000 < 0.001$。如表 3 - 79 所示，在小学和初中阶段，学生在学习收获上排在前两位的都是学习成绩和思想品德，小学生选答比率分别为 14.6% 和 9.5%，初中生选答比率分别为 13.6% 和 9.0%；在高中阶段，学生在学习收获上排在前两位的是人际关系和学习成绩，选答比率分别是 10.6% 和 9.8%。也就是说，在收获学习成绩的共同基础上，高中生与小学生和初中生所不同的是，开始关注和重视良好人际关系的建立。这有助于描述和解释高中生正处于青少年时期向成年早期的过渡，也体现了个体社会化的进程。

表 3 – 79    不同年段学生学习收获类型频次摘要

| 设计变量<br>反应变量 | | 年段 | | |
|---|---|---|---|---|
| | | 小学 | 初中 | 高中 |
| 学习成绩 | 频次 | 88 | 82 | 59 |
| | 百分比（%） | 14.6 | 13.6 | 9.8 |
| 思想品德 | 频次 | 57 | 54 | 52 |
| | 百分比（%） | 9.5 | 9.0 | 8.6 |
| 身体健康 | 频次 | 14 | 14 | 10 |
| | 百分比（%） | 2.3 | 2.3 | 1.7 |
| 心理健康 | 频次 | 7 | 16 | 15 |
| | 百分比（%） | 1.2 | 2.7 | 2.5 |
| 人际关系 | 频次 | 19 | 52 | 64 |
| | 百分比（%） | 3.2 | 8.6 | 10.6 |

　　鉴于中小学学生都关注学习成绩的获得，故而也对学生对自身学习成绩的满意程度进行了考察，借以说明学生在学习上的收获程度与收获质量。如表 3 – 80 所示，有 3.8% 和 25.9% 的学生非常满意和比较满意自己的学习成绩，有 9.8% 和 33.3% 的学生非常不满意和不太满意自己的学习成绩。也就是说，有 43.1% 的学生对自己的学习成绩处于不满状态。而且，不同年段的学生对学习成绩的满意程度存在极其显著差异，$\chi^2 = 132.761$，$p = 0.000 < 0.001$。如表 3 – 81 所示，对学习成绩非常不满意和不太满意者以高中生居多，选答比率为 6.0% 和 14.5%，而对学习成绩一般满意者初中生居多，选答比率为 10.9%，对学习成绩比较满意和非常满意者以小学生居多，选答比率分别为 13.4% 和 3.6%。整体而言，小学生对自己学习成绩的满意度更高，高中生的满意度相对较低。这种状况可能是由于高中生升学压力大、学业期待较高以及自身功利化学习目标定位所造成的。

表 3 – 80 学生学习成绩满意程度频次分布

| 选项 | 频次 | 百分比（%） | 有效百分比（%） | 累计百分比（%） |
|---|---|---|---|---|
| 非常不满意 | 60 | 9.8 | 9.8 | 9.8 |
| 不太满意 | 204 | 33.2 | 33.3 | 43.1 |
| 一般满意 | 167 | 27.2 | 27.2 | 70.3 |
| 比较满意 | 159 | 25.9 | 25.9 | 96.2 |
| 非常满意 | 23 | 3.7 | 3.8 | 100.0 |
| 缺失值 | 2 | 0.3 | — | — |

表 3 – 81 不同年段学生学习成绩满意程度频次摘要

| 设计变量<br>反应变量 | | 年段 | | |
|---|---|---|---|---|
| | | 小学 | 初中 | 高中 |
| 非常不满意 | 频次 | 6 | 17 | 37 |
| | 百分比（%） | 1.0 | 2.8 | 6.0 |
| 不太满意 | 频次 | 36 | 79 | 89 |
| | 百分比（%） | 5.9 | 12.9 | 14.5 |
| 一般满意 | 频次 | 43 | 67 | 57 |
| | 百分比（%） | 7.0 | 10.9 | 9.3 |
| 比较满意 | 频次 | 82 | 57 | 20 |
| | 百分比（%） | 13.4 | 9.3 | 3.3 |
| 非常满意 | 频次 | 22 | 0 | 1 |
| | 百分比（%） | 3.6 | 0 | 0.2 |

综上，在学习行为的主体性方面，中小学学生虽然具备了一定的主体性水平，但还有待进一步提升。比较而言，小学生、小规模班级学生、城市学校学生和学生干部以及非住校生的学习行为主体性相对较高。学生的课堂互动学习行为呈现出被动依赖特征，其中，普通学校学生、农村学校学生受动性更为明显。在学习行为的类型方面，符号性学习行为居于主导地位，学生的作业类型也以书面作业形式为主。比较而

言，小学生、小规模班级学生、学生干部的学习行为更趋向多样化。在学习行为的时间分布上，整体而言，学生在校学习时间偏长，课堂内符号性学习行为占据了教学的大部分时间。在学习行为的空间分布上，学生在校室外活动较少，大多被禁锢在教室内自己的座位上学习，而教室空间相对狭小，不利于学生开展多样化的学习活动。在学生主观生活感受上，开启一天学习时感到快乐的学生相对较少，结束一天学习时有收获者以小学生居多，中学生的学习情绪状态明显差于小学生。在学生实际发展状况上，大多数学生都认为自己的主要收获是学习成绩，但对学习成绩感到满意者以小学生居多，中学生尤其是高中生对自身成绩的满意度不高。

# 第四章

# 学习行为重建与学生当下生活
# 状态的改进

学生的学习行为有明显的外部动作表现，是考察学生生活状态与生存状态的重要指标。第四章以鲜活的数据呈现了我国中小学学生学习行为的运用状况，调查结果直观清晰，同时也触目惊心。这种现实状况也激发了我们进行深度的理性思考：我国中小学学生在学习行为的运用上究竟存在什么问题？具体是怎么形成的？如何给其定位？为了改进学生当下的生活状态，学生的学习行为需作出怎样的调整与重建？这也是本章所着重考虑和探讨的问题。

## 一 知识立场的学习行为的检视

何谓知识？这是一个颇具争议的问题。从知识的发生发展过程和内容构成来看，知识既可以是主体对事物的感性知觉或表象，即感性的经验，也可以是关于事物的概念、原理、规则或规律，即理性认识；既可以是零散的知识碎片，也可以是系统化的知识体系。从知识的内涵和特性来看，客观主义知识观认为，知识是对客观事物的属性与联系的反映，是客观世界在人脑中的主观映象，知识作为人类的认识成果，具有客观性、普遍性和中立性。建构主义知识观则主张，知识不是对现实的纯粹客观的反映，它是一种主体性的存在，是主体基于自己的经验背景（先前知识）而主动建构起来的对事物的个人理解，知识具有主观性、不确定性和建构性。对知识的理解不同，由此所形成的学习行为的知识立场也会有所不同。

### （一）"学习行为的知识立场"的涵义

学习行为的知识立场，作为与学习行为的生活立场相对应的一个概念，其中所关涉的"知识"，偏向于客观主义的知识观，主要是指系统化的书本知识，具体而言是借助文字符号以教科书的形式所传递的学术性、理论性知识，也是前人积累下来的经由缜密的理性思维并以符号形式保存下来的经验。在学校教育中，书本知识往往被学科框架所统整和肢解，按照学科归属分门别类地予以呈现，故而也被称为"学科知识"，或者准确地说是以书本为载体呈现的学科知识。从知识的内在结构来看，知识具有三个不可分割的组成部分：一是符号表征，它是知识的外在表达形式和存在形式，表明的是人对外部世界的具体看法或认识结果，即"关于世界的知识"；二是逻辑形式，它是知识构成的规则或法则，体现的是人认识世界的方式与过程；三是意义，它是知识的内核，是内隐于符号表征之中的规律系统与价值系统，彰显的是对人的思想、情感、价值观念乃至整个精神世界具有启迪作用的普适性意义。①相应地，书本知识也存在三个层次：一是事实性知识，意即由事实所构成的知识系统；二是方法性知识，意即由方法所构成的知识系统；三是价值性知识，意即由价值观念所构成的知识系统。也就是说，学科领域内的书本知识，在呈现某一领域的基本事实、概念、原理和规则的同时，还有相关的学科方法、学习方法等方面的方法论知识，并体现和蕴含着一定的学科价值甚至是人类的普世价值。

学习行为的"知识立场"则主要是指学生的学习行为直接指向结构化、逻辑化、体系化的学科知识领域，并以学科领域内书本知识的掌握和理解为旨趣。换句话说，知识立场中的学习行为有两个特点。一是为了知识而存在，意即所有学习行为最终都是为了知识的掌握和理解，学习行为的价值由其对学生知识掌握所作出的贡献来加以评判。二是运行于知识领域，意即所有学习行为主要发生在由书本知识所搭建的科学

---

① 郭元祥：《知识的性质、结构与深度教学》，《课程·教材·教法》2009 年第 11 期。

世界中，体现的是一种纯粹的理性精神和科学立场。

### （二）我国学习行为知识立场的形成

#### 1. 古代学习行为知识立场的萌芽与形成

教育与学习作为人类社会特有的实践活动，起源于人类自身生存与发展的需要，起源于人类传承生产劳动和生活经验的需要。在原始社会，由于生产力低下，教育活动与社会生产和生活实践融为一体，教育的基本形式是年长一代通过言传和身教对公共生活规范、生产生活经验等进行示范，年轻一代则主要通过听、看、摸等来感知年长者传递的相关知识经验，并把这些知识经验记忆在头脑中和物化在工具上，在适当的时候予以模仿式再现。随着社会生产力的发展和体脑分工的出现以及文字的产生，教育逐渐从社会生产和生活实践中分化出来，至奴隶社会产生了专门的学校。从最初的无学校状态到学校场所的产生，教育的重心开始从社会转向学校，从生活转向文字（文化）了。虽然此时的学校教育具有鲜明的政治性、阶级性和等级性，为奴隶主贵族阶层所独占，但专门教育场所的设立以及文字性材料的出现，使得一部分学习者的学习行为开始从生活领域和日常生活事件中分离开来，也由此开始出现学习行为知识立场的萌芽。

就我国而言，古代学校最早产生于夏朝。据《孟子·滕文公》记载，夏、商、周设立庠序学校以教之：庠者，养也；校者，教也；序者，射也。夏曰校，殷曰序，周曰庠；学则三代共之，皆所以明人伦也。[1]

至西周，建立了比较完备的政教合一的官学体系，教育的典型特征是"学在官府"。此时的教育出现了分层：一是普通民众延续了原始社会的学习形式，在日常生活和生产实践中通过观察和模仿来进行学习；二是奴隶主贵族阶层开始在学校进行相关知识与技能的系统化学习，学习的内容除了涉及基础文化知识的传授，如礼、乐、书、数等，还涵盖了专项技能的训练，如射、御等。但西周的教学，尤其是射、御的教学

---

[1]　杨伯峻译注：《孟子译注》，中华书局 1960 年版，第 118 页。

有严格的要求和训练场地，强调实地演练，与实际生活联系较为密切。

后来，随着官学的衰废和私学的勃兴，学校教育的对象扩大至普通民众，教育的内容仍以六艺为主，教育的方式多以讲学为主，主要通过教师的"讲"和师生之间的对话交流来学习。其中，孔子创办的儒家私学规模最大，成就最高，收纳弟子三千，精通六艺者有七十二人。私学的发展具有重要的意义，它建立了学校教育的广泛群众基础，完成了学校教育和自然形态教育的第二次分离，推动了学校教育自身的独立化和专门化。具体表现有三：一是教师由过去的"官师合一"身份转变为专门的教育工作者，即以教书育人为谋生之道的脑力劳动者；二是学校教育具有独特的功能，在葆有政治功能的基础上日益凸显人才培养和社会教化的功能；三是学校教育的规定性日渐清晰和明确，尤其是孔子晚年删订"六经"①，即《诗》《书》《礼》《乐》《易》《春秋》，为我国封建社会教育内容夯实了基础，而学校教育也由此开始演变为专门以书面和口头语言传授间接经验为主的活动。

至汉朝，汉武帝采纳了董仲舒提出的"罢黜百家，独尊儒术"的思想。儒家学说成为封建社会的主导思想，儒家经籍被定格为读书人研习的主要内容，学校教育也越发强调对儒家思想的记忆和传承。

而隋唐时期科举考试制度的施行，确定了全国统一的选才标准，并从制度上对教育内容与考试方式作出了规定。尽管当时科举取士名为多科取士，涉及算法、天文、历法、医学、农田水利等多个行业的人才选用，但主流仍以儒家经籍为主，考试方法中的帖经、墨义和口试等也均侧重于考查考生对儒家经籍的记诵和理解能力。由于科举考试与考生入仕关系密切，致使学校教育带有强烈的功利色彩：科举考什么，学校就教什么；科举怎么考，学校便怎么教。有学者批判道，科举考试的内容局限于儒家的经典章句和华丽歌赋，考试方法机械、呆板、片面，偏重于死记硬背，致使学校教学内容空疏无用，缺乏时代精神，此外，教学工作重记诵不求文理，重文辞少实学，充满了形式主义与教条主义的

---

① 《乐》一般不见于世，所以后世的儒家思想的教育实际上是只有"五经"的教育。

恶习。①

之后明清朝的科举考试施行八股取士，更是加剧了这种不切实际的虚无主义倾向，驱使考生只顾埋头机械诵读四书五经，钻研八股，越发不关注实际问题及其解决。

至此，学校教育开始远离实际生活，游离于实际生活之外，学生的学习行为在指向对象上开始出现偏重书本知识或间接经验的倾向。

2. 近现代学习行为知识立场的加固与延续

近现代以来，西方国家的社会格局发生急剧变化，从封建社会向资本主义社会过渡，从农业社会向工业社会转型。为了适应资本主义社会机器大工业生产的需要，普及义务教育被提上教育改革的日程，开办的学校越来越多，学校教育制度也日益完善。而我国自 1840 年鸦片战争爆发也被迫开启了向近代化转变的历程，反映在教育领域，旧的封建教育体制开始逐渐向新的教育体制转变。20 世纪初，晚清政府先后颁布了《钦定学堂章程》和《奏定学堂章程》，大力废除科举考试制度，尝试建立新式学校和新型学制。在学习和借鉴西方教育制度的进程中，我国也开始引进西方近现代教育教学思想。

20 世纪上半叶，对我国教育教学实践产生较大影响的是夸美纽斯（J. A. Comenius）的班级授课制和赫尔巴特（J. F. Herbart）的"五段教学法"。夸美纽斯是捷克资产阶级民主主义教育家，西方近代教育理论的奠基人。他提出了"泛智论"，主张把一切事物教给一切人们，这种主张的积极意义在于凸显了学校以全面、系统的文化科学知识武装学生的必要性。② 他提出了普及教育的观点，主张一切男女青年都应该进学校接受教育。③ 为了实现"教一切人"的教育理想，他系统制定了分班上课的教学制度。他认为，一个教师同时教几百个学生不仅可能而且紧要，因为对教师和学生来说，这是一种最有利的制度：一方面能激发教师对于工作的兴趣和热忱，另一方面能提供机会让学生之间互相激励和

---

① 娄立志、广少奎主编：《中国教育史》，山东人民出版社 2008 年版，第 106 页。
② ［捷克］夸美纽斯：《大教学论》，傅任敢译，教育科学出版社 1999 年版，第 259 页。
③ 同上书，第 37 页。

互相帮助。①

赫尔巴特是德国著名的教育家、心理学家，被誉为"科学教育学的奠基人"。他认为，既不存在"无教学的教育"，也不存在"无教育的教学"，进而在教育史上首次明确提出并论证了"教育性教学"的概念，即通过知识的教育来进行智慧的启发和道德的陶冶。② 为了更好地实现这一目的，他还提出了教学的四阶段理论，即把教学划分为四个阶段：清楚、联合、系统和方法。③ 每一个阶段既明确指出了教师教的具体任务和活动方式，又清楚规定了学生学的具体要求和活动范围，为系统知识的集中传授提供了较为科学的规范和依据。后来，德国的齐勒尔（T. Ziller）和赖因（W. Rein）将这四个阶段扩充为五段，即预备、提示、联想、总括和运用。至清末民初，五段教学法在我国最为时髦、广为流行。④

事实上，夸美纽斯和赫尔巴特的教育思想博大精深，远不止这些。但班级授课制和"五段教学法"之所以能在短时间内为国人所关注和接受，其中最主要的原因是它们切合了清末开办新式学校进行集体授课的现实性需要。与此同时，以美国"进步主义教育运动"和欧洲"新教育运动"为内容的西方现代教育思想，如杜威的实用主义教育思想、道尔顿制、文纳特卡制和设计教学法等，也曾传入我国，但影响相对较小。有学者如是说道，全国绝大部分学校的教学，是由近代资产阶级传统派、夸美纽斯和赫尔巴特那一套理论和我国古代传统教育、教学理论掺和在一起支配着，现代教学思想主要是在教育理论界和城市里的一些实验学校影响较大，新民主主义教学思想只在很小的范围推行。⑤

我国自古以来形成的传统教学思想和夸美纽斯、赫尔巴特的教育教学思想有着共同的特点：在教学目标上均重视道德的养成，在教学内容

---

① [捷克] 夸美纽斯：《大教学论》，傅任敢译，教育科学出版社 1999 年版，第 124 页。
② [德] 赫尔巴特：《普通教育学、教育学讲授纲要》，李其龙译，浙江教育出版社 2002 年版，第 13—19 页。
③ 同上书，第 58—59 页。
④ 陈景磐：《中国近代教育史》，人民教育出版社 1983 年版，第 264 页。
⑤ 王策三：《教学论稿》，人民教育出版社 1985 年版，第 48 页。

上均强调书本知识的传授，只不过在教学组织形式上有些微区别——前者以个别分散教学为主，后者以班级集中授课为主。需要指出的是，虽然在我国封建社会时期的汉朝，学校教育教学的形式除了有个别教学外，还曾出现过一种称为"大都授"的集体上课形式，但班级授课制的大规模使用还是在清末新式学校建立之后，它促使我国知识教学的形式从个别辅导走向集中讲授。而"五段教学法"在进一步规范知识教学步骤的同时，也固化、僵化了知识教学，使其变得呆板、缺乏生气。学生的学习行为开始越发明确地直指知识的接受和掌握，且被圈进了课堂和教室的狭小空间之内。

新中国成立后，由于政治原因，我国开始全面学习苏联。反映在教育领域，教育教学思想深受苏联教育家凯洛夫主编的《教育学》的影响。而凯洛夫的教育学实际上传承了赫尔巴特学派的教育思想，在教学价值取向上极其重视系统知识的学习，注重教师主体地位和主导作用的发挥，并主张建立以"班""课""时"为特征的班级课堂教学制度。[①]可以说，对苏联教育学的学习和引进，直接强化了我国课堂教学知识本位的立场。之后的政治斗争过分宣扬生产劳动和社会实践，片面否定学校教育和课堂教学，课堂教学中的知识本位立场一度被全面颠覆。改革开放之后，我国在恢复正常的学校教学秩序的同时，开始大规模引进国外的教育教学理论，如赞科夫的发展性教学思想、布鲁纳的结构主义教学思想、布卢姆的掌握学习理论、杜威的实用主义教育理论和罗杰斯的非指导性教学理论等。这些教育教学理论的引进，进一步扩大了我国教育理论界的学术视野，促进了我国教育学及其分支学科的建设和发展，对我国教育实践的改革具有重要的参考价值。

然而，我国几千年以来形成的教育传统和赫尔巴特学派所推崇的"五段教学法"已根深蒂固，难以被触及和变更。加之恢复高考制度之后，考试竞争日益激烈，考试的指挥棒作用越发明显，教育或多或少地打上了"应试"的烙印。鉴于书面考试侧重于检测学生书本知识掌握的系统程度和牢固程度以及某些认知类素质的发展情况，各类中小学校

---

① 王策三：《教学论稿》，人民教育出版社 1985 年版，第 274—276 页。

尤其是中学把书本知识推崇到极致：课程设置以学科课程为主，教学内容以考试范围内的书本知识为主，教学方式以书本知识授与受为主。学习行为的知识立场在应试的导向下得以延续。

进入 21 世纪后，我国推行了声势浩大的新一轮基础教育课程改革，提出要改变课程过于注重知识传授的倾向。一方面，要改变课程内容"难、繁、偏、旧"和过于注重书本知识的现状；另一方面，要改变课程实施过于强调接受学习、死记硬背、机械训练的现状。这些举措的施行，均有助于在一定程度上化解或调整学习行为的知识立场。

### （三）我国学习行为知识立场的表现

目前，我国学生学习行为的知识立场主要表现在以下几个方面。

1. 学习行为所指向的对象

学生的学习行为主要以书本知识，尤其是考试范围内的书本知识为加工对象。如前所述，我国自孔子以来形成的教育传统就偏重于让学生牢固掌握系统化的书本知识。近代以后又因受到赫尔巴特和凯洛夫等人教育思想的影响，我国课堂教学越发固守知识本位立场。在教育领域内，教师被异化成了教书匠，学生被异化成了读书郎。陶行知先生曾对这种极端偏向有过深刻的揭露和尖锐的批判：中国教育有一个普遍的误解，便是一提到教育就联想到笔杆和书本，以为教育便是读书写字，除了读书写字之外，便不是教育。[①] 而学校中的书本知识作为外在于学生且需要学生用行为进行加工的对象，往往又被定格在学科框架之中，远离了学生的日常生活世界，只能在教室这一特定空间内以语言化了的他人经验为中介进行间接的学习。

更为严重的是，现行考试评价制度以学生知识掌握程度为基本评价尺度，直接导致书本知识的价值被学校实践所放大，考试范围内的书本知识成为主要甚至是唯一的教师教与学生学的内容。考试考什么，教师就教什么，学生就学什么；考试不考什么，教师就不教什么，学生就不学什么。考试进一步阉割了书本知识本应具有的丰富意义，遮蔽了学生

---

① 中央教育科学研究所编：《陶行知教育文选》，教育科学出版社 1981 年版，第 96 页。

个性化的体验和感受，使学习行为越发单一、片面和机械。与此同时，考试也成为继学校之后阻断书本知识与生活实践进行联系的第二道壁垒，"书本世界"与"生活世界"的鸿沟越来越大。而书本世界的独尊，直接导致课堂教学中最富人情味的、最具丰富内涵的师生关系被简化为单一的认知关系，教师和学生由人的层面沦落为知识输出和输入的物的层面。① 课堂中见物不见人，课堂教学也就失去了生命活力，变得死板和无趣。

2. 学习行为要达成的目标

在课堂教学中，学生的学习行为直接指向知识的掌握和理解，最终也旨在形成单面的"知识人"。"知识人"是作为一种认识着的东西而存在的，他的第一使命就是通过自己的行为向他之外的客观世界索取种种知识。② 在学校教育中，知识被看成是学生的唯一规定性和人的本质特征。有学者对学生的"知识人"状态进行了描述：

> 学生是用知识一片一片搭建起来的，充塞于学生心灵的唯一就是知识。学生的存在要由他所拥有的知识来确证，学生的优劣全在于其知识学习之优劣。"三好学生""五好学生"常被"一好学生"（知识学习好）所替代。知识被扩张为人性的全部，人性中的其他部分如伦理道德、审美情操等都被虚无化了。③

可以说，在一味追逐知识的课堂教学中，知识本身的生命意蕴连同人的生命价值和意蕴往往被遗忘，造成对人的生命活力的压抑和遮蔽。④ 进一步而言，在学生的学习行为以征服和占有知识为最终目的时，学生便异化成了一个"活着的小型藏书室"，学习的意义甚至知识的认识意义也就不复存在了。

---

① 郭元祥：《论课堂生活的重建》，《教育研究与实验》2000 年第 1 期。
② 俞吾金：《超越知识论》，《复旦大学学报》（社会科学版）1989 年第 4 期。
③ 鲁洁：《一个值得反思的教育信条：塑造知识人》，《教育研究》2004 年第 6 期。
④ 刘志军、张红霞：《生命化课堂教学的实践构想》，《课程·教材·教法》2013 年第 9 期。

　　这种知识至上的极端做法不仅出现在学科教育和智育中，还蔓延到了学校教育的其他领域和方面。比如，道德教育在内容和方式上也存在着明显的知识化倾向，即重道德认识和道德观念，轻道德情感和道德意志；重道德灌输和说教，轻道德体验、感悟和实践。有学者曾对此作过深度解析：道德之知本是一种实践之知，但当代教育却无视其实践特性，同其他知识一样把它放在科学理性主义的过滤器中筛选成普遍化、客观化的知识，割断了它与生活实践的联系，以致德育向智育看齐，同样也成为单一知识授受过程，走上了一条唯知识化的道路。① 学校教育的知识化倾向，导致学生沦为科技理性的奴仆，自身原有的主体性也消失殆尽。

　　3. 学习行为的具体表现

　　在学校教育中，学生的学习行为直接指向书本知识，运行于由书本知识堆积而成的科学世界之中，主要表现为符号性学习行为，即对符号性知识的听、说、读、写、算、记等。当下学生的符号性学习行为具有两个特点。

　　一是被教师精密掌控和主导。在我国几千年积淀下来的教育传统中，"传道、授业、解惑"一直被看作教师职业的经典形象。由于教师"闻道"在先，且受过专门的教育训练，教师顺理成章地成了知识的代言人、真理的化身。加之我国素有"师道尊严""一日为师，终身为父"等尊师重教传统，故而教师一直以来被视为绝对权威。在课堂教学中，教师左右学生的活动，教师的教导行为主宰并支配着学生的学习行为：教师讲、学生听，教师问、学生答，教师写、学生抄，教师给、学生收。② 整个教学过程在教师的精密控制下展开，学生严格遵照教师的指令按部就班地进行学习，学习行为也千篇一律，即听讲—记背—练习—再现。

　　二是缺乏高品质的内部思维活动予以支撑。书本知识学习是典型的

---

　　① 鲁洁：《边缘化、外在化、知识化——道德教育的现代综合症》，《教育研究》2005年第 12 期。

　　② 余文森：《试析传统课堂教学的特征及弊端》，《教育研究》2001 年第 5 期。

以认知为主的活动，需要学生对知识对象进行分析、综合、推理、判断、想象等深度思维加工。然而，为了确保学生牢固掌握系统的学科知识，也可能出于"诲人不倦"的职业态度和敬业精神，还有可能缘于对学生自学能力的低估，教师在课堂上习惯讲得多、讲得细、讲得满。课堂教学时间为教师所垄断，学生在大容量学科知识呈现之际没有深度思考的时间，没有表达意愿与观点的时间。正如有学者所指出的，现在的教师用自己的自由权利，剥夺了属于学生的自由，同时把责任背到了自己身上，疲惫不堪。① 与此同时，为了缓解教学内容繁多和教学时间有限的矛盾，教师往往是以定论的形式来呈现书本知识，压缩了知识的发生、发展过程，这严重挤占了学生的思维、想象和创造空间。学生的学习行为脱离了内在的高品质思维活动，不可避免地被降级为简单、机械的外部动作。

4. 学习行为发生的主要场所

自从班级授课制成为学校教育的基本组织形式后，学生的学习行为大多发生在用于专门学习的制度性空间——教室之内课堂之上。由于班级规模过大，目前各类中小学校教室内学生的座位编排大多采用"横成行、竖成列"的秧田形布局，学生与学生之间以前额对后脑、左肩邻右肩的姿态共同面向讲台和黑板，教师则背向黑板面向学生。这种空间布局有两大弊端：一是课堂上学生的活动空间狭小，大多数时候学生只能固定在自己的座位上学习。二是它规限了课堂教学中的人际交往类型，导致课堂中的交往多半是师生之间的交往，且这种交往多半由教师发动、控制和评价。② 加之大多数教室条件简陋，一般选择呆板单调的白色涂料做墙壁色，且可供学生使用的只有书、本子和笔，难以开展丰富多彩的课堂活动，如辩论、表演、实际操作等。在这种布局单一、搭配单调和格局僵化的教学空间中，学生的活动空间被条块分割，学生之间交流思想的通道受限，学生的个性无法得到张扬，学生学习行为多样

---

① ［日］小原国芳：《小原国芳教育论著选（上卷)》，刘剑乔、由其民、吴光威译，人民教育出版社 1993 年版，第 275 页。

② 吴康宁：《课堂教学社会学》，南京师范大学出版社 2004 年版，第 22 页。

化和生活化也就无从谈起。

这种状况与杜威对其所处时代美国课堂的描述极其相似：

> 教室里按几何图形排列着一行一行的简陋的课桌，紧紧地挤在一起，很少有移动的余地；这些课桌大小几乎都是一样的，仅仅能够放置书、笔和纸；另外有一个讲台，有一些椅子，光秃秃的墙壁，还可能有几幅画；这一切都是有利于"静听"的。[①]

这种静听式的课堂正是我国大多数中小学课堂的真实写照。有学者从社会学的视角切入对这种传统课堂空间的意蕴及其价值予以了审视：现有课堂中的普遍现象是将知识训练当作课堂中的主要行为，教师只注重向学生灌输设计好的学科知识，完全无视学生的复杂心理活动，以致学生作为课堂空间的疏离者最终被边缘化，进而难以通过自身的实践活动参与对课堂空间的建构。[②] 还有学者从课堂声学的角度对这种课堂空间中的声音及其所表征的教学秩序予以了检视：在相对封闭的教学时空里，学生被要求自始至终整齐地坐在固定的位置上，安静是课堂的基本特性，教师的声音是课堂声音的主流，教师在整顿课堂纪律时总是用"保持安静"来告诫学生不要说话，不许发声，以便教师顺利上课，学生则沦为课堂语音的被动接受者与忠实的听众。[③] 可见，在静听式的课堂中，教师和学生之间形成了一种单向的信息流动关系，学生无法发挥自身的主观能动性，其学习行为也难免显得单一与片面。

## 二 生活立场的学习行为的重建

正是由于知识立场的学习行为存在诸多弊端，因此必须对其进行重

---

① 赵祥麟、王承绪编译：《杜威教育论著选》，华东师范大学出版社 1981 年版，第 29—30 页。

② 徐冰鸥：《社会学视域下的课堂空间意蕴及其价值再审视》，《教育研究》2012 年第 7 期。

③ 熊和平、刘志超：《应试课堂声音与教学秩序》，《全球教育展望》2014 年第 7 期。

建，从知识立场走向生活立场。生活立场的学习行为的重建主要关涉两个问题：一是重建何以可能，其依据是什么？二是重建何以实现，其具体内容是什么？

**（一）生活立场的学习行为重建的依据**

1. 学习行为与生活关系的历史考察

如前所述，在原始社会，人们在日常生活和生产实践中开展学习活动，学习行为渗透在生活各个领域，并成为生活的重要组成部分。联合国教科文组织（UNESCO）在《学会生存——教育世界的今天和明天》中对此作过如下描述：

> 在原始社会里，教育是复杂的和连续的。教育的目的在于形成一个人的性格、才能、技巧和道德品质。一个人主要是通过共同生活过程来教育自己，而不是被别人所教育。家庭生活或氏族生活、工作或游戏、仪式或典礼等都是每天遇到的学习机会；从家里母亲的照管到狩猎父亲的教导，从观察一年四季的变化到照管家畜或聆听长者讲故事和氏族巫士赞美诗，到处都是学习的机会。这种自然的、非制度化的学习形式在世界广大地区一直流行到今天，至今仍是为千百万人提供教育的唯一形式。①

可见，在原生态的教育中，教育行为、学习行为与生活融为一体，与生活息息相关。从根源上看，学习行为发生于生活场域，是生活的重要构成，其目的在于掌握或传递生活和生产经验，增进当下和未来的美好生活。

不可否认，文字的出现，学校的产生，使得人类的生活、生产经验开始有了知识形态的积累，并可在规范化的专门场所予以传递，这是人类教育发展史上的里程碑。但在非制度化教育向制度化教育迈进的过程

---

① 联合国教科文组织国际教育发展委员会编著：《学会生存：教育世界的今天和明天》，教育科学出版社1996年版，第26—27页。

中，当学校院墙围建起来进行圈养式教育时，原生态的教育和学习形式被排斥在有意识的自觉视域之外逐渐消失不见，教育被人为地窄化为学校教育，而与此同时，学校教育也潜藏着危机。对此，杜威在《民主主义与教育》一书中说道：

> 当社会传统很复杂，相当部分的社会经验用文字记载下来，并且通过书面符号进行传递时，学校便产生了。书面符号甚至比口头符号更加属于人为的或传统的东西；它们不能在和别人偶然的交往中学会。此外，书面的形式往往选择和记录比较起来和日常生活不相干的事物。每一个世代积累起来的成就都贮藏在里面，虽然有些已经暂时无用。①
>
> 从间接的教育转到正规的教育，有着明显的危险。……正规的教学容易变得冷漠和死板——用通常的贬义词来说，变得抽象和书生气。低级社会所积累的知识，至少是付诸实践的；这种知识被转化为品性；这种知识由于它包含在紧迫的日常事务之中而具有深刻的意义。在文化发达的社会，很多必须学习的东西都存储在符号里。它远没有变为习见的动作和对象。……这种材料存在于它自己的世界内，没有被通常的思想和表达习惯所溶化。②

显见，在杜威看来，学校中学生需要学习的知识，以符号为载体，以学科为疆界，与学生的实际事务、生活经验出现脱节。这直接导致了一种错误的教育观念，即把教育和传授有关遥远的事物的知识和通过语言符号传递学问等同起来。③ 教师的教与学生的学沦为了符号性知识的单向授受。而学校教育对理论化、系统化学科知识的偏爱，也直接导致学校场域中的教育和学习行为逐渐与生活分离，失去生活意义。这种状况的出现与知识本身的发展有莫大的关系。

---

① ［美］杜威：《民主主义与教育》，王承绪译，人民教育出版社 1990 年版，第 25 页。
② 同上书，第 13 页。
③ 同上书，第 14 页。

我们都知道，知识或者各个学科的知识来源于人类的生活经验，并且作为一个整体，它们与世界、与人类生活密切关联。但当今世界，各个学科领域的知识急剧扩张，以加速度的方式实现量的增长，而且知识的高度分化与综合日显剧烈。当知识从世界和社会生活汲取问题作为其特定的研究对象后，知识就在原有知识体系的支持下独立发展起来，成为日益系统化和精细化的自足性知识体系，尤其是具体知识（如具体到某一部分知识、某一项新知识的产生等）与世界、与人类生活之间的链条也来越长。① 也就是说，科学的发展加速了知识与生活经验的分离。

> 加拿大学者富兰克林（U. Franklin）在《科学把知识从经验中分离出来》（Science separates knowledge from experiences）的演讲中说道，将知识从经验中分离出来的好处在于科学知识易于传播，其缺陷则在于科学所生产出的一切都是"从经验中分离出来的知识"。②

反映在学校领域，学生学习行为的指向对象——学科知识，作为人类生活经验的理性化和系统化的表述，与生活若即若离、渐行渐远。有学者指出，课程内容的成人化、理性化处理，剥夺了儿童时代的本真生活；课程内容的精英化、结构化处理，缺乏对普通人安身立命的深度观照，弱化了知识的应用性特征，难以服务于大众的现实生活。③ 而且，学科知识在进入学生个人的知识结构之前只具有公共属性（如普遍性、共同性和一般性等），它更多地体现了学科领域具体知识发生、发展的脉络及其成果。它与人类知识总库中的知识所不同的是，它以符合学生

① 郑太年：《学校学习的反思与重构：知识意义的视角》，上海教育出版社 2006 年版，第 69 页。

② 转引自 Munby, H. and Russell, T. , "Epistemology and context in research on learning to teach science", In Fraser and Tobin, *International Handbook of Science Education*, 1988, p. 643.

③ 张晓瑜：《课程改革呼唤"有根有翼"的课程思想》，《课程·教材·教法》2013 年第 10 期。

心理发展规律的顺序进行了编排。进一步而言，学生学习行为所指向的学科知识是一种公共性与客观性的知识，它从经验中抽离出来，去情境，去过程，作为放之四海而皆准的"真理"，构成了学校教育的"起点"或"背景"。随着各个学科领域知识体系日益庞大和精细化，学校教育和个体有限生命被各种学科的文字符号所充塞，科技理性成为学校和课堂的主要甚至是唯一的文化源泉，滋养、培育着学生的一切符号性学习行为，学生的学习被简化为对学科知识的被动接受和简单占有。更为严重的是，学生身处其中，为了追求学科知识的广度、深度和难度，时间加汗水，苦学加硬拼，盲目进行过度学习、低效学习乃至无效学习，以致遗忘了对生活意义和存在价值的追问之意和向往之心。

针对人类知识的无限扩张与个体生命短暂有限的矛盾，为了克服学校知识教育的弊端，丰富学生的学习行为，强化学生学习与生活的联系，不少教育家都提出了自己的改革主张，甚至还有人进行了教改实践。比较典型的有夸美纽斯、卢梭、杜威和陶行知等人。

夸美纽斯为了实现把一切知识教给一切人们的主张，力图寻找一种教学的方法，使教师因此可以少教，但学生可以多学。在《大教学论》中，针对学校教育内容枯燥、教学方法粗暴、学生才智被扼杀的弊病，夸美纽斯指出一切教学工作都应遵循自然。他认为，教导的严谨秩序是把一切事物教给一切人们的教学艺术的主导原则，它应当并且必须以自然为借鉴。[①] 他特别强调实际事物的学习，主张学校教育必须与生活实际相结合，他的口号是："凡不能见之于行动的知识都应取消！"[②] 他关注教学内容的生活意义和实际用处，他多次声明，凡是所教的都应该当作能在日常生活中应用并有一定的用途去教。[③] 此外，他还提出了一系列教学原则和规则，以指导教学实践。其中，直观性原则表明，应该从对事物的感知出发开展教学。他说道，在可能的范围以内，一切事物都应该尽量地放到感官跟前；假如事物本身不能得到，则可利用它们的模

---

① ［捷克］夸美纽斯：《大教学论》，傅任敢译，教育科学出版社 1999 年版，第 65—66 页。

② 同上书，第 259 页。

③ 同上书，第 145 页。

型图像，制造范本或模型，以供教学之用。① 这些观点与主张，强调让学生在自然状态下借助感官进行实际事物的学习，这在一定程度上可以加强学校学习与实际生活的联系，消解学校教育形式（或学习行为）与社会生活教育形式（或学习行为）的隔阂。可以说，尽管夸美纽斯确立了以班级为单位进行系统知识传授的制度，但他对知识教学的生活意义的追寻并未止息。

　　卢梭是法国资产阶级启蒙思想家、教育家，系统提出了反封建的自然教育理论，强调教育要遵循自然的要求，顺应儿童的自然天性。他认为，教育来源于三个方面，即自然、周围的人们和外界的事物。他说道，我们的才能和器官的内在发展，是自然的教育；别人教我们如何利用这种发展，是人的教育；我们对影响自身的事物获得良好的经验，是事物的教育。② 只有当这三种教育方向一致、相互配合时，儿童才能受到良好的教育。为了实现自然人、自由人的培养目标，他竭力反对抽象地死啃书本，主张采取自然的教育方法，让儿童从生活和实践中去学习，通过感官的感受去主动获得知识。他有一句名言："问题不在于告诉他一个真理，而在于教他怎样去发现真理。"③ 他在《爱弥儿》中如是写道：

　　　　即使是不读书本，一个孩子可能拥有的记忆力也不会因此而闲着没有用处，他所看见的和他所听见的一切，都会对他产生影响。他将它们记下来，他将把大人的言语和行为都记在心里，他周围的事物就是一本书，使他在不知不觉中继续不断地丰富他的记忆，从而增进他的判断能力。为了培养他具备这种头等重要的能力，真正的好办法是：要对他周围的事物加以选择，要十分谨慎地使他继续不断地接触他能够理解的东西……

---

　　① ［捷克］夸美纽斯：《大教学论》，傅任敢译，教育科学出版社 1999 年版，第 141—142 页。

　　② ［法］卢梭：《爱弥儿：论教育》，李平沤译，商务印书馆 1978 年版，第 7 页。

　　③ 同上书，第 280 页。

卢梭笔下虚构的儿童爱弥儿就是自然主义教育的典型模特儿，从出生到十五岁，都是在乡村的大自然环境里接受放养式的自然教育。卢梭反对纸上谈兵式的书本知识教育、重视生活实践、强调实际观察的观点，对于改良学校教育、改善学生的学习行为、促进学生身心自由发展有着重要意义。

杜威作为现代教育的进步派，在教育与生活的关系上持有更为激进的主张，并在芝加哥实验学校进行了实验。他发表了新的教育本质说，即教育不是强制儿童静坐听讲和闭门读书，而是生活、生长和经验的不断改组或改造。在杜威看来，生活和经验是教育的灵魂，离开了生活和经验就没有了生长，也就没有了教育。他认为，学校教育的价值和标准，就看它给儿童创造继续生长的愿望到什么程度，看它为实现这种愿望提供方法到什么程度。[①] 为此，他提出了"学校即社会"的观点。他认为，学校作为一个雏形的社会，首先要提供一个简化的环境，以帮助儿童循序渐进地吸收人类文明，其次要提供一个净化的环境，以传承有助于实现未来美好社会的人类成就，最后要提供一个平衡化的环境，以使儿童摆脱他原先所在环境的限制，与更广阔的环境建立充满生气的联系。[②] 此外，他还认为，学校是社会生活的一种形式，学校必须呈现对儿童来说是真实而生气勃勃的生活，就像他在家庭里、邻里间，在运动场上所经历的生活那样。[③] 他大力倡导主动作业，主张把木工、金工、纺织、缝纫、烹调等看作是生活和学习的方法。[④] 他在《学校与社会》中明确指出了主动作业的重要意义：

直接地去接触自然、实际的事物和素材，它们的手工操作的实际过程，以及关于它们的社会需要和用途的知识，对于教育目的极

---

① ［美］杜威：《民主主义与教育》，王承绪译，人民教育出版社 1990 年版，第 61—62 页。

② 同上书，第 26—27 页。

③ ［美］杜威：《学校与社会·明日之学校》，赵祥麟、任钟印、吴志宏译，人民教育出版社 2004 年版，第 5—6 页。

④ 同上书，第 29 页。

为重要。这一切，都在不断地培养观察力、创造力、建设性的想象力、逻辑思维，以及通过直接接触实际而获得的那种现实感。①

在杜威看来，即便是为灌输知识而组织的各类实物教学，也不能代替现实生活中个体经由实际操作所获得的直接知识。正是通过不同形式的主动作业，学校得以与生活相联系，成为儿童生长的地方，成为一种生动的社会生活的真正形式，而不再仅仅是学习功课的场所。

陶行知是我国伟大的人民教育家、教育思想家和教育改革实践家。他早年留学美国，师从杜威、孟禄、克伯屈等人，1917 年学成归国后，考察了国内很多学校，发现学校教育中教师教的痕迹太重，用他的话来说，就是"先生只管教，学生只管受教"②。他基于我国教育现实提出了生活教育理论，具体包括三大主张："生活即教育"承认一切非正式的东西都在教育范围之内，意在用全面生活去解放学生褊狭的学校生活。③"社会即学校"则是要把学校的一切伸展到大自然里去，扩大教育的对象和学习的内容。④ "教学做合一"表明，事怎么做就怎样学，怎样学就怎样教；教的法子要根据学的法子，学的法子要根据做的法子；教学做有一个共同的中心，就是"事"，就是实际生活。⑤ 可见，陶行知十分重视生活与教育的关联，试图将学生的学习扩大到广阔的生活范围和社会领域，借助教学做三者合一的方法，将学生从读死书、死读书的困境中解放出来。他所提出来的"六大解放"，对于教师教导行为和学生学习行为的变革至今仍具有现实意义：

> 解放儿童的头脑，使之能想；解放儿童的双手，使之能干；解放儿童的眼睛，使之能看；解放儿童的嘴，使之能说；解放儿童的

---

① ［美］杜威：《学校与社会·明日之学校》，赵祥麟、任钟印、吴志宏译，人民教育出版社 2004 年版，第 27—28 页。

② 陶行知纪念馆等主编：《陶行知文集（修订本）》，江苏教育出版社 2001 年版，第 37页。

③ 同上书，第 367 页。

④ 同上书，第 356 页。

⑤ 同上书，第 230 页。

空间，使之能接触大自然和大社会；解放儿童的时间，不逼迫他们赶考，使之能学习自己渴望学习的东西。①

这些教育思想、教改实践为知识教育的改良和教学行为的调整指明了方向、提供了策略，学校教育开始注重加强与生活的联系，教师在教学中开始逐渐引导学生运用多种感官，采取多样化的活动来进行知识学习。尽管进展并不如预期中的迅速，但学校教育正在作出积极改变和回应。

20 世纪后半叶，终身教育（lifelong education）、学习化社会（learning society）和终身学习（lifelong learning, learning throughout life）等新理念相继出现，预示着人类社会进入了一个全新的发展时期。1972 年，联合国教科文组织大力倡导"每一个人必须终身不断地学习"，并旗帜鲜明地向全世界宣告：

> 国际教育委员会特别强调两个基本观念：终身教育和学习化社会。由于在校学习（传统学校教育）已不能再构成一个明确的"整体"，因此，教育体系必须全部重新加以考虑。如果我们要学习的所有东西都必须不断地重新发明和日益更新，那么教学就变成了教育，而且就越来越变成了学习。如果学习包括一个人的整个一生（既指它的时间长度，也指它的各个方面），而且也包括全部的社会（既包括它的教育资源，也包括它的社会的和经济的资源），那么我们除了对教育体系进行必要的检修以外，还要继续前进，达到一个学习化社会的境界。②

终身学习时代的来临，揭开了人类教育和学习的新篇章。随着互联网技术的广泛应用，新的学习形式，如数字化学习（electronic learn-

---

① 陶行知纪念馆等主编：《陶行知文集（修订本）》，江苏教育出版社 2001 年版，第945—946 页。

② 联合国教科文组织国际教育发展委员会编著：《学会生存：教育世界的今天和明天》，教育科学出版社 1996 年版，第 16 页。

ing)、移动学习（mobile learning）、混合学习（blended learning）、泛在学习（ubiquitous learning）和微学习（microlearning）纷纷涌现。计算机和网络技术的发展，带动了学习的变革，这种变革不仅体现在学习时间和空间上，体现在学习内容和方式上，更为主要的是体现在学习的交互上。① 它恢复了人们长期以来被学校教育遮蔽的广阔教育视野，引导人们对教育的关注点发生变化，进而对学习也有了新的定位。具体表现在：其一，关注教与学过程的延续性和终身性。学习不应局限在青少年时期，而应扩展至人生的各个阶段。其二，关注教与学内容的广泛性和全面性。学习不应停留在知识获得和认知能力发展的层面，而应覆盖人全面发展的全部资源和各个方面。其三，关注教与学空间的开放性和社会性。学习不应封闭在学校高墙之内，应扩展至整个社会生活领域和场所。② 由此，原先闭锁在学校知识教育中的学习行为也得以被重新审视和全面调整——学习行为应贯穿于人的一生，运行于生活领域和人生活的各个方面，随时随地即可发生，且呈现出多样化的形态：从读书中学、从研究中学、从做中学、从观察中学、从生活中学、从交往中学……

综上，不管是学校领域内的学习行为，还是终身学习视野下的学习行为，都体现出教育、学习与生活相契合的精神。这并不是原生态教育的简单重复，而是教育与生活经历原始统一，到分化割裂，再到高度统一的过程，是人类教育发展的新高度——基于生活，在生活中，为了生活，全面向生活世界回归。甚至在学校教育与生活世界接轨的过程中，学习行为可以成为其中的重要桥梁，因为学习行为本身就是一种生活行为，学生在学校和社会生活中的学习行为是共通的、一致的。

2. 生活立场的学习行为重建的现实依据

（1）学生生命的整体性

何谓生命？在日常理解中，生命往往是指活动着的特定有机体。在

----

① 罗洁：《信息技术带动学习变革——从课堂学习到虚拟学习、移动学习再到泛在学习》，《中国电化教育》2014 年第 1 期。

② 高志敏：《终身教育、终身学习与学习化社会》，华东师范大学出版社 2005 年版，第 21—22 页。

生物学中，生命是指由不同组织、器官所构成的有机系统。在哲学中，生命从本能的生物学意义逐渐演变为冲动、知觉、情感与欲念，具有浓烈的非理性色彩。① 比如，亨利·柏格森眼中的"生命"是宇宙学意义上的生命概念，是指一种永恒的力量和一种向上的冲动。② 威廉·狄尔泰把生命限制在人的世界之内，强调人的生命不仅仅是理性的存在，而更多是理性、情感与意志的统一体。③ 在教育领域内，一般认为，人是一种特殊的存在，是一个双重的生命体，既有和动物共有的种生命，又具有自己独特的类生命。种生命是自然的生命，是物种所先在设定的本能生命；类生命是自我创生的自为生命，是社会历史沉淀的文化、科学、智慧等在个体身上的反映。④ 人的种生命，遵循生物体的运行机理和规律，有生有死，是有限的生命。但人的类生命，可以超越生命的有限性，能够不断自我创造和自我超越。学生在学校生活中也是一种双重生命的存在，他基于自身的先天和后天的生理基础，通过有效学习，不断获得精神力量超越自我，成长为自己生命的主宰者。

学生的生命具有整体性，具体表现在以下几个方面。

其一，从生命的静态构成看，学生的生命是多层次的。学生的生命是一个多层次的整合体。有学者指出，学生的生命可分为三个层次：一是自然生理性的肉体生命，二是关联而又超越自然生理性的精神生命，三是关联人的肉体和精神但又赋有某种客观普遍性的社会生命。⑤ 有学者进一步指出，学生的完满生命由四个紧密相连且不可分割的组成部分，即自然生命、精神生命、价值生命和智慧生命组成。⑥ 其中，自然生命是生命的根本，是生命存在的物质载体。精神生命是生命的升华，赋予人灵性，使人有了灵魂。价值生命是生命的取向，是真、善、美三种尺度的完整统一，使人有了价值标准与判断。智慧生命是生命的创造

---

① 程红艳：《教育的起点是人的生命》，《教育理论与实践》2002 年第 8 期。

② 转引自李家成《关怀生命：当代中国学校教育价值取向探》，教育科学出版社 2006 年版，第 132 页。

③ 转引自邹静《现代德国文化教育学》，山西教育出版社 1992 年版，第 26 页。

④ 冯建军：《生命与教育》，教育科学出版社 2004 年版，第 7 页。

⑤ 张曙光：《生存哲学——走向本真的存在》，云南人民出版社 2001 年版，第 197 页。

⑥ 王北生：《论教育的生命意识及生命教育的四重构建》，《教育研究》2004 年第 5 期。

与超越，使人的认识更加理性、精神更加崇高、生命的意蕴更加丰富。还有学者指出，在学习过程中，学生的生命主要表现为自我认知生命、群体交往生命和智慧超越生命三种存在形式，同时具有个体价值、社会价值和智慧价值。[1] 另有学者从生命的特性出发去阐释生命既矛盾冲突又有机统一的独特结构：生命具有肉身性与精神性、个体性与社会性、历史性与实践性、有限性与超越性。[2] 可见，学生的生命是一个辩证统一的有机整体，具有极其丰富的内涵，体现出学生在身体、心理、价值、道德等方面的统一性和完整性。

其二，从生命的内在需要看，学生的生命需要是多方面的。学生的生命有着各方面的需要，如生理的、心理的、物质的、精神的、认知的、情感的、行为的等。马斯洛的需要层次理论指出，人的基本需要可分为七个层次，由低到高以金字塔形排列，分别是生理需要、安全需要、爱与归属的需要、尊重的需要、认知和理解的需要、审美的需要以及自我实现的需要。其中，前四个层次的需要统称缺失需要，即因匮乏而产生的需要；后三个层次的需要被称为成长需要或超越需要，直接指向人的潜能的充分实现。这些需要构成个体生命发展的原因和动力。由于高层次需要的出现以低层次需要的满足为前提，因此为了促使学生产生成长需要，尤其是自我实现的需要，必须正视学生较低层次需要的满足，进而有意识地逐步提升学生的需要层次。

其三，从生命的动态过程看，学生的生命活动是全方位的。学生的生命活动，按照活动水平可分为三个层次：最基础的是生理水平的生命活动，即生理活动；第二层次是心理水平的生命活动，即心理活动；第三层次是社会实践水平上的生命活动，即社会实践活动。[3] 在学生生命发展的过程中，这三种不同水平的生命活动在实际发生时是水乳交融的融洽，生理和心理活动渗透在一切社会实践活动中，社会实践活动则以外显的方式表现出来。而且，学生参与任何一项学习活动，都是以一个

---

① 罗生全、欧露梅：《论学习过程的生命存在》，《中国教育学刊》2013 年第 8 期。
② 刘铁芳：《生命·道德·教化》，《河北师范大学学报（教育科学版）》2004 年第 2 期。
③ 叶澜：《教育概论》，人民教育出版社 1991 年版，第 226—230 页。

完整的生命体的方式投入，既有认知活动，也有情感活动和意志活动等。罗杰斯的"意义学习"理论就是最有力的例证之一。更为重要的是，学生参与学习的生命活动有着极其显著的特征——主动性。这种主动性不是某一方面的主动，不是表层性的主动，而是整体性的主动和深层次的主动，源自于个体生命本性、出自于个体的内在需要，是渗入个体血液的一种主动。① 进一步而言，学生总是以积极的行为去体现自身的生命存在，通过主动地践行去确证生命、创造自我。

然而，在现行的学校教育中，由于种种原因，缺乏对生命的基本尊重和整体关怀。具体表现在：生命被物化为可以被任意宰割和处置的对象，生命的基本需要和权利被漠视和压制，生命沦落为致知的工具和手段，生命的终极价值失落，等等。② 尤其是传统认知科学的"离身性"倾向，致使学生的身体处于受压制和被贬抑的境地，甚至直接导致教师形成身心、主客二元对立的教学认识论，即认为学生在身体"缺场"的情况下，依然能有效的学习，从而忽视学生身体的经验、体认和参与在课堂教学中的重要价值与作用，拒绝学生的行动与实践，造成课堂教学中的身心、主客、知行分离，学生最终沦为被动的客体和物，失去了属于人的自由和尊严。③

"敬畏生命"伦理学的创立者阿尔贝特·史怀泽（A. Schweitzar）指出，善的本质是保持生命，促进生命，使生命得到最全整的发展；恶的本质是毁灭生命，损害生命，阻碍生命的发展。④ 有鉴于此，学生的生命发展，首先不能罔顾生命的生理基础和心理发展规律以及生理、心理需要；其次不能把生命活动窄化为认知活动以及认知素质的获得，要兼顾生命对善和美的追求以及对自我实现的追求；最后不能漠视生命的

---

① 李家成：《关怀生命：当代中国学校教育价值取向探》，教育科学出版社 2006 年版，第 152 页。

② 金生鈜：《生命教育：使教育成为善业》，《思想理论教育（上半月·综合）》2006 年第 11 期。

③ 王会亭：《从"离身"到"具身"：课堂有效教学的"身体"转向》，《课程·教材·教法》2015 年第 12 期。

④ ［法］阿尔贝特·史怀泽：《敬畏生命》，陈泽环译，上海社会科学院出版社 1992 年版，第 17—18 页。

超越性，要大力鼓励和倡导"个体创造"。正如"生命·实践"教育学派的创立者叶澜所指出的，教育是直面人的生命、通过人的生命、为了人的生命质量的提高而进行的社会活动。① 即便是追求效率、效果和效益的有效教学也必须重构其生命向度。有学者主张用生命向度为基本分析框架检视有效教学，而该向度具体涵盖了生命价值的确证、生命意义的体验和生命关系的交互。② 因此，教育作为最能体现生命关怀的一种事业，必须兼顾学生的不同层面的生命领域、不同层次的生命需要和不同形式的生命活动，让学生在各类学习活动中用多样化的学习行为去体现自身生命的存在，不断提升自身的生命价值。

（2）学生生活的全面性

何谓生活？杜威认为，生活是有机体与环境相互作用的过程，是一种行动方式。③ 陶行知认为，生活主义包罗万状，凡人生一切所需皆属之。④ 在他看来，生活意味着广泛的社会实践。列昂节夫认为，生活是彼此交织着的活动的总和。⑤ 据此，笼统而言，生活就是指个体为了生存和发展而进行的各种活动的总和。

学生的生活对学生的发展具有整体效应，这主要源于学生的生活具有全面性。这种全面性具体表现如下。

其一，从横向内容维度上看，学生的生活是完整的生活，具有综合性，由不同版块构成。泰勒曾将人类生活领域分为便于控制的七个方面：健康、家庭、娱乐、职业、宗教、消费和公民。⑥ 而学生的生活，从生活的专门化程度来看，可分为日常生活和非日常生活；从生活的空

---

① 叶澜、郑金洲、卜玉华：《教育理论与学校实践》，高等教育出版社 2000 年版，第 136 页。

② 袁丹、田慧生：《有效教学的生命向度》，《中国教育学刊》2013 年第 8 期。

③ ［美］杜威：《民主主义与教育》，王承绪译，人民教育出版社 1990 年版，第 17 页。

④ 陶行知纪念馆等主编：《陶行知文集（修订本）》，江苏教育出版社 2001 年版，第 23 页。

⑤ ［苏］列昂节夫：《活动·意识·个性》，李沂、冀刚、徐世京等译，上海译文出版社 1980 年版，第 51 页。

⑥ 转引自施良方《课程理论：课程的基础、原理与问题》，教育科学出版社 1996 年版，第 100 页。

间和场所来看，可分为家庭生活、社会生活和学校生活；从生活的形态上看，可分为物质生活和精神生活；从生活展开的活动类型上看，可分为精神活动（符号活动）、操作活动、交往活动和反思活动等；从生活的可选择性上看，可分为基本的、必过的生活（如衣、食、住、行等领域）和非基本的、可自由选择的生活（如娱乐、享受等领域）。而学校，尤其是课堂，是学生学习和生活的主要场所，其生活形态更是多种多样。有学者指出，课堂生活涉及学生对客观世界、社会世界和主观世界的认识和态度，由理性生活、审美生活和道德生活构成。[①] 理性生活是求真的生活，审美生活是求美的生活，道德生活是求善的生活，其最高层次分别是理智感、美感和道德感的获得与体验。还有学者指出，课堂生活作为一种专业的生活领域，从纵向来说是日常生活和专业生活的统一体，从横向上说与社会生活关系密切，具体来说由作为地基的课堂日常生活、作为源泉的社会现实生活和作为核心的课堂专业生活所组成。[②] 可见，学生的生活范围宽广，生活领域泾渭分明、骨骼丰满，构成一个和谐有机的整体。

其二，从纵向时间维度上看，学生的生活是连续的生活，具有流变性和积淀性。具体而言，学生之前在不同时期所获得的发展和所累积的生活状态，构成了当下生活的基础，而当下的生活状态又成为迈向未来生活的基石。杜威提出的"经验的连续性（experiential continuum）"比较鲜明地说明这一点。杜威指出，经验的连续性原则是以习惯的事实作为基础，而习惯的基本特征是每项做过和经历过的经验会改变做着和经历着这种经验的人，不论其是否愿意，这种改变都会影响以后的经验的性质。[③] 正是因为经验具有连续性，学生当下的生活既从过去的生活经验中吸纳有益的东西，同时又能以某种方式（如能量、信念、期望等）去改变未来的生活。杜威在《经验与教育》中如是写道：

---

① 郭元祥：《论课程生活的重建》，《教育研究与实验》2000 年第 1 期。

② 王鉴、王俊：《课堂生活及其变革研究》，《课程·教材·教法》2013 年第 4 期。

③ ［美］杜威：《我们怎样思维·经验与教育》，姜文闵译，人民教育出版社年 2004 年版，第 255 页。

当个人从一种情境走到另一种情境时，他的世界、他的环境或者扩大了，或者缩小了。他并不认为自己是生活在另一个世界中，而是处在同一个世界的不同部分或不同方面。他在一个情景中所学到的知识和技能，可以变为有效地理解和处理后来的情境的工具。这个过程在生活和继续学习中不断进行着。①

基于学生生活的全面性，随之而来的是学生生活形式和生活感受的多样化。学生面临的生活领域不同，学生参与这些领域的生活形式（或方式）不尽相同，而学生在生活中的感受（或感悟）也各不相同，喜、怒、哀、乐尽在其中。也正是因为如此，生活才显得色彩斑斓，才具有生命气息。但不幸的是，当下的学校教育没有意识到，甚至是有意无视学生生活在时空上的整体性和连续性。学校教育独尊学生的学校生活，阻断了学校生活与学生日常生活和社会生活的联系。同时，学校的课堂生活独尊理性生活，被各种抽象的文字、符号、公式和原理所充塞，既无现实感又无美感，死气沉沉，令人窒息。

值得一提的是，生活、生命与活动、行为息息相关。首先，生活是由多种活动构成的系统，从本质上讲，它对于人的发展意义与活动对人的发展意义在机制上是相同的，但又略有区别：生活对人的发展意义具有整体性，而活动总是具体的活动，所带来的人的发展也是具体的。②其次，生活与生命往往纠缠在一起，生活是生命存在的场景，生命不断体验、创造着更好的生活形态。具体而言，生命存在于生活中，生活的主体是生命，生活是生命的存在形态，生命通过生活实现成长。③最后，生活与生命经由活动而共通。生活与生命通过人的活动，尤其是人的行为建立关联。一方面，生活总是外显为人进行各种生命活动的较为

---

① ［美］杜威：《我们怎样思维·经验与教育》，姜文闵译，人民教育出版社年2004年版，第262页。

② 陈佑清：《教育活动论》，江苏教育出版社2000年版，第265页。

③ 李家成：《关怀生命：当代中国学校教育价值取向探》，教育科学出版社2006年版，第189页。

稳定的行为方式；① 另一方面，生命总是需要人以积极的行为体现自身的存在。② 也就是说，人通过自身的活动，用自己的实际行动真实地生活着、生长着，体现着生命的律动和价值。

## （二）生活立场的学习行为重建的内容

生活立场的学习行为，更多地强调生活与学习之间的双向作用，即生活对于学习的重要意义和学习对于生活的重要影响。生活立场的学习行为具有两个特征：一是为了生活而存在。学生的一切学习行为最终都指向学生的幸福完满生活，即改善生活状态，提升生活质量，彰显生命价值。学习行为的价值应依据其对学生幸福完满生活的助力来加以评判。二是发生于整个生活领域。生活中处处皆有学习的场所、学习的时机和学习的资源。基于生活立场，学生的学习行为需从以下几个方面予以重建。

### 1. 学习行为要达成的目标

虽然学生的主要职责是学习和掌握前人积累的科学文化知识，但并不意味着学生要成长为单面的知识人。学生不能为了学习而学习，知识的占有、考试高分的获得、认知能力的提高等都不是学习的最终目的。学生得以存在于生活之中，只有一个目的，即完善自我，更好地生活。联合国教科文组织于 1996 年提出，面向 21 世纪的教育有四大支柱，即学生要学会认知（learning to know）、学会做事（learning to do）、学会共同生活（learning to live together）与学会生存（learning to be）。③ 这意味着学生的一切学习行为并不止于认知活动，大大拓宽了人们看待学习的固有视域。其实，从知识的教育价值来看，知识除了认知或智能价值外，还具有自我意识教育价值和实践教育价值。知识的学习，不仅要增进学生对事物的事实性认识，还要提升对人生意义的理解，陶冶实践

---

① 冯建军：《中小学学生生活方式探讨》，《中国德育》2009 年第 12 期。

② 李家成：《关怀生命：当代中国学校教育价值取向探》，教育科学出版社 2006 年版，第 155 页。

③ 联合国教科文组织编：《教育：财富蕴藏其中》，联合国教科文组织总部中文科译，教育科学出版社 1996 年版，第 75 页。

智慧，并帮助学生养成既体现时代精神又追求人的合理存在的思维范式和行为模式。[①] 而这三种价值，归根结底，就是发展学生的个性素质，增强学生的生命能量，提升学生独立生活的能力。基于终身学习视域下的学习观和知识教育本身对生活的观照，生活立场的学习行为应着力于让学生成长为生活主体。

生活主体，意指能自主支配和控制自己生活过程的人。以生活主体为旨归的教育，从本质上讲，就是要教会学生学会解决生活中的实际问题，学会生活，过上幸福完满的生活。学生作为生活主体，是由多种活动主体构成的：既是精神活动（符号活动）的主体，又是操作活动、交往活动和反思活动的主体；既是外向活动（指向外在客观世界）的主体，又是内向活动（指向内在主观世界）的主体；既是认识活动的主体，又是实践活动的主体。[②] 但现行的教育往往过于注重把学生培养成精神活动的主体、外向活动的主体和认识活动的主体，忽视了学生成长为其他类型主体的内在生命生长需要和外在客观现实要求。更为严重的是，这直接导致了一个恶果，即学生学了大量的书本知识，考试也得了高分，却不能运用所学解决实际生活问题。必须承认的是，学业问题的解决与实际生活问题的解决存在明显区别。以下这则案例说明了这一点：

> 作为节食计划的一名新成员，体重监测员要准备一份家庭乳酪，而分配给这餐的量是节食计划所允许的 2/3 杯的 3/4。体重监测员一开始轻声嘟囔说他在大学里学过计算课程……停顿一会儿之后，他突然嚷道"有办法了！"他将一个量杯装满 2/3 杯的乳酪，然后将乳酪倒在一个切板上，轻轻将其拍成圆饼，在圆饼上画上一个十字，挖掉 1/4，用剩下的部分做菜。……体重监测员从未想到用纸笔算法检验他的程序，而纸笔算法将得出 3/4 杯 × 2/3 杯 = 1/

---

① 王道俊：《知识的教育价值及其实现方式问题初探——兼谈对杜威教育思想的某些认识》，《课程·教材·教法》2011 年第 1 期。
② 陈佑清：《培养"生活主体"：教育目标的一种选择》，《教育研究与实验》2009 年第 6 期。

2 杯。①

可以说，学校情境中的问题，更多的是认知性问题、结构良好问题（well-structured problem）和常规性问题（routine problem），借助既定的公式、原理和方案，通过大脑内部的思维活动即可解决。而日常生活场景中的问题，更多的是实践性问题、结构不良问题（ill-structured problem）和非常规性问题（nonroutine problem），需要进行情景化的推理，运用多种方法和工具，予以创造性地解决。情境认知理论也指出，认知是一种社会性或情境性的活动，如果在知和做相分离的情境中教授知识，那么知识就处于惰性的和不被使用的状态，学生就不能将其形式符号操作程序与符号所代表的现实世界联系起来，不能将在一种情境中习得的知识迁移至其他相关的情境中。②

因此，在重建生活立场的学习行为时，必须有意识地加大操作活动、交往活动、反思活动等实践性活动的比例，让学生在多样化的活动中身体力行地学会处理自我与自然、与他人、与社会、与文化之间的关系，增进生活的本领和技能，进而能够改进当下和未来的生活状态及进程。

2. 学习行为运行的领域

生活立场的学习行为要突破学校的狭隘视域，要重新审视教育的生活意义和生活的教育意义，要从生活世界中汲取营养，并最终融入生活世界。"生活世界"（Lebenswelt）这一概念出自现象学家胡塞尔（E. Husserl），他主要是针对科学世界的强势话语及其对生活世界的严重侵蚀而提出。一般来说，生活世界是我们在自然生活中所能直接感知和接触的世界，具有偶然性、具体性和主观性；而科学世界则是从生活世界

①　Lave, J., *Cognition in Practice: Mind, Mathematics and Culture in Everyday Life*, New York: Cambridge University Press. 1988, p. 165.

②　[美] 德里斯科尔：《学习心理学：面向教学的取向》，王小明等译，华东师范大学出版社 2007 年版，第 130—131 页。

中衍生出来的一个特殊的理性世界，具有目的性、结构性和有序性。[①]
从根源上讲，科学世界来自生活世界，并需要在生活世界中得到验证。
现象学家耿宁（I. Kern）指出，尽管客观科学的逻辑亚建筑超越了直
观的主观生活世界，但它却只能在回溯到生活世界的明证性时，才具有
它的真理性。[②] 与科学世界相比，生活世界更具基础性，是学生最根本
的成长家园。

因此，生活立场的学习行为的重建，首先需要回归日常生活世界，
要把学习行为扩展至整个生活领域。凡是对学生身心素质发展具有价
值、意义或促进作用的东西，如人类精神文化、学生的生活经验、学生
生活的环境等，都应纳入学习行为运行的时空之内，都应成为滋养学生
学习行为的沃土。其次，学习行为不仅要指向当下的现实生活领域，更
应指向未来的可能生活领域。一方面，学习行为要有助于当下幸福生活
的实现。一直以来，由于过于强调苦学精神，加之大量的机械训练和重
复作业，学生体验不到学习的乐趣，学习变成了沉重的枷锁，禁锢了学
生的生命活力。生活立场的学习行为不应只为纯粹的认知和考试而存
在，应该为实现学生当下的幸福生活而存在。因为生活的本意就在于创
造幸福生活，幸福是全部生活行为所追求的持续性的状态，而且幸福必
须是一种行为的活动过程本身就能产生的感受，否则就只不过是必须付
出痛苦的代价去获得的利益。[③] 另一方面，学习行为还应对未来有所憧
憬和引领，为实现学生未来的美好生活而存在。也就是说，学生的学习
行为在发展效应上应具有可持续性，能为学生未来的完满生活积蓄正能
量。有学者构造了"可能生活"（possible life）这一概念，并对可能生
活的特性及实现途径进行了阐释：

---

① 项贤明：《"生活世界"的教育与"科学世界"的教育》，《教育研究与实验》1999
年第 4 期。

② 倪梁康：《现象学及其效应：胡塞尔与当代德国哲学》，生活·读书·新知三联书店
1994 年版，第 131 页。

③ 赵汀阳：《论可能生活：一种关于幸福和公正的理论》，中国人民大学出版社 2004 年
版，第 20—23 页。

可能生活具有理想性，它可以在现实生活之外被理解，但必定是能够通达的（accessile）。……人的每一种生活能力都意味着一种可能生活。尽可能去实现各种可能生活就是人的目的论的行动原则，……事实上，每一种可能生活都有着其特有的幸福，而且不是另一种生活所能替代的，放弃一种可能生活就等于放弃一种幸福，……无论我们在主观上是否感觉到这一欠缺，幸福在客观上总是多多益善的。没有消受不了的幸福，只有忍受不了的不幸。①

从中不难看出，人的可能生活由自身生活能力所指定，人的生活行为是合目的性的行为，意在实现各种可能生活。学生的学习行为也是如此。学生的学习行为要能发挥更久的效力，必须是合目的性的行为，同时能增强学生的生活能力，进而帮助学生将可能生活不断地转变成现实生活，获得人生的幸福。

---

① 赵汀阳：《论可能生活：一种关于幸福和公正的理论》，中国人民大学出版社 2004 年版，第 148—151 页。

# 第五章

# 学习行为多样化与学生整体发展

学习行为从知识立场走向生活立场，意味着学习行为势必会从单一走向多样。这种学习行为立场的改变，会对学生的发展带来怎样的影响？进一步而言，学习行为在学生身心素质发展中会起到什么作用？学习行为的单一和多样，与学生身心素质的发展存在怎样的关联？为了促进学生身心素质的整体发展，如何实现学习行为的多样化？本章试图对这些问题加以阐释。

## 一　学生发展的取向与机制

受西方身心二元论哲学思想的影响，长期以来，学校教育过于注重学生精神性的"品德塑造"和"理性培养"，完全忽略甚至是极其鄙视身体在教育中的作用。这种身体缺席的理智教育引发了诸多弊端：强调记忆、认知与信息加工，重视思维，忽视学生的身体参与、情感投入与个性塑造，忽视完整的大脑、身体与环境的交互作用，学习便是坐在教室里静听沉思、练习作业，驻足于文字与书本的世界，没有动手操作、情感体验和协商交流，成为难以忍受的苦役。[①] 具身认知思潮的兴起，强调人是通过身体来认识世界的，身体的存在是学习得以发生的前提。身体现象学也强调身体即主体，身体不仅是主体发挥主体性的明证，而

---

① 潘洪建：《身体在场：在活动中学习》，《教育发展研究》2015 年第 22 期。

且身体本身就是主体，主体通过身体与心灵的沟通达成身心的统一。①
有鉴于此，在学生素质发展上，笔者坚持使用"身心素质"一词，借
以警惕并纠正传统教育中身心分离、抑身扬心的不良倾向，彰显对学生
身体在场以及对认知与情感的身体依赖性的重视。

**（一）学生身心素质发展的取向**

1. 身心素质的构成

心理学中的"素质"概念强调素质的先天性，是指人先天的解剖
生理特点，主要是感觉器官和神经系统方面的特点。而教育领域内广泛
使用的"素质"概念，主要是指人在先天生理基础上发展起来的后天
社会品质，即人在先天生理的基础上，与后天环境相互作用而形成的身
心发展的基本品质。但学生的素质究竟由哪些成分构成，至今仍众说
纷纭。

有学者认为，素质可分为四个层次：一是生理素质，是主体的生理
基础及其作用于外的本质力量之源；二是一般心理素质，包括认知、情
感、意志、需要、兴趣；三是文化心理素质，包括具有分项社会功能的
德智美素质和具有综合功能的劳动素质；四是个性心理素质，是主体素
质的制导系统，进行整合与作出反应的中枢，处于素质结构的最
高层。②

有学者认为，素质可分为三个层次：最低层次是自然素质，即人的
解剖生理的特点；中间层次是智力素质，即人的知识与能力的特点；最
高层次是行为素质，即人的思想意识和个性倾向性的特点。③

还有学者认为，素质可分为生理性素质、心理性素质和社会性素
质。其中，生理性素质具有先天遗传性和生长、发育、成熟的生理程序

---

① 康洁、熊和平：《教育现象学的描述——以教室空间的学生身体现象为例》，《全球教育展望》2013 年第 8 期。

② 郭文安、王道俊：《试论有关青少年学生素质的几个问题》，《教育研究》1994 年第 4 期。

③ 周冠生：《综合素质的培养与艺术教育的加强》，《上海师范大学学报》（哲学社会科学版）1996 年第 3 期。

性，处于整个素质发展的基础层次，是心理性素质和社会性素质得以存在和发展的物质基础；社会性素质是素质的主要内容，处于人的素质发展的最高层次，标志着人的素质的性质、方向、水平，集中体现人的本质；心理性素质是主体与外界相互作用的中介，既影响着生理性素质的发展，也关系着社会文化的内化，为人的素质发展提供广阔的心理背景和心理基础。[①]

另有学者认为，素质可以分解为功能相依和互补的四个方面：一是倾向性素质，即影响主体活动的目的倾向的素质，其核心是需要及其表现形式，如兴趣、理想、价值观和信念等。二是调控性素质，即影响主体对活动过程进行调控的素质，涉及主体在对象意识和自我意识中所表现出来的认识、情感、意志方面的素质，如智力（含知识及智慧技能）、情感素质、意志素质，以及自知、自主、自信、自强、自尊、自律等自我意识方面的素质。三是效果性素质，即影响主体活动的质量和效果的素质，包括影响活动的水平、效率的能力，影响活动主体的新颖性、独特性的选择力和创造力，影响主体活动美感的审美力，影响主体活动的社会协调性的素质，如品德、遵纪守法的品质、政治品质等。四是身体素质，它是心理素质存在的物质前提，为人的活动提供物质能量，保证人的活动的强度、持久性等。[②]

显见，人的素质是一个整体性的有机系统，其构成成分彼此联系、相互作用，共同构成了一个多面而复杂的素质结构。这也使得素质的培养变得较为复杂和困难。

2. 身心素质发展的取向

一直以来，对于学生身心素质的发展，不管在政策层面，还是在教育理论和实践领域，我国均倡导全面发展取向，强调学校教育要以学生发展为本，帮助学生在身心素质方面实现全面发展。

自 20 世纪 80 年代提出素质教育的口号以来，虽然教育改革轰轰烈烈，但学校教育的痼疾仍然存在，妄图用书本知识的学习去培养素质全

① 班华：《素质结构·教育结构·素质教育》，《教育研究》1998 年第 5 期。
② 陈佑清：《人作为活动主体的素质结构》，《教育研究》2002 年第 6 期。

面发展的人，以致学校教育的成效大打折扣。学生学了大量的书本知识，却只能应付考试，知识的学习没有实际的生活效用，学生普遍缺乏创新精神、实践能力和实际生活本领，学校教育和学生生活出现了断裂。更为严重的是，在高强度、高负荷的知识学习中，学生的身心健康状况堪忧，近视、肥胖和抑郁已成为影响我国青少年学生健康成长的"三大杀手"。学生作为生命存在的生理基础都遭遇到了前所未有的威胁，学生当下和未来的幸福生活越发变得遥不可及。

为此，学生身心素质的发展，要更多地从"教育回归生活"的视角来加以理解，用生活化的理念加以统摄。"教育回归生活"，不仅是指教育过程要与生活过程相关联，而且还指教育的目的要和生活的需要相适应。也就是说，学生身心素质的发展应定位在将学生培养成为多方面发展的"生活主体"上。① 这就意味着学校教育要用生活常识全面武装学生，促进学生在理性和非理性方面多维度和全方位的发展。需要指出的是，此处所说的"常识"，并不局限于一般认知意义上的常识，而是指在更宽泛意义上的参与社会生活所必须的"常人能力"。②

### （二）学生身心素质发展的机制

1. 能动活动是促进学生身心素质发展的内在机制

维列鲁学派、皮亚杰、杜威等人的研究表明，人通过自身能动的活动来发展素质，人的素质的发展机制在于自身的能动活动。③ 人的能动活动，是指人作为活动主体而展开的活动。在能动活动中，存在着活动主体与客体之间的双向对象化过程。主客体之间的双向对象化，是指活动主体和客体在发生对象性关系和对象性活动中相互规定、相互渗透、相互融合、相互转化和相互实现的过程。④

主客体之间的双向对象化具体包括两个方面。

---

① 陈佑清：《论活动与发展之间的相关对应性》，《教育研究》2005 年第 2 期。
② 项贤明：《"生活世界"的教育与"科学世界"的教育》，《教育研究与实验》1999 年第 4 期。
③ 陈佑清：《论学生素质发展的机制》，《教育研究与实验》2008 年第 3 期。
④ 王永昌：《论实践本质》，《中国社会科学》1991 年第 4 期。

一是客体的主体化，即主体通过对客体发生积极的作用、影响和改造，将自身的各种本质力量和主体性结构能动地对象出去，渗入、融合到客体之中，使客体打上主体的"印记"，成为主体的"化身"和"投射"，创造出一个属人的对象世界。① 其中，主体的本质力量和主体性结构内容丰富，具体涉及：主体的需求—目的结构、机能—体力结构、认知—智能结构、方法—技巧结构、社会—规范结构、审美—体验结构和情感—意志结构。比照素质的构成结构，不难发现，主体的客体化，实际上就是主体将自身的身心素质，如知识、观念、情感、态度、能力、创造性、审美力等对象化到客体之中，确证并体现人作为主体的本质。

二是客体的主体化，即活动客体在活动过程中通过各种途径和形式，如物质的、能量的、信息的方式对主体所产生的一种反向性的作用和影响，并且使客体性的东西转化为主体性的东西的过程，进而创造出一个属人的主体世界。② 简单来说，就是客体改变主体的主体性结构系统，促进主体的本质力量或身心素质得到完善、充实和发展。比如，客体的客观逻辑结构可以转化为主体的认识、智慧、观念等主观逻辑结构，客体的效力结构可以转化为主体的能力、技巧结构，客体的形象性结构可以转化为主体的审美的情感结构等。

一言以蔽之，活动主体的身心素质正是在有机统一的主客体双向对象化的活动过程中获得螺旋上升式的发展。学生的能动活动具有促进自身身心素质发展的积极效应，然而，活动的发展效应不是抽象的，而是具体的。不同的活动具有不同的发展效应，不同方面的素质发展需要在不同的活动中去实现。③ 这主要是因为，在任何一种活动中，主体所面对的客体类型、主体作用于客体的方式与工具，以及主客体双向对象化的程度与结果（即活动的发展效应，尤其是主体身心素质发展的程度），都是紧密交织在一起，且因活动形态的不同而存有差异。比如，

---

① 王永昌：《论实践对象化的基本内容和过程》，《中国社会科学》1992 年第 2 期。
② 同上。
③ 陈佑清：《论活动与发展之间的相关对应性》，《教育研究》2005 年第 2 期。

在交往活动中，主体面对的客体对象或类型是人，运用的工具是语言符号或实物，活动的方式及行为表现是对话与交流，活动的发展效应主要体现在社会性素质，如交往的意向与能力等的发展上。在操作活动中，主体面对的客体对象或类型是物质性客体或自身身体肌肉，运用的工具是实物性工具或自身的身体器官，活动的方式及行为表现是实际操作，活动的发展效应则主要体现为身体动觉智能以及与之相关的情感、创造力和审美力等的发展。

2. 学习行为是学生身心素质发展的直接影响因素

根据上述"活动—发展"观，除了知识结论或对事物的感知经验（看、听、闻）可以从学习对象本身直接获得以外，其他素质如技能、能力、创造性、情感、态度、价值观等，都是在特定的学习活动及其行为中发展的，而不是从学习对象中直接获得的。但即便是在学生的认知素质发展上，学生能动活动中的学习行为也极其重要，它起着中介的作用。

首先，从学生认知发展的机制与过程来看，学生的认识来源于主客体之间的相互作用。在这个相互作用的过程中，主体会对客体作出某种反应，表现出某些动作和行为。

皮亚杰在研究儿童认知发展时指出，一切认识在初级水平都是从经验开始，但是从一开始我们就能区分出从客体作出抽象的物理经验（physical experience），以及从主体活动间的协调作出反身抽象的逻辑—数理经验（logic-mathematical experience）。[①] 他对这两类经验的异同作了阐释和举例。

> 物理的经验包括对于对象采取行动，并通过对这些对象进行抽绎而发现对象的特性。比如，衡量对象的重量而观察到，最重的东西并非总是最大的。
> 逻辑—数理经验也是对于对象采取行动，但是这种发现对象特

---

① ［瑞士］皮亚杰：《发生认识论原理》，王宪钿等译，商务印书馆1981年版，第74页。

性的抽象过程并不是指向对象本身，而是指向影响这些对象的行动。比如，把小石子列成一排而且发现无论我们从左边移到右边，或从右边移到左边，这些石子的数目是相同的；在这种情况中，在这些石子摆出来以前，在被计算之前，它们的顺序或数目之和都不是这些石子所固有的特性，而且数目之和与它们的顺序无关，这一发现乃是从数数和排列顺序的行动中把所观察到的情况抽绎出来的。[①]

也就是说，物理经验是儿童通过对活动对象的物理属性（形状、大小、重量、颜色、位置等）的感知而形成的经验；逻辑—数理经验则是儿童通过对活动对象的操作（如将一组物体联合、分开、对应放置等）形成的经验，儿童可以从自己行动的协调中抽象出关于事物之间的各种关系，如分类、排序、守恒等概念和逻辑关系。可见，在皮亚杰看来，知识来源于动作，而不是来源于物体。学生的认知发展与经验获得同样与其自身的行动（尤其是学习的行为）密切相关。

维果茨基（L. S. Vygotsky）在探讨高级心理机能时指出，人所特有的被中介的心理机能都不是从内部自发产生的，而是产生于人们的协同活动和人与人的交往之中；人所特有的新的心理过程结构最初必须在人的外部活动中形成，随后才可能转移至内部，成为人的内部心理过程的结构。[②] 他以言语发展为例，解析了高级心理机能是个体外部动作不断内化的结果。

在儿童的发展中，所有的高级心理机能都两次登台：第一次是作为集体活动、社会活动，即作为心理间的机能；第二次是作为个体活动，作为儿童的内部思维方式，作为内部心理机能。

言语发展的例子在这方面可以作为对整个这一问题的范例。言

---

① ［瑞士］皮亚杰：《教育科学与儿童心理学》，傅统先译，文化教育出版社 1981 年版，第 40 页。

② ［苏］维果茨基：《维果茨基教育论著选》，余震球译，人民教育出版社 2004 年版，第 3—4 页。

语起初是作为儿童与其周围成年人交际手段而产生的，只是到后来，变成内部言语时，它才能成为儿童自己的基本思维方法，成为他的内部心理机能。①

可见，与皮亚杰注重人与物的互动不同，维果茨基更为注重人与人的互动，但他也强调高级心理机能来源于外部动作的内化。在他看来，人的高级心理机能，首先是作为外部形式的活动而形成的，再内化为内部活动后才能"默默地"在头脑中进行。因此，学生的认知发展，不能脱离其与外部世界，尤其是与他人之间的互动行为及其具体操作方式。

王道俊在谈论知识的教育价值及其实现方式时也指出，学生对知识的学习不应是一个"静观"的状态，而应是对知识在心理上和行动上展开活动的过程。具体而言，学生要对知识进行心理的操作（如观察、思维、想象、注意等）和行为的操作（演示、实验、习练、检索、搜集、检验等），经历操作方式的试误、筛选、优化、定型、重复、熟练和重组，最终得以形成心理的认识能力和行为的操作技能，以及较为稳定的操作事物的心理和行为定势。②

可见，即便在知识学习中，学生的身心素质发展，都不只是从学习对象中得到，更重要的是从学习行为及其操作方式中获得。

从教学活动的展开与效果来看，教与学的行为，尤其是学习行为，直接决定了学习的效果与效率，可以作为评价学生素质发展状况的重要指标。早有学者全面分析了影响有效教学的三类变量，即效果变量（学习结果与效率）、控制变量（教导行为和学习行为）和条件变量（教学目标、内容、条件与学情），构建出了有效教学的分析模型，如图 5－1 所示。③

---

① ［苏］维果茨基：《维果茨基教育论著选》，余震球译，人民教育出版社 2004 年版，第 388 页。

② 王道俊：《知识的教育价值及其实现方式问题初探——兼谈对杜威教育思想的某些认识》，《课程·教材·教法》2011 年第 1 期。

③ 陈佑清：《论有效教学的分析模型》，《课程·教材·教法》2012 年第 11 期。

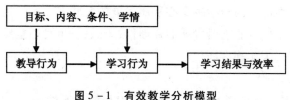

图 5 - 1　有效教学分析模型

在该模型中，学习结果与效率是衡量有效教学的效果变量，具体包括：①学生在学习过程完成后身心素质所发生的变化；②学生在学习过程中学习投入和产出结果的对比关系。教学目标、内容、条件与学情，是影响教导行为和学习行为的选择的客观制约因素。教导行为与学习行为则是影响教学有效性的控制性变量，其中，教导行为是通过作用于学习行为来影响学习的结果与效率。显见，在课堂教学中，要实现学生身心素质的发展，要落脚在学习行为的选择与设计上，因为它直接与学习的结果与效率关联，是决定学生身心素质发展的最为直接的控制变量。

与此同时，考虑到学生身心素质的发展具有多面性、潜在性、长远性和滞后性，短时间内很难对学生的身心素质发展状况作出精确的测量和评估。而且，仅仅用书面考试形式进行评估的做法，因其过于片面，难以测评所有素质，且凸显不出评价的过程性和发展性，甚至造成了片面追求升学率和高考分数的恶果，一直为人所诟病。鉴于在教学活动中能够直接观察到的只有教师与学生的行为，因此可以考虑把学习行为纳入到观察和测评体系之中，通过观察是否存在与某种素质相匹配的学习行为，去判断学生学习的成效和学生素质的发展状况。进一步而言，学生的学习行为可为评估学生的素质发展状况提供有价值的参考。

## 二　学习行为与学生发展的相关性

如前所述，不管是从学生认知发展的机制与过程来看，还是从教学活动的展开与效果来看，学习行为都是影响学生身心素质发展的最为直接的因素。学习行为与学生身心素质发展的关联有二：一是单一化的学习行为造成学生身心素质发展的片面性，二是学生身心素质发展的多样性要求学习行为实现多样化。

### （一）单一化的学习行为造成学生发展的片面性

参考学习行为的"对象—操作—结果"三维分类框架，不难发现，面对不同的对象，学习行为的类型及其具体的操作方式不同，最终所带来的学生的发展效应也不同。也就是说，不同的学习行为将导致不同的素质发展。这种发展的差异性具体表现在三个方面。

其一，不同的学习行为具有特定的发展主效应。学生面对的客体对象不同，学生对客体对象采取的行为方式以及运用的工具不同，学生在头脑中对活动过程及其具体行为的表征方式也有差异，最终导致的学生素质发展的主要方面不同。比如，符号性的学习行为，以人类创造的精神文化尤其是书本知识为对象，涉及的活动方式主要是内隐的符号性操作以及与之相关的对符号的读、写、算、记等行为表现，在学生头脑中的表征方式主要是符号性表征，最终主要带来学生认知方面素质的发展。操作性的学习行为，以实际事物或行为主体自身肌肉为对象，涉及的活动方式是实体性动作操作，使用的工具更多的是实物性工具，在学生头脑中的表征方式主要是动作性表征，最终主要带来学生动作技能方面素质的发展。

其二，不同的学习行为所导致的学生素质发展的程度不同。不同的学习行为虽然有自身独特的功能，但同时也有着不可避免的短板，进而会导致学生在不同素质的发展水平上出现差异。比如，符号性的学习行为在促进认知素质发展上可能达到高水平，在促进动作技能素质发展上可能只是低水平。而对于操作性的学习行为而言，结果可能正好相反。可见，没有哪一种学习行为是万能的，能够培养出学生生活所需的一切素质。

其三，不同的学习行为，即便是促进同一类素质发展，也存在内容上的差异。早有学者指出，不同的学习行为所引起的素质发展，如需要和价值取向、认知内容和方式、情感体验方式、意志调节力量、审美能力和创造能力等，在内容上都是有差异的。① 比如，学生对动手操作的兴趣与对人际交往的兴趣是两种不同的兴趣，学生在绘画中的创造性也不同于其在解答数学应用题上的创造性。这些素质虽然被冠以相同的名称，但是却具有领域特殊性（domain specificity），彼此之间不能相互替代和随意通用。也就是说，不同的学习行为在促进学生同类身心素质的发展上，其内容是具体的，效应也是有差别的。

除此之外，还需指出的是，即便是面对同一种对象或内容，不同的学习行为所导致的学习和发展结果也会有极大的差异。比如，同样是以书本知识为主要对象的符号学习，用机械记忆、重复训练的行为方式进行学习，与用有意义的言语接受或探究行为方式进行学习，显然会产生截然不同的学习结果。前者可能会使学生掌握一些具体的知识和技能，而后者则有利于促进学生的理解能力、知识建构能力以及探究意识与能力的发展。

总之，不管面对何种学习对象，学生以什么样的过程或行为方式去操作它、作用于它（外在动作或心理动作），决定着学生素质发展的结果。任何一种学习行为都不具备普遍的或全面的发展价值，大量事实业已证实这一点。比如，我国教育实践中片面强调以"坐着学"方式进行书本知识的学习，结果是学生发展了思维能力和认知素质，却缺乏为人处世、动手做事和发明创造的实际本领。而美国进步主义教育运动片面鼓吹以"做中学"方式进行素质培养，其结果是学生获得了操作技巧和动手技能，却缺乏系统的科学文化知识基础。可以说，单一化的学习行为最终只能带来学生素质的片面发展。

### （二）学生发展的多样性要求学习行为多样化

学生发展的多样性，是指学生身心素质的发展在形态上的多样性，具体包括全面发展、终身发展与个性化发展。其中，学生的全面发展是其终身发展和个性化发展的基本前提。笔者将这三种发展统称为学生的"整体发展"。学生要实现整体发展，必然要求学习行为从单一走向多

---

① 陈佑清：《论活动与发展之间的相关对应性》，《教育研究》2005 年第 2 期。

样，实现多样化。

从发展的方面来看，学生身心素质的全面发展要求学习行为多样化。前已述及，学生的身心素质发展，在当代已有新的内涵，即从教育回归生活的视角出发，定位为生活主体的基本培养取向。而生活主体的培养，强调从整体生活的需要出发对学生的发展进行全盘规划。学生的生活是一个整体性的概念，从指向对象的形态或领域来看，由符号活动、操作活动、交往活动和反思活动等多种活动组成，这就意味着学生要成为不同活动的主体，并通过自身的行为去形成与不同活动相对应的德智体美劳等素质结构。进一步而言，学生要学会应对生活中的多种活动，如文化知识学习、动手操作、人际交往和自我反思等所需要的本领或素质结构。① 然而，在活动主体的素质结构中，除了认知素质可以通过间接学习书本知识而得到发展以外，主体对从事某种活动所需要的价值取向、情感态度、审美感受、动作技能、能力等素质的掌握，特别需要在该种活动中进行实际操作并从中获得亲身感受、体验、经历和领悟，脱离实际活动而仅在头脑中想象、思考该种活动，是难以形成从事该种活动所需要的素质的。② 因此，为了促进学生身心素质的全面发展，学生必须亲自参与到不同类型的学习活动中，用不同的行为及其方式去处理自我与自然、与他人、与社会、与文化的关系。

从发展的时限来看，学生身心素质的终身发展也要求学习行为多样化。生命不止，发展不息，学生作为身处社会中的人，其发展过程是一个贯穿从出生到死亡的全过程。青少年时期的学校教育与学习固然重要，但成年阶段的校外教育与学习同样不可或缺。而且，学校教育与学习作为学生一生发展的重要开端和主要阶段，更应该为学生今后的发展打下坚实基础，甚至起到方向引领作用。为此，正规教育系统要尽力弥合青少年时期和成年时期教育的相互隔绝与割裂，建立学校教育和校外教育的双向衔接与沟通，要让学校教育在学生发展上更有效力或者效力

---

① 陈佑清：《培养"生活主体"：教育目标的一种选择》，《教育研究与实验》2009 年第6 期。

② 陈佑清：《论学生素质发展的机制》，《教育研究与实验》2008 年第 3 期。

更为持久。而学生的终身发展，从涉及面上讲，涵盖社会生活的方方面面；从时间跨度上讲，关涉学生的当下发展和未来发展。也就是说，要实现学生的终身发展，必须立足于学生的实际生活，不断培养和精进学生当下与未来的生活本领与生活能力。因此，学生的学习，不应止步于考高分、上名校，不应满足于当下学会了什么，更重要的是学会学习、学会生活，掌握学习与生活的方法、技巧，形成主动学习的良好习惯，具备可持续发展的能力，并能将所学直接转化为实现幸福完满生活的助力。这就意味着学生的学习行为要从注重知识掌握向能力发展转变，要全面关照认知、理解、体验和感悟等多种生活形式，在促进学生全面发展的同时，还要尽可能地使这种发展保持效力。鉴于学生生活的多种活动构成以及自身能动活动的重要性，学生只有在自身能动活动中借助多样化的学习行为，才能获取不同生活领域、不同生命活动所需要的知识、技能、情感、态度及价值观念等，才能改善和提升自己当下甚至是未来的生活状态和生命质量。

从发展的特质上来看，学生身心素质的个性化发展也离不开学习行为的多样化。人的发展既有发展方面的横向性"速度差"和纵向性"加速差"，还有个体之间的"个别差"。学生基于自身在生物遗传、生活经验、发展条件等方面的差异，不可避免地会在认知、情感、意志、兴趣、信念、理想、价值观等方面表现出差异，学生不可能在同一时间、同一水平上进行同等程度的学习。也就是说，学习本身就是一种个性化的活动，学生的发展本身就应是一种个性化的发展。进一步而言，学生的全面发展和终身发展，并不是要让每一个学生获得整齐划一的发展，而是要让每个学生在原有的基础上获得个性化的发展。而学生的个性化发展需要以学习行为的多样化和可选择性为前提，这主要是因为，学生在学习过程中会逐渐形成较为稳定的学习偏好和倾向，并直接影响着学生学习行为的选择和学习成效的高低。比如，有的学生喜欢通过听觉（聆听）接受信息，有的喜欢通过视觉（观看）接受信息，还有的喜欢通过动觉（操作）接受信息。再如，场独立型的学生倾向于利用自己内部的参照对客观事物作出判断，不易受外来因素的影响和干扰，更适合进行自主学习；场依存型的学生对事物的知觉倾向于以外部参照为依据，容易受到他人的影响和干扰，更适合进行合作学习。只有允许学生进行行为选择，正视和确保学习行为多样化，才能让不同的学生运用更适合自己的行为方式进行学习，或者准确地说，才能引导学生运用多种不同的行为方式进行有效学习，充分挖掘自己的潜力，实现极具个人特质的不同程度和不同方面的充分发展。

当然，学习行为的多样化，也有助于实现学习行为的综合化和生活化。一方面，学习行为从单一走向多样，是学习行为综合化的基本前提。学习行为没有从一元到多元的变化，多种学习行为之间的功能互补与相伴相生则便不可能出现。另一方面，学习行为从单一走向多样，是学习行为生活化的有效途径。学习行为多样化可以打破从书本中学习的壁垒，还原生活中人类学习的本来面目：从日常观察中学习、从实际操作中学习、从人际交往中学习……它关注学习行为在学校情境与生活情境中的共通性，它力图实现学习行为在两种情境中的对接和迁移，有助于增强学习行为的生活意义和生命意蕴。

## 三　促进学生整体发展的学习行为多样化的实现

反观我国当下的课堂教学，教师讲、学生听依然为主要形式，其至异化为唯一形式。学生的学习被窄化为一种在大脑内即可完成的思维活动，它过多地强调对书本知识的记忆和接受，把学生当作符号活动的主体进行培养，学生从中获得的主要是认知方面的素质，如关于事物和行为的符号观念，以及与这些符号观念直接关联的语言智能、数理逻辑智能等素质。而情感、意志、动作技能等方面的素质，则被弱化或遗漏了。而且，这种以被动接受为典型特征的学习行为，具有应试倾向，关注的焦点是学生当下能不能考高分、上名校，显得目光短浅、急功近利。更为严重的是，为了实现这种功利化的目的，学校教育提倡加班加点、反复练习、题海战术，肆意鼓吹"苦中作乐""以苦换甜"，以致学生的学习生活苦不堪言、生活状况堪忧。早有学者指出，尽管"以苦换甜"是生活的常态，但如果把生活都说成"以苦换甜"就有可能掩盖了幸福生活的深层道理，因为生活中还存在着比"以苦换甜"要好得多的行为方式，不仅行为的结果是好的，而且通向结果的行为本身也是幸福的。[①] 确实如此，在学生的学习生活中，学生的学习行为理应而且必须是多种多样的，通过合理的选择与组织，不仅可以最大限度地促进学生身心素质的整体发展，即全面发展、终身发展和个性化发展，而且还能帮助学生过上幸福快乐的学习生活。

如何对学生的学习行为进行选择与组织，确保学习行为多样化，以促进学生身心素质的整体发展？笔者认为，学习行为的多样化，并不是学习行为简单的从一到多的表层变化。只有关注学习行为的特性，尤其是学习行为的主体性、本体性和选择性及其实现，才能真正促成学习行为多样化的深层变革。这是因为，学习行为的主体性、本体性和选择性是学习行为多样化的基础与前提。首先，学习行为的主体性是学习行为多样化的应有之义。没有学生主动精神的参与，学习行为的多样化只能是虚有其表，缺乏主体精神内核，也难以促进学生的有效发展。其次，学习行为的本体性为学习行为多样化提供了时空保障。没有一定的时空条件，学生的学习行为难以完全展开，多样化也就难以企及。最后，学习行为的选择性为学习行为多样化指明了实现策略。只有打破统一的行为限制，允许学生对学习行为进行自主选择，才有可能出现行为多样化的局面。因此，要确保学习行为多样化，促进学生整体发展，可进一步思考如何在课堂教学中落实学习行为的主体性、本体性和选择性。

### （一）学习行为的主体性及其实现

学生学习行为的主体性主要是指学生的学习行为体现出鲜明的主动参与和自我调节的特质。首先，主动参与代表学生专注、投入的学习状态，从外部表现来看，学生会表现出可以观察到的行为或表情变化，从内部心理活动来看，学生会积极主动对学习对象进行思考、加工和建构，以形成自身的素质。早有学者指出，主动参与是教学获得成功的五

---

[①] 赵汀阳：《论可能生活：一种关于幸福和公正的理论》，中国人民大学出版社 2004 年版，第 152 页。

种关键性行为之一。① 其次，自我调节是指学生对自己的学习活动进行监察、修正和控制。班杜拉（A. Bandura）曾指出，学生对行为的自我调节包括三个过程：一是自我观察，即个体对自身行为的某些方面加以选择性的关注；二是自我判断，即个体对自身的行为质量进行评判；三是自我反应，即个体基于对自身行为的观察和评判作出反应。②

要实现学习行为的主体性，需做到：

（1）让学生对自己的学习负责，建立学习责任感

学生的发展是在自身能动活动中实现的，学习必须由学生独立完成，教师不能越俎代庖。为此，教师要有意识地帮助学生建立学习责任感，让学生为自己的学习负责，以主人翁的姿态投入到学习活动之中。

（2）引导学生进行自主学习，及时给予学生反馈意见，培养学生独立学习的习惯

相比成年人，学生认知水平较低、学习能力有限，其有效学习离不开教师的指导。但教师必须是在学生遇到学习困难时才给予指导，以避免学生形成学习依赖。我国古代教育家孔子早就说过，不愤不启，不悱不发，举一隅不以三隅反，则不复也。只有把握住指导的时机，才能逐渐让学生形成独立思考与自主学习的良好习惯。

（3）教授学生必备的学习策略与学习方法

天生就会学习的学生凤毛麟角，教师为了让学生能够独立学习，必须适当地教给学生学习的策略与方法。而关于策略与方法的教学，无需单独进行，应结合学科内容进行，采用有指导的发现教学法，让学生通过亲身活动去发现、总结有关策略，然后在教师的指导下进行策略应用的练习。③

全国特级教师魏书生在多年的课堂教学实践中，探索出了行之有效

① Borich, G. D., *Effective Teaching Methods*：*Research-Based Practice*, New Jersey：Pearson Education, Inc., 2007, pp. 9 - 10.

② ［美］班杜拉：《思想和行动的社会基础——社会认知论（下）》，林颖、王小明、胡谊等译，华东师范大学出版社 2001 年版，第 475 页。

③ 邵瑞珍主编：《教育心理学（修订本）》，上海教育出版社 1997 年版，第 116—117页。

的中学语文课堂教学模式"六步教学法"。该模式是凸显学生学习行为主体性的典范。

　　"六步教学法"分为六个环节：①定向，即教师和学生协商确定教学重点。②自学，即学生采用自己最常用的学习方法进行学习。③讨论，即学生组成讨论组，将自己在自学过程中遇到的难题提出来进行讨论。④答疑，即将分组讨论仍没有解决的问题提交给全班同学解答，若全班同学也解答不了，则由教师解答。⑤自测，即自我检测。检测方式多种多样：可以是学生自己出题，自己解答；也可以是一名学生出题，大家解答；也可以是每组出一道题，其他组抢答；还可以是教师出一组试题，或做书后习题；等等。⑥自结，即学生自我总结。①

　　显见，"六步教学法"鲜明地体现出以学生为主体、以教师为主导、以自学为主线。学生在每一个环节中都处于主体地位：学生自己确定学习目标，然后根据自己的目标来选择学习内容和采取自学行为，最后检测自学结果，总结自学得失。教师的作用则表现为在学生学习的每一个环节进行方向引导和答疑辅导。

　　事实上，随着自主、合作、探究等新的学习方式变革的不断深入，学生学习行为的主体性也日益凸显。以下是某一小组学生自学鄂教版六年级语文第十二册《清明上河图》的学习片段。

　　刘思琪（化名，下同）：现在我们开展讨论。大家认为我们小组要讨论第几部分？

　　刘倩：我认为我们应该讨论第三部分，因为第三部分用了大量的好词好句来写市井的繁荣。

　　刘思琪：大家有不同的意见吗？（学生表示同意。）那我们就

---

　　①　龚春燕、蔡政权、魏文锋编著：《魏书生与六步教学法》，中国青年出版社2001年版，第68—70页。

进行第三部分的讨论吧。第三部分描绘的是市井的"繁荣昌盛"，我们可以抓重点词句来品析。我找到的是这一段的第三句话："这里酒楼茶肆、宅第店铺鳞次栉比，货物五光十色、种类繁多，市招高挂，买卖兴隆"。这里的"鳞次栉比"指的是房屋、店铺、船只等排列十分整齐，而且十分的多，我从中感受到这里十分繁荣昌盛，而且很热闹。看看大家还有什么补充的。

陈佩佩：我找的是你后面的一句"街市上，士农工商，男女老幼，骑马的，乘轿的，购物的，叫卖的，摩肩接踵，熙熙攘攘"这句话写了集市上人很多，而且用了排比的修辞方法，朗读时会给你一种节奏感，更加突出了市井街道的繁荣昌盛。

何逸轩：我找的是这句的后半句"真可谓百家技艺向春售，千里农商喧日昼，好一派繁荣昌盛的景色"。这句话中有两个词语，一个是"真可谓"，一个是"好一派"，可以看出来这是一个感叹句，作者用这种句式突出了集市的繁荣昌盛。

黄峻峰：我来品析一下"百家技艺向春售，千里农商喧日昼"这句话。"百家"指的是各行各业的人们，他们在春天里把自己做的工艺品拿到集市上卖。白天里，农民从很远的地方把自己的产品也拿到集市上来买，好不热闹。这是一个对偶句，体现了市井繁荣昌盛的景象。

刘思琪：同学们刚才能够抓重点词语、排比句和对偶句进行品析，都讲得很好，大家还有什么需要补充的吗？（学生说没有）。你（陈佩佩）等会儿负责展示情感朗诵好吗？你（黄峻峰）负责用"总起—总结"的方式进行串场，可以这样说：我们小组主要是抓住重点词句为大家品析，揭示了繁荣昌盛。其他两个同学进行补充就可以了。大家还有什么需要补充的（学生说没有补充的）。那我们就开始演练一次。

接下来就是组内分工协作进行演练，然后在全班进行汇报……课堂别样精彩……①

---

① 案例摘自武汉市崇仁路小学内部资料《"伙伴课堂"个案研究》。

上述案例展现了学生有效进行小组合作学习的情况，从中不难看出，学生积极主动参与学习的全过程，自定学习步调，集思广益，踊跃发言，并对学习活动进行有效监控、调整和规划。而学生学习行为主体性的有效发挥，显然并不是一朝一夕之功，离不开教师长期的培养和指导。

### （二）学习行为的本体性及其实现

学习行为的本体性具体涉及学习行为所占用的教学时间和空间。从教与学的关系来看，学生的学是全部教学活动中的本体性或目的性活动，而教师的教则只是教学中的条件性或手段性活动。在教学活动中，教师和学生各自处于教和学的主体地位，但教师作为主体和学生作为主体并不是平行的主体，两者主体性的发挥有着功能上的差异，具体表现为：学生必须自己独立完成学习任务，教师只是学生学习活动的激发者、指导者和促进者。也就是说，教学的核心问题，归根结底是学生学习与发展的问题，教师的教服务于学生的学而存在。[①] 因此，学生的学习活动作为教学活动中的本体性活动，理应占据教学时间和空间的主要部分。反观我国当前的课堂教学，从表面上看，学生似乎总是在教师的"带领"下不断进行学习，没有丝毫懈怠。但窥其实质，不难发现，学生主要进行的是符号学习，且学生的符号性学习行为呈现出被动接受、机械训练和单一重复的鲜明特征，具体表现为你讲我听、你问我答、你写我抄、你给我收等。这种状况不仅难以培养学生的创新精神与实践能力，更难以增进学生的实际生活本领与能力。因此，必须扭转符号性学习行为独霸课堂的局面，尽可能让学生自主性的多样化学习行为占据教学大部分时间。这也是当下学习行为本体性的基本内涵。

要确保学习行为的本体性，需做到：

（1）适当控制班级规模，实施小班化教学

班级授课制的诞生，确立了教师面向众多学生同时施教的教学组织

---

① 陈佑清：《教学论新编》，人民教育出版社 2011 年版，第 10 页。

形式，提高了教学的经济效率。但由于我国人口基数大、适龄儿童多、优质教育资源缺乏，加之随着城市化进程的加快，进城上学的农民工子女数量急剧增多，而农村又进行了撤点并校，故而基层学校（尤其是名校和农村学校）的班级规模仍然较大。班额过大，一方面导致生均受到教师的关注和指导力度降低，另一方面也致使生均活动空间减小，难以开展多样化的学习活动。有学者指出，班额不仅影响了教师的内隐教学行为，即教师在教学过程中所蕴涵的教学观念和个人情感等不可视行为；还影响了教师的外显教学行为，即教师如何说或如何做等可视行为。其中，教师的内隐教学行为表现为教师对不同类型课堂教学行为的倾向性以及对可能教育效能的估计和判断；外显教学行为表现为对课堂时间的分配及其对课堂活动类型的选择。① 因此，要让学生的学习时空得到保障，必须适当控制班级规模，实施小班化教学。而小班化教学不仅仅意味着班级人数的减少，更重要的是要充分发挥其应有的个性化教育功能，如改变整齐划一的学习步调和刚性统一的学习要求等。② 正如有学者强调的，要确保班额效应的彰显，必须认识到班额调控不仅仅只是教室等教学场地及教师人数配置等硬件因素的调整，更是一场以班级为单位、以教师为中心的教育软件投入的系统升级，同时鉴于我国小班化的实现还有很长的路要走，故而教师即使身处于大班中，也要切实发扬"小班教学精神"，即"多元化、个别化及适应化"的教学精神，以满足学生的个别需求。③

（2）科学管理课堂教学时间，把学习的时间真正还给学生

在人类教育发展史上，很多教育家都审慎思考过教学时间问题。比如，夸美纽斯的班级授课是以课堂教学时间限制为基础，布卢姆的掌握学习也以学生有充足的学习时间为前提，巴班斯基的教学过程最优化的

---

① 方征、余美君：《班额对教师课堂教学行为的影响》，《教育发展研究》2013 年第 12 期。

② 吴永军：《我国小班化教育：成绩、困境与展望》，《课程·教材·教法》2014 年第 2 期。

③ 方征、余美君：《班额对教师课堂教学行为的影响》，《教育发展研究》2013 年第 12 期。

评判标准也关涉时间的优化，等等。大量事实也反复证明，教师教了学生不一定学了，学生学了也不一定是教师教的。教与学并不是完全一一对应的关系，它们之间存在效果差。但一些一线教师往往忽略了这一差别，误以为多教必然导致多学，以至在教学实践中执着于不停地教，致力于反复多次地教。教师的课堂教学存在着"过度教导"的问题，具体表现为：教学内容数量过多、难度过大，教导时间过多、课堂时间被教师霸占以及单一化的教导方式的过度使用。[①] 为此，需要把课堂学习的时间真正还给学生，让学生成为学习的主人和学习时间的自主支配者，并通过引导学生学会安排学习时间，将学习时间延续至课外、校外。

（3）优化课堂教学空间布局，创设弹性化的教学空间

教学空间是教学活动和事件得以展开的特殊环境，它不仅是物理空间，还是活动空间、交往空间和社会空间，不仅是传统的现实空间，还有可能是运用现代信息技术的虚拟空间。传统的单一、封闭的教学空间需要向富有人情味的、开放的、多功能的新型教学空间转变。有学者将教学空间划分为三类：一是教学活动得以开展的特殊物质空间；二是实现教学目标的包括各种教学活动和事件的社会空间；三是教学活动的两个主体——教师与学生在交往过程中所构成的特殊心理空间。[②] 为此，教学空间的创设，首先需要开拓和优化物质空间。一方面，要加强教室、实验室、活动室等场所的标准化、规范化、智能化建设；另一方面，要认识到教室只是教学空间的一种基本形式，应突破教室的围墙，拓宽教学活动的空间范围。比如，美国中小学教学空间布局打破学习空间和非学习空间的界限，扩大教室的外延，使走廊、餐厅在内的所有空间都成为学习的场所。[③] 其次是要塑造和优化社会空间和心理空间，具体方式有：灵活选用不同的座位编排方式，运用现代信息技术实现空间的无限拓展，巧妙运用教学技艺融洽师生关系等等。总之，教学空间形

---

① 罗祖兵：《"过度教导"的危害与矫正对策》，《课程·教材·教法》2013 年第 10 期。

② 段兆兵：《论教学空间及其创设》，《课程教学研究》2012 年第 1 期。

③ 郭华：《创建立体式、互惠性的教学空间格局》，《基础教育课程》2013 年第 11 期。

式的多样化和弹性化，为学习行为的多样化提供了极大的可能性。

洋思中学的"先学后教，当堂训练"模式和杜郎口中学的"三三六模式"鲜明地体现了学生学习行为的本体性。在 45 分钟的课堂教学中，两所学校的教师面向学生集中讲授的时间分别控制在 15 分钟和 10 分钟之内，其余时间全用于学生自主学习，真正做到了把时间还给学生。尤其在杜郎口中学，教室不设讲台和讲桌，从形式上剥夺了教师专门说教的场所，教师在课堂上与学生平等对话、讨论、争论，甚至相互学习。教师在课堂上要做到"三讲三不讲"："三讲"即讲学生提出的问题、讲学生不理解的、讲知识缺陷和易混易错的知识；"三不讲"即学生不预习之前不讲、没问题不讲、有问题学生不讲之前不讲。学生要做到六行并举，即真听、实读、勤思、善问、能议和敢评。而教室内学生的课桌采用方块式排放，学生相向而坐，以便彼此之间对话互动、相互激励。① 显然，这种课堂空间分布格局，有助于拉近人际距离，尤其是人与人之间的心理距离，增进人际沟通、互动与理解。

而时下已有学者指出，我国当代课堂教学转型的基本取向是建构学习中心课堂，而学习中心课堂所秉持的理念是：凡是学生能独立学习的内容，教师要尽量放手让学生自己去学习；教师要将讲授控制在必要的范围内，去除多余的和不必要的讲授；教师要将更多的时间用于引起和指导学生独立、自主学习。② 以下是某位教师执教人教版七年级语文上册《盲孩子和他的影子》的教学环节及课后反思，鲜明地体现了学习中心课堂的理念：

> 教学环节：①游戏导入：一学生扮演盲人并谈感受 2 分钟，教师讲解引入 1 分钟。②复习抓内容主题的方法：教师讲 1 分钟。③学生快速阅读：教师讲要求及方法 1 分钟，学生阅读思考用时 5 分钟。④快速梳理：教师展示问题及板书 1 分钟，学生回答、讨论用

---

① 李炳亭编著：《杜郎口"旋风"》，山东文艺出版社 2006 年版，第 176 页。
② 陈佑清：《建构学习中心课堂——我国中小学课堂教学转型的取向探析》，《教育研究》2014 年第 3 期。

时 14 分钟。⑤品读诗语即变文阅读：教师讲问题及方法 2 分钟，学生练习、交流 12 分钟。⑥总结：教师讲 2 分钟。

教学反思：要上好一堂课确实不容易，有一点很重要，就是备课时间要充足，要根据学生实际、课标要求、教学目标和重难点深入分析文本，并合理分配好每个环节的时间。比如，这堂课的重点难点是训练学生快速阅读的能力，尝试教给学生一种变文阅读的方法。因此，教师不能占用过多时间，教师讲解时间的重点应放在方法的讲解与思维的启发引导上。①

在上述案例中，教师教的独立活动时间共用了 7 分钟，但据听课者反馈，这节课学生的参与度高，目标达成度高，获得了一致好评。这则案例也在一定程度上表明，将教学时间还给学生，并不意味着教师随意增加学生学习的时间、放任学生盲目自学和低效探索，而是功夫在课外，教师要充分备课，即备好课标、备好教材、备好学生、备好练习和备好教法。

在教学空间的拓展上，一些基层学校也开始增加经费投入，更新学校教学的基础设施设备，对教学空间作出适应性调整。比如，增加多功能活动室，用不同色彩区分课堂教学空间，建设校园图书角、植物种植角和动物养殖角等等。一些一线教师也开始在现有物质条件下，借助自己的教学技艺着力拓宽教学空间。以下是某位教师执教人教版语文第二册《乌鸦喝水》第二课时的教学过程：

（一）复习生字，引入新课

1. 师：上节课，我们学习了《乌鸦喝水》，学习了字词，初读了课文，我们先来复习一下。

2. 电脑依次显示以下练习题：

（1）出示：瓶

老师要求学生开小火车读字连词。

---

① 李德全、杨正强：《论课堂教学时间管理策略》，《课程·教材·教法》2014 年第 3 期。

（2）出示：喝、渴

老师引导学生发现这两个字的异同。

（3）出示：看见

老师要求学生用"看见"说一句话。

3. 师：上节课，我们还提出了自己不懂的问题，有的已经当堂解决，还有没解决的问题，老师归纳了一下，主要有：①瓶子里有水，乌鸦为什么喝不着？②后来，乌鸦想了什么办法，才喝着了水？③如果往瓶子里放其他东西，乌鸦能喝到水吗？

（二）以读促思，理解课文

环节一：解决第一个问题

1. 师：请大家自由轻声读第二小节，边读边找：哪个句子能回答第一个问题？

生：可是，瓶子很高，瓶口又小，里边的水也不多，它喝不着。

2. 老师拿出四个不同的瓶子，放在讲台上。

师：大家读一读，想一想，哪一个瓶子可能就是乌鸦找到的瓶子？找到的同学举手说一说。

学生在独立思考的基础上对瓶子进行指认，并说明理由。

3. 老师指导学生朗读"很高、又小、也不多"，要求读重音。

环节二：解读第二个问题和第三个问题

4. 师：乌鸦找到了水，却喝不着。后来，它是用什么办法喝到水的呢？再读读课文，找找第二个问题的答案。

学生交流，找到"乌鸦把小石子一个一个地衔来，放到瓶子里，瓶子的水渐渐升高了，乌鸦就喝着水了。"

师：往瓶子里投入小石子，乌鸦真的能喝到水吗？投其他的东西，行不行？

学生以小组为单位，大胆进行猜测，交流个人观点，然后在全班范围内分享小组意见。

5. 老师引入物理小实验，拿出两个一模一样的之前学生指认为乌鸦喝水用的瓶子，往两个瓶子里倒入一样多的水，在瓶身的水平面上做上标记，然后拿出一盘沙子和小石子若干。

师：下面我们请两名同学上来，一人往瓶子里投小石子，另一人投沙子，大家仔细观察，看两个瓶子的水平面有什么变化？注意，要慢慢投，一个一个投。

两名学生上台演示，大家发现：投入石子后的水平面升高，投入沙子后水平面却没有太多变化。

老师引导大家理解其中的物理学原理：投石子有用，投沙子没有；投重的物体有用，投轻的物体没用。同时，帮助学生理解"渐渐"的含义，学会用"渐渐"造句。

3. 老师播放片段动画《乌鸦投小石子的经过》。

4. 老师指导朗读："一个一个地"读轻一点，"慢慢"语速不能太快。

（三）小结课文，拓展阅读

1. 师：你喜欢这只乌鸦吗？为什么？

学生表达自己的喜好，并说明理由。

2. 师：假如瓶子旁边没有小石子，乌鸦该怎样喝到水呢？

学生运用头脑风暴，表达自己个人的想法，或对他人的观点进行评判。

3. 师：像小乌鸦这样聪明的小动物还有很多，打开阅读材料读一读《小兔伯尼》《聪明伶俐的小羊》《小猫过河》等文章，下次上课大家一起来交流下自己读懂了什么。①

上述案例中的教师对课堂教学空间作出了三大拓展：一是通过布置拓展阅读任务，把教学活动空间从课内拓展至课外，从校内拓展至校外；二是借助学科渗透与融合，拓宽学科教学空间，把教学活动从单一学科领域延伸至跨学科领域，涵盖语文和物理两大学科知识与技能、过程与方法、情意与态度的培养；三是通过建立个人自学、小组互学和全班共学三层联学机制以及运用多样化的教学手段，实现教学心理空间和

①　案例是笔者根据自己在武汉市杨园学校听课记录整理而成。

社会空间的拓展。这样的拓展，为学生提供了更宽泛的学习天地，不仅锻炼提升了学生的思维能力，还培养了学生运用多学科知识解决实际问题的意识与能力。

### （三）学习行为的选择性及其实现

学习行为的选择性，主要是指学生可以根据自己学习的实际情况进行行为选择。学生基于自身在生理心理基础、已有知识经验和思维方式等方面的差异，对不同的学习行为各有偏好和胜任力。因此，应允许不同的学生选择不同的学习行为进行学习，具体包括：不同类型的学习行为的选择，以及不同时长、不同频次地使用某种学习行为等。

要落实学习行为的选择性，需做到：

（1）坚持个性化教学理念，真正做到因材施教

学生基于自身在生理、心理和社会性等方面的个体差异，在学习内容、方法、进度、难度等方面都可能各不相同，为此必须承认学生在学习上的差异，秉持个性化的教学理念，做到因材施教。目前已有学者探讨了个性化学习的课堂实践操作问题，并研制出了四种课型，即常规课、讲座课、自由学习课和展示交流课，从不同方面实现个性化学习。①

（2）创设情境，允许学生选择适合自己的行为方式进行学习

在大班教学中，教师往往面向全体学生，采用同步推进的方式组织教学，学习的内容、进度完全一致，以致教学难以兼顾学生的个体差异，容易出现优秀生吃不饱、中等生吃不好、后进生吃不了的情况。有鉴于此，在教学中，教师要善于创设情境，让学生能用适合于自己的行为方式进行学习，最大限度地促进自我发展。

（3）鼓励学生使用不同的行为方式完成学习任务

每一种学习行为都有特定的功能与局限，不同的学生对不同的学习行为各有倾向性。因此，除了允许学生采取与其个人特质相匹配的学习行为外，还需鼓励学生运用不同的学习行为开展学习活动。这样既可以

---

① 丁念金：《基于个性化学习的课堂转变》，《课程·教材·教法》2013年第8期。

发展学生独特的一面，还可以发展学生较为薄弱且需要发展的方面，最终促进学生实现全方位的发展。

我国当下的课堂教学中，已有教师开始打破满堂灌的专制局面，允许学生运用不同的行为进行学习。以下是某位教师执教北师大版语文第一册《小母鸡种稻子》的教学片断：①

片断一：学生自主选择学习内容

师：本单元围绕劳动这一主题给大家准备了两篇文章，一首古诗《锄禾》和一个小故事《小母鸡种稻子》。你们愿意学哪一篇呢？

生：（小声讨论后发言）我们喜欢听故事，先学《小母鸡种稻子》吧。

片断二：学生自由组成学习小组，用自己喜欢的方式学习课文

师：刚才，大家了解了故事的内容，又认识了生字。下面，大家可以用自己喜欢的方式来学习课文。瞧，老师给大家推荐几种方法（课件展示）：A. 分角色朗读课文。B. 用自己的话把这个故事讲给你的朋友听。C. 排演课本剧《小母鸡种稻子》。

（学生根据自己的喜好选择，老师统计选择情况，学生走下座位自发组成小组学习课文）

师：每个组刚才学习得都很认真，下面就请每个组来汇报一下你们的学习成果，好吗？

组1：分角色朗读课文，学生读得都非常投入。

组2：讲故事《小母鸡种稻子》。不仅讲了书上的内容，还把故事续讲下去："第二年，小猪、小鸭、小猫主动找到了小母鸡，和她一起种稻子。这一年，他们的稻子长的比去年还好，四个好朋友吃着自己劳动换来的大米饭，心里美滋滋的。"

组3：演课本剧《小母鸡种稻子》，学生用自己喜欢的方式表

---

① 案例摘自马晓静《一堂学生自主学习的语文课——小母鸡种稻子教学片断实录》（http：//www.jkedu.net/Article/ywal/201108/57948.html）。

现小动物。

片段三：学生自我反思学习过程

师：通过今天的学习活动，大家有什么收获？希望下次在哪些方面取得更大的进步？

生：我今天读课文读得比较有感情，但有些字还要读得更准确些。

生：我希望下次表演时，我能更自然些。

显见，这是一堂由学生自主学习的语文课。整个教学活动，从学习内容的确定到学习方式及具体行为的选择，再到学习结果的反思与评价，都由学生自主完成。尤其是在片段二中，学生可以选择自己喜爱的行为方式进行学习。虽然这种放权从表面上看还有教师预设的嫌疑，但已体现出教师对学生不同学习行为的肯定、鼓励与提倡。

在学生作业的设计与布置上，一些教师也开始精心设计不同层次的作业，让学生根据自身的学习需求，自主选择作业内容、作业形式乃至作业要求，通过不同作业项目的选择和完成来实现学习行为的多样性。以下是某位教师执教苏教版语文第六册《美丽的南沙群岛》后设计的自选式作业题：①

布置作业：学完了《美丽的南沙群岛》，请至少选择以下任意一项作业予以完成。

（1）读一读：把文章读给家长听，让家人对你的朗读水平进行点评。

（2）认一认：认读本课的生字新词，注意读准"辽阔""宝库"等新词。

（3）写一写：书写本课的 9 个生字。

（4）说一说：南沙群岛为什么是祖国巨大的蓝色宝库？为什么是一个迷人的世界？

---

① 朱军：《巧妙设计语文开放性作业》，《教育》2016 年第 19 期。

（5）找一找：在中国地图上找一找南沙群岛的位置，并向他人作介绍。

（6）画一画：画出你心目中南沙群岛的样子。

此类作业设计独具匠心，突破了传统语文作业抄、背、默等积累为主的单一形式，给予学生自主选择作业的权力。学生自我设定作业的完成数量和完成方式，然后自己亲力亲为予以完成，在这个过程中，学生向自我挑战的"胜任动机"被激发，不再把作业当作负担，最终完成的作业也别具一格。

综上，只有将学习行为的主体性、本体性和选择性具体落实到课堂教学中，才能真正出现学习行为多样化的深层变化，进而实现学生的整体发展，即全面发展、终身发展和个性化发展。

# 第六章

# 促进学习行为变革的策略与条件

学习行为的变革是一项系统工程，一方面，在学校教育系统内部需采取有针对性的改革策略，另一方面，在学校外部需要一定的社会条件予以支撑。博耶（E. L. Boyer）曾说："不能孤立地看待学校。教育深受超越于课堂和学校的更大社会背景和力量的影响，这种影响不可避免地决定着学校的命运。不考虑学校在其中开展工作的更大背景的影响，我们就无法对学校进行彻底的改革。"① 因此，在探讨学校教育系统内学习行为变革策略的同时，还需进一步考量学习行为变革的社会条件。

## 一 促进学习行为变革的教育改革策略

前已述及，在我国各类中小学校，学生的学习行为呈现出被动、机械、单一的局面。学生在学习中，主要还是使用被动接受（听教师讲）、机械训练（大量作业和频繁考试）、单一重复（主要是接受性学习）的学习行为。要改变这一状况，使学生的学习行为呈现出主体性、本体性和可选择性，实现学习行为多样化，需要学校教育系统内部作出结构性变革。

---

① ［美］欧内斯特·L. 博耶：《关于美国教育改革的演讲》，涂艳国、方彤译，教育科学出版社 2002 年版，第 40 页。

**（一）转变教育教学观念，重塑教育价值取向**

1. 更新教育教学观念，从重教向重学转变

教学是由教师的教和学生的学所构成的复合型活动。学生的学具有相对独立性，教师的教则依附于学生的学而存在，学生的学习是比教师的教导更为基础性的问题。然而，在实际教学实践中，教师却更多地把目光聚焦在教学技能的提高和教学任务的完成上。即便教师在教学设计时也考虑学情，但一般是以教材为中心去认识学生，重点也放在学生能否掌握教材、难点在何处上。① 而且，"自我更新"取向教师专业发展阶段理论也表明，教师只有在度过了"生存关注""任务关注"阶段后，才有可能进入"自我更新关注"阶段，才会真正关注学生的整体发展，如关注学生是否真的正在学习，是否真的在学教师教的东西等。② 有鉴于此，同时考虑到学生发展的内在机制，为了促进学生有效的发展，教师应该加强教学理论修养，积极更新教育教学观念，从重教向重学转变。

时下已有学者全面梳理并剖析了我国教育实践中业已出现的四种教学关系：一是"先教后学，随教而学"，注重以教为主，以教为先，学从属于教；二是"少教多学，教以导学"，在课堂教学实际运作中具体表现为"精讲多练"，强调教的优先性和主导性，"学"是在"教"的指导下学，"练"是在"教"的范围内练；三是"自学自理，教以辅学"，其核心是"自学辅导"，注重弱化教师地位，凸显学生作用；四是"先学后教，以学定教"，强调把"学"放在首位，使学生成为教学的主体，实现课堂"教"与"学"的翻转。③ 前两种是传统教学模式的代表，后两种是现代教学模式的代表，各自呈现出了不同的课堂教学

---

① 叶澜：《让课堂焕发出生命活力——论中小学教学改革的深化》，《教育研究》1997年第9期。

② 叶澜、白益民、王枏、陶志琼：《教师角色与教师发展新探》，教育科学出版社2001年版，第299页。

③ 黄伟、焦强磊：《基于教学关系的课堂教学模式变革》，《课程·教材·教法》2016年第3期。

形态和价值追求。教师可以此作为参照，认真比对和反思自己的课堂教学实践，找准症结和定位，从知识的传授者转变为学生学习活动的激发者、促进者和指导者，真正做到教依托于学、聚焦于学、服务于学。

2. 重塑教育价值取向，从培养认知主体向培养生活主体转变

教育作为一种培养人的活动，应着眼于完整生命的全面发展。全面发展的理念实际上就已说明，学生的培养不能仅仅局限于认知素质，还应兼顾认知之外的素质，如情感、态度、意志行动等。虽然从学习的终极目的来看，学生的学习是以全面发展为旨归，但是从学生生命的内在需求和社会生活的广阔范围来看，学生素质的全面发展最终还是为了帮助学生更好地融入社会生活、改造当下和未来的生活，进而获取幸福完满的生活，确证个体生命的价值。显然，当前学校教育对于学生的生活而言较为缺乏实际效用，往往导致"书本知识书本化"和"经验知识经验化"，即学生在完成与书本知识有关的任务时用书本知识，在解决日常生活的问题时用经验知识。① 为此，学校教育必须重塑教育价值取向，直指学生的生活领域与生活版块，把学生视为生活的主体进行培养。

培养目标从认知主体到生活主体的转变，意味着学生学习的对象和内容不再局限于书本知识，要扩展至生活领域内的一切发展资源，如实际物体、他人等。而学生学习的行为更应是一种生活行为，不再局限于符号性学习行为，要囊括一切可以采用的学习形式，如从日常观察中学习、从实际操作中学习、从人际交往中学习等。此外，还要特别强调真实生活问题和生活任务的解决，让学生的学习由单纯的头脑内的信息加工过程转变为付诸实践的活动过程。

**（二）施行课堂学习行为设计，形成学习行为操作规程**

当下，中小学课堂教学变革正如火如荼地进行着，然而，问题也层出不穷。有学者一针见血地指出了课堂教学变革中的"新旧杂陈"现

---

① 郑太年：《学校学习的反思与重构：知识意义的视角》，上海教育出版社 2006 年版，第 143 页。

象：教师在介绍自己的课堂教学理念时显得很先进，似乎都是从学生的角度出发、基于学生立场所作出的选择，但在其教学实施环节却难以显现。① 要改变这种状况，需要教师真正实现教学理念到教学行为的转化，将先进的教学理念具体落实到学生的学习行为上。事实上，当代教学设计研究已开始聚焦于行为设计，尤其是学生学习行为的设计。有学者指出，教学系统作为教师行为与学生行为协同发生的交互系统，对教学系统的设计应当是基于行为的问题诊断式设计，这种设计的理想标准在于以学生和谐健康的过程性与问题性为评判尺度。② 而且，学生的学习行为设计是必要且可行的，主要缘由有二：一是学习行为的考量是教师教导行为设计的基础。从教学行为的运行过程来看，教师的教导行为直接作用于学生的学习行为，进而产生学习结果与效率。因此，对教导行为的设计必须建立在对学习行为的清醒认识和全盘规划的基础之上。只有依据学习行为来设定教导行为，才能有的放矢，实现有效甚至是高效的教学。二是学生的学习行为是可以控制与优化的。教师可以通过设计、组织环境来引发和控制学生的学习行为。正如泰勒在谈论如何控制学生的学习经验时所指出的，教师可以通过构建情境——会引发学生作出所期望的那种行为的情境——的方式来控制环境。③

　　早有学者提出过试行课堂学习行为设计的建议，主张以教师为课堂学习行为设计的主体，以教材为学习行为选择与解读的主要依据，改变学生被动学习、机械学习的境地。④ 这些建议具有可操作性，但在主要依据上略显保守，应从教育的终极价值取向和教学资源的广阔视野出发来考量学习行为的设计问题。教师在设计学生的学习行为时需做到：①弄清楚每一种学习行为的功能与局限性，形成学习行为的序列及其操作规程，包括各类学习行为的适用范围、操作指南及其要领等。②能根

---

① 吕洪波、郑金洲：《中小学课堂教学变革的基本认识》，《教育研究》2012 年第 4 期。

② 朱德全：《基于行为的问题诊断式教学设计的表征》，《教育研究》2011 年第 2 期。

③ ［美］泰勒：《课程与教学的基本原理》，施良方译，人民教育出版社 1994 年版，第 50 页。

④ 陈桂生：《关于试行"课堂学习行为设计"的建议》，《现代中小学教育》2004 年第 5 期。

据教学目标、教学内容、教学条件和学生学情的具体状况，有针对性选择和设计不同的学习行为。③创设不同的情境，引发学生特定的学习行为，以实现学生特定素质的发展。④鼓励学生运用多种行为进行学习和解决问题，以实现不同方面素质的发展，同时提升学生综合解决实际生活问题的能力。

### （三）调整课堂整体结构，丰富课堂物质资源

1. 合理分配课堂教学时间，确保学生主宰课堂时间

课堂教学时间的管理直接关系到教学效果的高低。目前，中小学教师在课堂教学时间的管理上主要存在两大问题。

一是课堂教学时间分配不合理。具体表现为：教师讲授过多，独占课堂教学时间；学生独立学习时间少，课堂上几乎没有自我消化、自主学习、探究学习的时间。国外较为成功的项目学习改革经验表明，教师一般会把40%的时间花在传统形式的授课上，而把余下来的60%的时间用于学生进行项目学习。[①] 国内基层学校（如洋思中学和杜郎口中学等）较为成功的教学改革，也涉及对课堂中教师教和学生学的时间的重新分配。尤其是杜郎口中学在教学评价中对学生的课堂活动量有明确的规定：在一节45分钟的课上，学生活动35分钟以上为优秀，30分钟以上为良好，29分钟以下为一般。[②] 虽然一刀切式硬性规定每节课的学生课堂活动量不一定科学合理，但此举显示出改革课堂教学教师话语霸权的决心和魄力。可以说，不对教师教和学生学的时间进行重新分配，很难改变教师一言堂的局面，学生多样化的学习行为也就无从谈起。为此，课堂教学必须为学生的学习活动，如独立作业、自主探究和小组合作等，留出足够的时间。

二是课堂教学时间利用效率偏低。具体表现为：学生"用功时间"不足，对教学的重要内容无暇进行深入理解；课堂无谓时间消耗过多，

---

① ［美］巴克教育研究所：《项目学习教师指南——21世纪的中学教学法》，任伟译，教育科学出版社2008年第2版，第180页。

② 李炳亭编著：《杜郎口"旋风"》，山东文艺出版社2006年版，第130—131页。

挤占了其他教学环节，影响了教学的整体质量。① 现行课堂教学时间以"课时"为基本单位，每一课时长度一般为 45 分钟左右。时下也有基层学校对课时进行了改革，有长达 70 分钟、55 分钟的大课，也有缩短至 30 分钟甚至 15 分钟的小课。为此，需要去了解和研究不同时长的课时中学生学习的最佳时间段，以此来安排和调整学生的学习行为，以期实现单位教学时间内教学效率的最优化。比如，国内有研究表明，课堂 45 分钟内，学生的生理、心理状态可分为五个时区，呈现出波谷（起始时区 5 分钟）—波峰（兴奋时区 15 分钟）—波谷（调试时区 5 分钟）—波峰（回归时区 15 分钟）—波谷（终极时区 5 分钟）的起伏发展规律。② 为此，45 分钟的课堂教学可参照这一规律，合理设计和安排学生在不同时段内完成不同的学习任务，进而有效利用学生的最佳学习时间来完成关键问题的学习。

2. 灵活设置课堂教学空间，确保学生充分占用课堂空间

在课堂教学空间中，学生的身体有两种形态：一是可见的身体，即身体的生物学性状，比如身体的流动、运行，表情的变化，服饰的更换等；另一种是不可见的身体，即身体的现象学特征，比如愉悦感或轻松感、痛苦感或压迫感，以及它的时间性与空间性的变异，比如度日如年（身体被囚困）、心胸敞亮（身体在空间中舒展）等。③ 现行的课堂教学在空间布局上主要采取秧田形，学生纵横直排面向教师而坐。这样的座位编排方式适合大班教学，便于教师面对学生进行集中讲授和整体管理，但缺陷也十分明显，学生活动空间较为狭小，不易开展小组合作、动手操作、戏剧表演、实验探究等活动。而且，它规限了课堂中的人际交往类型，适宜进行师生之间的交往和同桌学生之间的互动，最终学生可见的身体和不可见的身体均受到了抑制。因此，为了促进学生开展丰富多彩的学习活动，实现不同层次学生之间的充分互动，必须打破秧田

---

① 陈列、靳玉乐：《初中课堂时间管理的问题与改进》，《中国教育学刊》2008 年第 4 期。

② 王仁甫：《45 分钟价值曲线》，《中国教育报》2002 年 9 月 19 日第 8 版。

③ 康洁、熊和平：《教育现象学的描述——以教室空间的学生身体现象为例》，《全球教育展望》2013 年第 8 期。

形的空间布局，引入多种座位编排方式，如马蹄形、圆形、方形、模块形和新月形等。不同的座位编排空间布局，具有不同的功能与局限，教师可针对特定的教学目标和内容，根据教学的需要予以灵活选用。比如，课堂自由讨论适宜采用马蹄形，小组合作或动手操作适宜采用模块形，等等。此外，教室内空间格局的变化还可以拉近人际间的心理距离，改变课堂空间的磁场，出现意想不到的效应。比如，它能改变教师的角色，让教师走下高高的讲台，从外在于学生学习情境的"专制者"转变为内在于学生学习情境的"领导者"，进而构建民主与和谐的课堂。

关于课堂教学空间如何设置，国外的先进经验可为我们提供一些思路和线索。美国的中小学教室与其说是教学场所，还不如说是教学的资源库和学习的文化场：为了适应教室开展灵活多样的学习活动，教室的空间进行了区块划分；为了便于学生搜集资料与信息，每个教室内都配有电脑；为了方便学生和教师进行交流，教师的办公桌被搬进了教室。① 这种独特的教学空间格局使教学充满了生机和个性。日本小学低年级将普通教学空间设计成三大格局：基本学习区、教师角和室内开放空间。② 其中，基本学习区主要布置桌椅，是学生学习的主要场所，一般置于靠窗户一侧，保证学习区的自然采光和通风。教师角一般置于教室靠走廊的一侧或教室的一个角落里，其存在不是为了便于教师监视学生，而是方便教师批改作业和及时辅导学生。室内开放空间一般供学生业余时间做游戏、进行集体活动之用，通常的设计是在教室和走廊之间不用实墙分割，而是采用几扇能够灵活开启的滑动门进行分割，在需要时可以打开这些门，使教室和走廊形成一个比较宽敞的开放活动空间。这样既提高了教室的利用率，又丰富了学生的业余生活。我们不妨以此作为参照，不断创造新的教学组织形式和空间结构，以期实现我国教学空间格局的开放性、多样性和灵活性。

---

① 郭华：《创建立体式、互惠性的教学空间格局》，《基础教育课程》2013 年第 11 期。

② 邓小军、常丽莎、姚安海：《浅议日本小学开放式教学空间的设计思想》，《华中建筑》2008 年第 10 期。

3. 积极调整教学组织形式，优化课堂人际关系结构

在课堂教学中，目前常用的教学组织形式是班级授课制。学生的学习被圈禁在固定的班级之内，教师面向全班学生集中授课，学生之间的互动也更多地限于同班同桌之间。这样的组织形式，不仅教师与学生个体的互动不充分，全班同学之间的互动也不充分。因此，在改变学生的座位编排方式时，师生之间、生生之间的人际关系结构也要进行调整。首先，教师和学生之间的联合方式可以更加多样化。教师除了进行同年级的班级教学外，还可打破班级的界限，进行不同年级的复式教学。当下较为成功的一个个案是北京十一学校，该校通过实施走班上课制实现教学组织形式的变革，其特点在于：打破以行政班为单位的上课方式，学生没有固定的教室和课桌，根据自选课程组成教学班上课。[①] 而在同一班级内，教师除了面向全体学生授课外，还可进行个别教学和分组教学。在开展教学活动时，除了教师先教、学生后学外，还可采用学生先学、教师后教或者教师边教、学生边学的形式。其次，学生之间的互动模式也可多样化。学生除了固定在座位上全班一起学和同桌结对学之外，还可流动进行小组合作学习和组间竞争学习，而学生在合作学习中汇报学习结果的行为方式更是多种多样，如口头演讲、角色扮演、戏剧表演、操作演示等。在小组学习中，生生之间双向互动更加频繁和密切，学生有不同的任务分工，有不同的完成任务的行为方式，有思考问题的不同视角，将会引发较高层次的思维碰撞和经验分享，同时也有利于学生形成集体意识和团队协作能力。可以说，不同样式的师生和生生之间的关系结构，可以打破原有课堂单一、刻板的人际交往形态，促使课堂焕发出真正生命的活力。

4. 大力丰富课堂物质资源，构建课堂生态系统

课堂是教学活动发生的主要场域，是师生互动交往、相互促进的场域。课堂不是一个寂静的世界，而是学生所拥有的"目标、价值、兴

---

① 李希贵、郭学军：《普通中学学校转型：路径选择与实施策略的研究》，《课程·教材·教法》2014 年第 4 期。

趣、爱好"生生不息的生命的世界，是互动的、知性灵动的天地。[1] 有学者指出，课堂生态研究从本质上讲就是要力图通过环境的改变来塑造和影响人的行为，即通过理解环境来理解人的行为，通过塑造环境来塑造人的行为，通过改变环境来改变人的行为。[2] 课堂作为一个生态系统，由生物成分（教师和学生）与非生物成分（教室环境）构成。[3] 虽然课堂生态系统的所有能量都来自于教师和学生的教与学的活动，但作为非生物成分的环境提供了特定的物质条件。因此，在对课堂系统内的时间、空间和师生结构性联系进行变革的同时，也要加强课堂物质环境的建设。反观当前各类中小学的教室配置，主要还是黑板、粉笔、课桌椅、挂图、录音机和电视机，鲜少有多媒体控制台和投影仪等其他设备。尤其是在一些农村学校，教室的条件极为简陋，电视机已是高端配置。为了确保多样化学习行为的出现，需加强学校课堂资源建设。一方面，补充基本教学设备和物质资源，挖掘、利用和优化教室环境，如在教室设立图书角、办板报，充分发挥多媒体和互联网的作用等；另一方面，适当配置公用的多功能活动室，如多媒体教室、学科专用教室、音体美活动室、手工作品制作室、学生作品展示厅、学科专用实验室等，供学生开展多类型的学习活动之用。此外，还需推倒学校院墙，扩宽学校课堂的疆界，以社会为大课堂，通过整合、利用社会资源来进一步丰富和优化学校课堂资源，构建生态化的课堂系统。

### （四）优化课外作业设计，延伸学习行为的生活意义

课外作业是课堂教学的延伸和补充，是巩固教学效果的重要手段。长期以来，我国中小学奉行熟能生巧、巩固知识技能的作业观，崇尚死记硬背和机械训练，导致中小学学生完全沦为只会机械做作业的"机器人"。[4] 具体而言，我国中小学课外作业布置存在的痼疾主要有五：一是

---

[1] 钟启泉：《"课堂互动"研究：意蕴与课题》，《教育研究》2010 年第 10 期。

[2] 王牧华、靳玉乐：《论促进教师教学方式转变的课堂环境建设策略》，《课程·教材·教法》2011 年第 5 期。

[3] 孙芙蓉：《试论课堂生态研究的几个基本问题》，《教育研究》2011 年第 12 期。

[4] 张济洲：《中小学作业观：特点、问题与走向》，《课程·教材·教法》2013 年第 7 期。

作业总量较大，质量较低，以数量代质量；二是作业内容枯燥，拘泥于对课堂上所学知识的巩固和运用；三是作业形式单一，局限于机械抄写、反复演算任务以及相关内容的背诵记忆；四是作业答案标准化，比如回答"月亮像什么"，"镰刀""香蕉"之类的答案均错，正确答案是"小船"，因为课文中写的是"弯弯的月亮、小小的船"；五是作业设计分科化，缺乏学科整合。有学者指出，这种"知识化、工具化和功利化"目的规制下的作业设计，是对学生生命完整与终身发展不负责任的"去伦理化"的作业设计，学生被抽象的科学知识世界所围困，即便是有知识的获得感，也失去了生活与学习的意义感。[①] 而学习行为的生活意义，从根本上讲在于其助益于学生当下幸福生活以及未来美好生活的实现，因此，要坚决抵制"书斋式"的作业类型，优化课外作业的内容与形式，设计有层次、有梯度、难易有别且允许学生选择、删改或添加的开放性作业。

整体而言，作业设计要做到"四个优化"：一是作业设计"自主化"，增强学生对作业内容及其作业方式的选择性；二是作业设计"差异化"，体现学生个体差异和分层要求；三是作业设计"生活化"，化解课堂科学世界和学生日常生活世界的阻隔；四是作业设计"多元化"，凸显作业类型和具体作业方式的多样性。[②] 有学者提出了问题型作业模式的构想。①操作步骤分四步：一是提出问题，并且要求在作业中呈现"先行组织者"，即"所学知识和以前知识的联系"等内容；二是学习组织检查作业，检查其是否完成，检查其价值观念、逻辑、深度、难度、新颖度等是否合适；三是安排其他同学作答；四是总体评价，并记录备案。②基本原则是求质不求量，让学生对所学知识进行全面、透彻的理解与建构。[③] 有学者提出了"综合型作业"设计思路，力图实现学科整合。[④] 比如，在设计《黄河是怎样变成的》作业时，教师设

---

①　李晓红：《小学作业设计的伦理失衡与纠偏》，《中国教育学刊》2016 年第 6 期。

②　冯文华、孙莹：《优化作业设计，提高教学质量》，《江苏教育研究》2011 年第 2 期。

③　王嘉毅、程岭：《"减负"之路的重要选择：问题型作业模式》，《中国教育学刊》2014 年第 12 期。

④　周文斌：《小学语文作业设计创新探讨》，《学周刊》2016 年第 29 期。

置问题："根据自己的日常生活，谈谈造成黄河变化的原因是什么？"学生会大胆思考，并仔细探索身边的生活，将课文中造成黄河变化的原因，如人口迅速增长、无限制地开垦放牧、农作物的大量减产、植被遭到严重破坏、壤肥力显著下降、水土流失等几个方面和自己的生活联系起来，就会总结出：乱扔垃圾，浪费粮食，使用一次性筷子，破坏花花草草等行为都是造成黄河变化的原因。这样将自然、科学等知识融入语文学习中，既提高了学生做作业的兴趣，又提高了学生作业的质量。还有学者提出要设计以动手为主的"实践探究型作业"，具体包括：①画一画，比如，学完《颐和园》后，让学生画一画游览线路图，以加深对教材的理解。②做一做，比如，学完《曹冲称象》后，让学生做一做实验，验证教材内容。③演一演，比如，学完《乌鸦喝水》后，让学生争当"明星演员"，表演课本剧。④编一编，比如，学完《葡萄园》后，让学生扮演"导游"角色，用自己的语言向他人介绍葡萄沟；学完《蝙蝠和雷达》后，让学生收集资料，创编一份仿生学知识小报。[①]

上述课外作业的优化设计思路和具体做法，可在一定程度上改变中小学学生作业偏重书本知识，形式过于僵化单一的作业模式。更为重要的是，学生在作业中表现出来的学习行为，就是学生在现实生活中的生活行为，这有利于增强学习行为对于学生实际生活的助益，有利于提升学生解决实际生活问题的能力。

### （五）提升学生对学习行为的理解力与执行力

1. 引导学生增强学习责任心，对自身学习行为负责

长期以来，满堂灌的教学模式导致许多学生在学习上形成了被动、依赖的习惯，而学生的被动、依赖又加剧了教师对学生和课堂的掌控和支配。在这种恶性循环中，课堂成为教师唱独角戏的舞台，教学时空被教师的一言堂所挤占，学生在教师满满当当、紧锣密鼓的强大攻势下忙个不停，疲惫不堪，甚至迷失了自我，不再思考、不能参透学习的意义与价值。因此，要引起学生对自身学习行为的重视，首先必须将学习的

---

① 朱军：《巧妙设计语文的开放性作业》，《教育》2016 年第 19 期。

责任从教师身上转移到学生身上，引导学生增强学习责任心，对自己的学习活动与学习行为负责。

学习责任心是学生对自己作为"学生"所应履行的职责有清楚的认识，具有自觉做好分内之事的意识、承担学生责任的自觉态度和积极履行学生职责的行为倾向。学习责任心由学生对于学习的责任认识、责任情感、责任行为、责任动机和责任能力所构成。其中，责任认识是责任动机、责任情感和责任能力产生的基础，而责任动机、责任情感、责任能力又为责任认识的深化提供了动力和保证；责任认识、责任动机、责任情感和责任能力共同作用促成了责任行为的出现，而责任行为的效果又反过来影响人的责任认识、责任动机、责任情感和责任能力。①

有鉴于此，引导学生增强学习责任心，可通过学科教学渗透或专项教育活动，如板报宣传、专题讲座、班队活动、特色课程开发等不断提高学生对学习责任内涵、意义的认识，激发学生履行学习责任的动机，加深履行学习责任的积极情感体验，提升学生履行学习责任的能力，并促发学生在实践中践行学习责任的行为。有学者提出了以认知、情感和行为培养相结合的"学习责任心预警系统"，并进行了为期 7 周的实验干预。具体措施有：通过板报、海报和班会活动引导学生建立合理的学习责任心认知，通过学习反思卡增进学生责任心情感的积极体验，通过学习自评和责任签到强化正确的学习责任行为。② 实验结果表明，学生的学习责任心明显提高，学习责任行为明显改善。

2. 提高学生对学习行为的理解力，形成积极的行为态度

学生是学习行为的发起者和践行者，因而也是学习行为变革的当事人。在当下的课堂教学中，学生的学习行为随着年级的升高变得越来越单一、被动。学生即便喜欢合作、讨论、调查、实验、表演、操作等学习行为，但为了考试得高分等功利化的目的却甘愿采取背诵、记忆和做题等符号性学习行为。这虽然与现行考试评价制度的不良导向有关，但

---

① 张积家：《试论责任心的心理结构》，《教育研究与实验》1998 年第 4 期。

② 徐宪斌、邵国军：《学习责任心预警系统：改善学生学习责任行为的实验研究》，《教育理论与实践》2010 年第 4 期。

也在一定程度上说明，学生对学习行为的理解较为片面和肤浅，甚至有些急功近利。

在教育教学活动中，学生的理解可分为四个方面：一是对教材、课程和教师的解释的理解，即对知识的理解；二是理解各种"教育表达式"，即对教育活动、教育环境、校园文化等所表达的教育意义的理解；三是对同处于教育情境中的他人，对师生关系、同伴关系的理解；四是学生在发展中对自我的理解。① 显而易见，当下的课堂教学过于注重对知识的理解，而忽略了其他类型的理解。从学生的精神发展来说，知识的理解只是其中的一种途径，对活动与行为的理解也极其重要。这是因为，学生作为生活的主体，需要参与多种活动，通过理解式的参与活动，可以更大限度去促进精神发展。按照前述的理解分类，学生对学习行为的理解从属于对"教育表达式"的理解，它直接影响着学生的生活信念、教育期待，甚至是行为观、人生观和世界观。为此，在调整考试评价制度的同时，还需增进学生对不同学习行为的理解，引导学生认识不同行为的价值。具体内容包括：①不同学习行为各自的功能与局限；②不同学习行为对当下与未来发展的重要意义；③不同学习行为对于实现幸福生活的助力。只有科学地认识学习行为，学生才有可能自主采用多样化的学习行为。

3. 提升学生对学习行为的执行力，培养勇于表达行为的习惯

在传统的"传递—接受"式的课堂教学中，学生为了考试得高分，刻意迎合教师的要求，严格按照教师的指令进行学习，已然形成了被动、单一、机械的惯用行为模式。而习惯是一种极其顽强且巨大的力量，可以主宰人的一生。为了改变学生业已形成的习以为常的行为模式，除了增强学生的学习责任感、提升学生对学习行为理解力外，还需强化学生对学习行为的执行力，引导学生建立勇于表达不同行为的新习惯。

在提升学生的行为表达能力上，教师可从四个方面着手：①营造宽

---

① 金生鈜：《理解与教育——走向哲学解释学的教育哲学导论》，教育科学出版社 1997 年版，第 79 页。

松的课堂氛围，鼓励学生用自己喜爱的方式进行行为表达；②创设不同的情境，引发学生作出适宜的和个性化的行为表达；③教授学习策略，指导学生进行科学而合理的行为表达；④注重反思总结，引导学生对行为作出理性判断与选择，不断提高行为表达的层次与水平。

### （六）改革教学评价制度，建立学习行为评判标准

学生的学习行为单一、被动、机械，在很大程度上与现行的考试评价制度有关。现行的考试评价制度，从内容上看，主要考查学生掌握书本知识的程度，从形式上看，主要通过纸笔测验考查学生的答题情况，这在很大程度上造成了符号性学习行为的独尊，学生的学习行为被人为地窄化成对书本知识的简单记忆和反复练习。因此，要实现学习行为的多样化，必须在可能的范围内改革教学评价制度，建立学习行为评判标准。

学习行为评判标准的建立，应对教师和学生均有约束。首先，将学生学习行为表现纳入到学生学业评价指标体系之中。在学科教学中，教师可采用档案袋评价方式，对学生在学习过程中的各种行为表现，尤其是在表演、演讲等学习成果展示会上的行为表现记录下来，对学生作出综合而全面的评价，凸显学生评价的过程性和发展性理念。与此同时，学校层面还可采用课题招标等形式，设置一些真实且综合化的生活问题，让学生自主开展探究，提出解决方案，并以不同的方式展示自己的成果，借以考查和评估学生解决真实问题的综合素养。其次，将学生学习行为表现纳入到教师教学评价指标体系之中。正如有学者指出的，由于在课堂上能够直接观察到的是师生的教学行为，因此，可以通过观察是否存在与某种学习结果与效率相对应或相匹配的学习行为，去判断教学的有效程度。① 在对教师的课堂教学质量进行评估时，可对教师教的行为和学生学的行为在时间分配、空间格局、组织形式、活动类型、具体要求等方面作出规定。比如，杜郎口中学的教学评价标准就对教师的讲授行为作出"三讲三不讲"的严格规定。只有把评价细则落实到课

---

① 陈佑清：《论有效教学的分析模型》，《课程·教材·教法》2012 年第 11 期。

堂教学的微观层面和具体方面，才能重建师生课堂行为，还给学生学习的自主权。

## 二 促进学习行为变革的社会条件

学校作为社会的一个子系统，其功能的发挥必然会受到整个社会系统的影响与制约。学生学习行为的变革，不仅需要学校教育系统内部作出全面的调整和改造，还需要社会机构或团体予以配合和支持。正如有学者指出的，单靠教学是不能完整实现教育总目标的，教学要对学生各方面的发展发挥作用是有条件的，除了它自身内部的条件之外，还有一个重要的条件就是必须与其他教育形式以及生活实践加强联系。①

### （一）改变大众教育观念，构建新的学生发展观

前已述及，学习行为是学生身心发展的直接影响因素。单一化的学习行为造成学生片面发展，学生的全面发展、终身发展和个性化发展均要求学习行为多样化。而当前学校中学生的学习行为主要表现为对各类符号的读、写、算、记等，呈现出被动、机械和单一的特征，且学生的学习行为孤立于生活行为之外，失去了生活的价值和生命的意蕴。加之社会上成才的标准被异化为考高分、上名校、挣大钱，故而加剧了与应试相匹配的符号性学习行为，固化了学习行为的知识立场。学习行为外延的窄化反映了大众教育观念的滞后，许多教育观念亟须更新。

就学生观而言，传统的学生观往往视学生为被动的、无差异的、不容易改变的，以学习成绩作为评价学生优秀与否的唯一标准。尤其是，这些对学生的观点和看法长久以来似乎沉淀为一种集体无意识而带有文化上的遗传性，使得大众不自知却又实实在在地影响着他们的教育实践。这种大众无法意识和控制的学生观可称之为"内隐学生观"，真正影响教育实践的往往是大众所持有的这些内隐观念。为了改变这种传统的内隐学生观，在全社会范围内，需要加大政策导向和宣传力度。一方

---

① 王策三：《教学论稿》，人民教育出版社 1985 年版，第 100 页。

面，引导大众关注学生发展的主动性、全面性、差异性和可持续性，重新审视学生发展的内在机制及有效途径。另一方面，要从生活的视野出发，以生活主体理念为导引，认识学习行为在生活中的重要价值和作用，重视多样化学习行为的塑造与培养。

### （二）提供社会资源，开展多样化的综合实践活动

随着终身学习时代的来临和学习化社会的广泛建立，所有社会机构或团体都应认识到自身对于学习化社会的发展，尤其是青少年培养的重大责任和使命，积极参与到大众教育工作中来。联合国教科文组织早已指出，必须超越学校教育的范围，把教育的功能扩充到整个社会的各个方面，所有的部门——政府机关、工业交通、运输——都必须参与教育工作。[①] 其中，最为典型的校外教育机构，应与学校教育系统精诚合作，实现教育功能的"互补"。

目前，我国校外教育机构主要有四种类型：一是以少年宫为主体的少年儿童活动中心，主要由政府出资兴建，其行政归属部门有教育行政部门、文化部门、共青团、妇联等，通常利用双休日、公共假期和寒暑假为少年儿童提供丰富多彩的公益性校外教育活动。二是校外教育活动场馆，包括综合性校外教育实践基地、各种主题性教育基地（如爱国主义教育基地、禁毒教育基地等）、博物馆、美术馆、科技馆、文化馆和图书馆等机构，一般由政府和社会力量出资共建，主要通过参观和定期举办活动等形式为少年儿童提供校外教育服务。三是校外教育培训机构，通常由个人或集体投资，由工商和税务部门进行管理，采取商业化运作，对少年儿童进行生活托管、课外补习、学科培训和兴趣爱好培养。四是校外教育服务机构，主要是针对特殊少年儿童群体提供教育服务。[②] 在鼓励和倡导学生多样化学习行为上，这些校外教育机构的作用有二：一是尽可能地提供并开放资源。比如，图书馆、博物馆、美术馆

---

① 联合国教科文组织国际教育发展委员会编著：《学会生存：教育世界的今天和明天》，教育科学出版社 1996 年版，第 201 页。
② 康丽颖：《学科视域中的校外教育理论建设》，《教育研究》2012 年第 8 期。

和科技馆等，应向中小学学生免费开放，并为学生参观、访问、调查等社会活动提供相关配套服务。二是根据自身机构或团体的性质，组织多样化的教育活动，丰富学生的校外学习生活。比如，科技馆可以举办科技小发明的手工活动，博物馆可以组织文物历史演讲比赛，青少年宫除了组织夏令营、冬令营的活动外，还可组织短期的户外锻炼活动，等等。这些活动的开展，可以开阔青少年学生的眼界，扩大学生的学习与交往空间，让学生更多地接触生活，明白生活处处皆学问、生活处处可学习。

然而，这些校外教育机构在具体运作上还存在以下问题。①教育管理和领导体制较为混乱，不同机构的主管部门各异，政出多门，各自为战，难以形成教育合力。②各级政府对公办校外机构经费投入不足，不能满足校外教育活动的实际需要，以致公办校外教育机构及其活动在社会上逐渐被边缘化。③校外教育活动被各种形式的"文化补课"所挤占，其丰富内涵被人为窄化，成为学校教育的简单复制和延伸。据2013年一项青少年社会教育现状调查结果显示，某省青少年近半年来参与社会教育活动的频率是：一次都没去过少年宫、美术馆、纪念馆、科技馆、博物馆的学生比率分别是62.4%、61.3%、55.4%、55.2%和50.9%，而在去图书馆情况的选答上，23.4%的学生一次都没去过，26.2%的学生去过1—3次，15.1%的学生去过4—5次，27.6%的学生去过5次以上。[①] 可见，除图书馆利用率相对较高外，其他社会机构或场所在青少年学生成长过程中处于缺位和离场状态。

为了应对这种状况，校外教育机构的主管部门应加强协调和联系，构建统一管理的体制和相互监督机制。与此同时，校外教育机构也应找准自己的工作坐标，定位为"青少年全面发展的实践课堂"，竭力为少年儿童提供社会资源，开展多样化的综合实践活动，让学生完整地了解社会，品味生活，感悟人生，在体验和参与中成长。日本是世界上校外教育极其发达的国家，其先进的经验可资借鉴。日本构

---

① 关冬生、关淑凡、石军：《青少年社会教育与学校教育、家庭教育的比较研究——以广东为例》，《中国青年研究》2013年第3期。

建了"社会、学校、家庭"三位一体的校外教育体系，形成了一套立法、决策、咨询、管理与执行一体化的校外教育管理运营机制。它开展的校外活动注重与社会现实相融合，在直接经验中引导学生体验，具体形式有：自然体验活动、社会体验活动、志愿者活动、文化活动和"学社融合"活动等。[①]

### （三）树立正确家庭教育观念，还给学生多彩学习空间

家庭是青少年学生接受教育的另一大场所。家庭教育具有鲜明的特点：一是教育内容广泛，涉及做人做事、方方面面。二是教育方法灵活，可随时随地不拘一格开展教育。三是教育时间持久，从孩子出生直至成年之后均可进行。四是教育作用显著，家庭直接影响着儿童身体的发育、知识的获得、能力的培养、品德的陶冶以及个性的形成。[②] 而当前由于受到不良社会风气和应试倾向的影响，学校教育家庭化的趋向日益明显，学生在学校的学习时间和压力开始向家庭大量迁移和延伸。学校教育的强势地位挤压了家庭教育的空间，导致家庭教育出现明显的"学校化"倾向，甚至被动地沦为学校教育、应试教育的强化者。[③] 具体表现为：家长最为关心的是学生的学习及其成绩，在课余时间，家长要么把孩子关在家里请家教辅导功课，要么带孩子去参加校外培训班，而不太支持学生进行社会调查、社区服务等户外活动。这直接导致学生在家庭生活中被圈养在狭小的空间之内，学习行为也以与书面作业相关的行为居多。可以说，我国中小学学生身体素质差、生活自理能力差、创新精神和实践能力匮乏已成为当代人才培养亟待解决的现实性问题。

有学者从家校互动的角度，将家长的家庭教育实践分为：强化与共

---

① 王晓燕：《日本校外教育发展的政策实践》，《国家教育行政学院学报》2009 年第 1 期。

② 王道俊、王汉澜主编：《教育学》，人民教育出版社 1989 年版，第 495 页。

③ 黄河清、马恒懿：《家校合作价值论新探》，《华东师范大学学报（教育科学版）》2011 年第 4 期。

生状态的干预性教育行为和失语与忽略状态的非干预性教育行为。① 其中，干预性教育行为是家长为实现教育目的，对孩子的言行进行明确、有意识的规范，具体包括正向鼓励、支持和负向约束、惩戒，表现出与学校教育规范、诉求高度一致的倾向。此类行为主要指向作业的完成、学习习惯的养成和荣誉感的培养等。非干预性教育行为是家长对影响孩子身心健康的言行、环境没有进行有意识的规范和改变，任其保持现状或发展下去。此类行为显现出家长对家庭生活的物理环境、物质条件、日常礼仪等因过于熟悉的实践惯习而缺乏理性的自觉。可见，家庭教育中家长强权介入的"作为"，体现出家长对学生学业领域及其学业成就的高度关注；而视而不见的"不作为"，则体现出家长对学生作为未来社会成员需要规训方面的极大漠视。这两种极端化的倾向需要予以规避和及时修正。

此外，还有学者揭示出了父亲在家庭教育中的缺位现象。父亲参与家庭教育在内容上按照从"供养"到"养育"分层递进，可分为七个维度，即间接支持、家校联系、教育规划、学业辅导、陪伴互动、教育约束和生活照料。调查结果表明，家庭教育中"父爱缺失"的主要表现有四：一是父亲供养者角色明显，父亲参与结构性缺失，父亲在对孩子的直接生活照顾、有关学业的学习辅导、日常的亲子互动等内容缺席较多，日常照顾仍是母亲的传统职责范围；二是父亲更多的是孩子成长的规范者，"远其子"现象多存于父子关系中；三是父亲参与需要意识和行动，对工作投入过多是影响父亲参与的关键性阻碍因素；四是父亲对孩子学校教育世界的关注不够，缺席现象较严重。②

为此，学生家长需要科学看待学生的学习与发展，树立正确的教育观念，同时拥有高度的理性自觉和参与意识，不断检视自己的家庭教育行为。家长要从孩子一生发展的高度出发，从孩子成长为生活主体的视角出发，拓宽学生在家庭中的学习与活动空间，允许学生参与多样化的

---

① 刘谦、冯跃、生龙曲珍：《家庭教育与学校教育互动的文化机理初探——基于对北京市农民工随迁子女教育活动的田野观察》，《教育研究》2012 年第 7 期。

② 郁琴芳：《小学生父亲参与家庭教育的现状调查》，《上海教育科研》2016 年第 1 期。

学习活动，鼓励学生通过自己的行动去亲近自然、融入社会、感受生活和完善自我，还给学生多彩的学习与生活空间。

总之，任何一项教育改革，都不意味着是学校教育系统的单打独斗，都需要全社会的共同努力。同时，不管现有社会环境如何，学校教育系统作为一个自组织系统，其内部改革是有可作为和可着力的空间的，不能以社会阻力为借口拒绝改革和抵制改革。

# 结　语

　　学生的学习行为是一个宏阔且重要的研究领域。从教学论研究体系构成上看，它归属于教学行为研究领域，是教学行为研究不可或缺的重要组成部分。然而，现有教学论视域下的教学行为研究，较多关注教师的教导行为和师生的互动行为，对学生的学习行为涉及较少，以致当前的学习行为研究较为纷乱，缺乏系统性和统整性，没有形成富有解释力的理论框架。

　　本书的价值，首先体现在关注了学习行为这一重要研究议题。学生学习行为及其具体行为表现多种多样，且因学生的个体差异而千差万别，研究难度较大，而本书聚焦于学生的学习行为，作出了初步尝试与探索。其次，严格遵循了科学研究规范，深入中小学开展实地调查，综合运用问卷调查法、课堂观察法和访谈调查法，以科学的数据对学生的学习行为状态进行了深入刻画。最后，在理论建构方面，提出了学习行为"对象—操作—结果"三维分类模型，形成了一个相对完整的学习行为统整框架。同时，突破就行为论行为的狭隘视域，从生活的视野出发，上升到生命的高度，全面观照学生的学习行为与学生生活、学生发展的关系，并力图通过生活立场的学习行为的重建和学习行为的多样化来促进学生实现全面发展、终身发展和个性化发展。

　　由于个人时间、精力和能力有限，研究难免有所不足，今后还需进一步加以完善和深化。在理论层面，需进一步探讨不同类型的学习行为与学生发展的相关性，以及不同学科课堂学习行为多样化的实现策略等。在实践层面，还需进一步考察学习行为的前因变量（如班级规模、教室环境、家庭环境等）和后果变量（如学生发展的素质类型、时效、特质等），并基于对学生的学习行为类型及其功能的深度解析和现场实验，研制出一套学生学习行为操作规程，明确不同类型的学习行为的适用范围、操作指南及要领，以便为中小学教师进行学习行为设计与优化提供参考。此外，在研究过程中，还发现了一些有趣的现象，如住校生与非住校生、学生干部与非学生干部在学习行为上存在较大差异等。这为今后开展系列化研究提供了问题域，拓宽了未来研究的思路，可能成为今后研究新的生长点。

# 附 录

# 附录 1

# 中小学学生学习行为
# 调查问卷（专家评定版）

尊敬的专家：

您好！非常感谢您在百忙之中抽出宝贵时间参与本课题的专家评定活动！

以下是一份关于学生学习行为的评定问卷，请您帮我们进行专业性评定，您的意见对本课题研究非常重要！

评定方式：直接在您所选的题号上打"√"。若您选择了"其他"项，请在其后的横线上作出补充和说明。

衷心感谢您的支持和参与！

《中小学学生学习行为研究》课题组

## 一 您的基本情况

高校教师与科研院所研究员作答：

性别：A. 男　　　　　　　B. 女

学历：A. 专科及以下　　　B. 大学本科　　　C. 研究生

学位：A. 无学位　　　　　B. 学士　　　　　C. 硕士　　　　D. 博士

职称：A. 助教或实习研究员　　　　B. 讲师或助理研究员

C. 副教授或副研究员　　　　　　D. 教授或研究员

是否研究生导师：A. 否　　　B. 硕士生导师　　　C. 博士生导师

**教研员作答：**

性别：A. 男　　　　　　　　B. 女

学历：A. 专科及以下　　　B. 大学本科　　　C. 研究生

学位：A. 无学位　　　　　B. 学士　　　　　C. 硕士　　　　　D. 博士

职称：A. 小教二级或中教三级

　　　B. 小教一级或中教二级

　　　C. 小教高级、中教一级或助理研究员

　　　D. 小中高、中教高级或副研究员

　　　E. 研究员

主要指导的学科：A. 语文　B. 数学　C. 英语　D. 其他_____

主要指导的学校：A. 小学　B. 初中　C. 高中

**中小学教师作答：**

性别：A. 男　　　　　　　　B. 女

学历：A. 专科及以下　　　B. 大学本科　　　C. 研究生

学位：A. 无学位　　　　　B. 学士　　　　　C. 硕士　　　　　D. 博士

教龄：A. 5 年及以下　　B.6—10 年　　C.11—15 年　　D.16 年及以上

职称：A. 小教二级或中教三级　　　　　B. 小教一级或中教二级

　　　C. 小教高级或中教一级　　　　　D. 小中高、中教高级

主要执教的学科：A. 语文　B. 数学　C. 英语　D. 其他_____

主要执教的年级：A. 小学 1—3 年级　B. 小学 4—6 年级

　　　　　　　　C. 初中 7—9 年级　D. 高中

## 二　学生学习行为评定（第一部分）

请您根据我们给出的每类学习行为的定义，评定下列学生具体行为表现项目体现每一类学习行为的程度，并视其体现程度在相应的位置用数字 1—7 进行排序。

1 表示"最能体现"，2 表示"次能体现"……依此类推。数字越大，表明体现程度越低。

排序时数字请不要重复，不要漏排。

（一）符号性学习行为，是以用文字、图像、声音等符号形式承载的文化科学知识为加工对象的学习行为，主要表现为对符号性知识的听、说、读、写、算、记等。

请对下列学生具体行为表现项目体现符号性学习行为的程度进行排序。

1 表示"最能体现"，2 表示"次能体现"……以此类推。

排序时数字请不要重复，不要漏排。

| 编号 | 学生具体行为表现项目 | 体现符号性学习行为程度的次序<br>（请直接用数字1—7进行排序） |
| --- | --- | --- |
| B1 | 听讲 | |
| B2 | 口头发言（如答问、演讲等） | |
| B3 | 阅读（朗读、默读等） | |
| B4 | 写作文、日记 | |
| B5 | 做习题、试卷 | |
| B6 | 做笔记 | |
| B7 | 查阅资料（如网络查询、阅览室查阅等） | |

（二）操作性学习行为，是以某种实际事物或学习者自身的身体器官为操作对象的学习行为。操作性学习行为主要包括两种形式：一是学习者使用物质性工具为中介作用于实际事物，二是学习者直接以自身身体器官为操作对象。

请对下列学生具体行为表现项目体现操作性学习行为的程度进行排序。

1 表示"最能体现"，2 表示"次能体现"……依此类推。

排序时数字请不要重复，不要漏排。

| 编号 | 学生具体行为表现项目 | 体现操作性学习行为程度的次序<br>（请直接用数字 1—7 进行排序） |
|------|---------------------|---------------------------------------------------------|
| B8 | 做实验 | |
| B9 | 做游戏 | |
| B10 | 手工制作（如制作工艺品、雕塑等） | |
| B11 | 文艺表演（如唱歌、跳舞、乐器演奏等） | |
| B12 | 体育活动（如踢球、跳绳、做广播体操等） | |
| B13 | 练书法、绘画 | |
| B14 | 参加劳动（如大扫除、植树等） | |

（三）交往性学习行为，是以他人为互动对象的学习行为。这类学习行为所指向对象不是文字符号，也不是实际事物，而是具体的人。

请对下列学生具体行为表现项目体现交往性学习行为的程度进行排序。

<u>1</u> 表示"最能体现"，<u>2</u> 表示"次能体现"……依此类推。

排序时数字请不要重复，不要漏排。

| 编号 | 学生具体行为表现项目 | 体现交往性学习行为程度的次序<br>（请直接用数字 1—7 进行排序） |
|------|---------------------|---------------------------------------------------------|
| B15 | 与他人交换、分享实际物品（如食物、礼品、文具等） | |
| B16 | 开展辩论赛、学术沙龙等 | |
| B17 | 与他人随意交谈学习经验和体会 | |
| B18 | 针对某一主题开展小组讨论或全班讨论 | |
| B19 | 与他人合作解决实际生活中的真实问题 | |
| B20 | 遇到难题时当面求助或请教他人 | |
| B21 | 借助电话、网络进行人际交流（如 QQ、MSN、EMAIL、微博、微信、论坛等） | |

（四）观察性学习行为是以感官可见的实际事物、他人的行为表现及其结果为观察对象的学习行为。观察性学习行为没有实地参与活动的行为表现，主要有两种存在形式：一是在活动现场进行直接观察，二是利用媒介进行间接观察。

请对下列学生具体行为表现项目体现观察性学习行为的程度进行排序。

1 表示"最能体现"，2 表示"次能体现"……依此类推。

排序时数字请不要重复，不要漏排。

| 编号 | 学生具体行为表现项目 | 体现观察性学习行为程度的次序（请直接用数字1—7进行排序） |
|------|----------------------|------------------------------------------------------|
| B22 | 观看实际物体（如绘画作品、机器构造等） | |
| B23 | 观看模型（如地球仪、航模等） | |
| B24 | 观摩他人行为（如见习、动作示范等） | |
| B25 | 参观（美术展、科技展等） | |
| B26 | 观看事件与现象（如月食、节日庆典、科学实验过程等） | |
| B27 | 从他人的言行中了解他人的思维方式、情感和态度等 | |
| B28 | 考察（企业、工厂、社会机构等） | |

（五）反思性学习行为，是以学习者自身的生活经历、经验或身心结构为思考对象的学习行为。符号性、操作性、交往性和观察性学习行为均以外在于学习者的东西为学习对象，而反思性学习行为则以自我为对象。

请对下列学生具体行为表现项目体现观察性学习行为的程度进行排序。

1 表示"最能体现"，2 表示"次能体现"……依此类推。

排序时数字请不要重复，不要漏排。

| 编号 | 学生具体行为表现项目 | 体现反思性学习行为程度的次序<br>（请直接用数字 1—7 进行排序） |
|---|---|---|
| B29 | 自我检查学习计划的制订情况 | |
| B30 | 思考自身学习资源（如自学资料、<br>课外书等）的选择情况 | |
| B31 | 自我评估学习准备情况（如知识、技能、<br>情感和态度等的准备） | |
| B32 | 反省自身学习过程的展开和调控情况 | |
| B33 | 自我反思解答问题时的内部思维过程 | |
| B34 | 以他人为镜子反观自己在学习上的优缺点 | |
| B35 | 自我评价学习成效（如考试得失、技能获得等） | |

### 三　学生学习行为评定（第二部分）

请您根据我们给出的每类学习行为的定义，评定下列描述中小学生行为特点的项目与每一类学习行为的相符程度。

请在您所选答案的数字上打"√"。每题只选一个答案，请不要多选或漏选！

1 表示"完全不符合"　　2 表示"比较不符合"　　3 表示"不确定"
4 表示"比较符合"　　5 表示"完全符合"

（一）常规性学习行为，是指学习者按照平常的惯例进行学习所表现出来的具有普遍性和大众化的行为。

请评定下列描述中小学生行为特点的项目与常规性学习行为的相符程度。

| 编号 | 项　目 | 常规性学习行为 | | | | |
|---|---|---|---|---|---|---|
| | | 完全<br>不符合 | 比较<br>不符合 | 不确定 | 比较<br>符合 | 完全<br>符合 |
| C1 | 大部分同学怎么学，我就怎么学。 | 1 | 2 | 3 | 4 | 5 |

| 编号 | 项　目 | 常规性学习行为 | | | | |
|---|---|---|---|---|---|---|
| | | 完全<br>不符合 | 比较<br>不符合 | 不确定 | 比较<br>符合 | 完全<br>符合 |
| C2 | 我运用的解题方法，大多数同学都能想到。 | 1 | 2 | 3 | 4 | 5 |
| C3 | 我会按部就班地进行学习，不会投机取巧。 | 1 | 2 | 3 | 4 | 5 |
| C4 | 即便常规性的解题方法有些麻烦，我还是会用，不想冒险。 | 1 | 2 | 3 | 4 | 5 |
| C5 | 我在学习上一般会随大流，与大家保持相同的步调。 | 1 | 2 | 3 | 4 | 5 |

（二）创造性学习行为，是指学习者在学习活动中突破常规所表现出来的积极、正向的行为。

请评定下列描述中小学生行为特点的项目与创造性学习行为的相符程度。

| 编号 | 项　目 | 创造性学习行为 | | | | |
|---|---|---|---|---|---|---|
| | | 完全<br>不符合 | 比较<br>不符合 | 不确定 | 比较<br>符合 | 完全<br>符合 |
| C6 | 我能解决班里其他同学都觉得困难的问题。 | 1 | 2 | 3 | 4 | 5 |
| C7 | 我会用最省力、最简便的方法去完成任务。 | 1 | 2 | 3 | 4 | 5 |
| C8 | 课堂讨论时，我会发表与众不同的观点和想法。 | 1 | 2 | 3 | 4 | 5 |
| C9 | 在手工制作中，我会突发奇想，制作出有创意的作品。 | 1 | 2 | 3 | 4 | 5 |

| 编号 | 项　目 | 创造性学习行为 | | | | |
|---|---|---|---|---|---|---|
| | | 完全<br>不符合 | 比较<br>不符合 | 不确定 | 比较<br>符合 | 完全<br>符合 |
| C10 | 在解决实际生活问题时，我能提出别人想不到的问题解决方案。 | 1 | 2 | 3 | 4 | 5 |

（三）他控性学习行为，是学习者在他人（教师、家长等）或外界环境影响和支配下被迫发生和完成的学习行为。

请评定下列描述中小学生行为特点的项目与他控性学习行为的相符程度。

| 编号 | 项　目 | 他控性学习行为 | | | | |
|---|---|---|---|---|---|---|
| | | 完全<br>不符合 | 比较<br>不符合 | 不确定 | 比较<br>符合 | 完全<br>符合 |
| C11 | 只有在老师点名要我发言时，我才会发言。 | 1 | 2 | 3 | 4 | 5 |
| C12 | 我往往还没准备好，就不得不服从老师安排加入课堂讨论。 | 1 | 2 | 3 | 4 | 5 |
| C13 | 我不大会制定学习计划，一切听从老师安排。 | 1 | 2 | 3 | 4 | 5 |
| C14 | 我学得好不好，主要遵从老师或父母的评价意见。 | 1 | 2 | 3 | 4 | 5 |
| C15 | 只有在老师布置阅读任务后，我才会去开展课外阅读。 | 1 | 2 | 3 | 4 | 5 |

（四）自主性学习行为，是指由学习者自愿、主动地发起、支配和完成的学习行为。

请评定下列描述中小学生行为特点的项目与自主性学习行为的相符程度。

| 编号 | 项 目 | 自主性学习行为 | | | | |
|------|-------|------|------|------|------|------|
| | | 完全不符合 | 比较不符合 | 不确定 | 比较符合 | 完全符合 |
| C16 | 课上我会认真听讲并积极开动脑筋思考。 | 1 | 2 | 3 | 4 | 5 |
| C17 | 不需要老师监督，我会主动设置学习目标。 | 1 | 2 | 3 | 4 | 5 |
| C18 | 我会在课前对将要学习的内容进行预习。 | 1 | 2 | 3 | 4 | 5 |
| C19 | 放学后，不用家长督促，我会自觉完成各项作业。 | 1 | 2 | 3 | 4 | 5 |
| C20 | 对于作业或测验中出现的错误，我会仔细分析原因并改正。 | 1 | 2 | 3 | 4 | 5 |
| C21 | 当学习成绩下降时，我会及时对学习活动进行调整。 | 1 | 2 | 3 | 4 | 5 |
| C22 | 我会主动去书店或图书室挑选学习资料或课外书。 | 1 | 2 | 3 | 4 | 5 |
| C23 | 若我在课上有没听懂的地方，课下我会主动向老师或同学请教。 | 1 | 2 | 3 | 4 | 5 |

（五）个体性学习行为，是指学习者独自进行学习活动所表现出来的学习行为。

请评定下列描述中小学生行为特点的项目与个体性学习行为的相符程度。

| 编号 | 项　目 | 个体性学习行为 | | | | |
|---|---|---|---|---|---|---|
| | | 完全<br>不符合 | 比较<br>不符合 | 不确定 | 比较<br>符合 | 完全<br>符合 |
| C24 | 遇到难题时，我会冥思苦想，靠自己的力量解决。 | 1 | 2 | 3 | 4 | 5 |
| C25 | 即使采用小组合作的方式解决问题，我也会先独自把问题思考清楚。 | 1 | 2 | 3 | 4 | 5 |
| C26 | 自习课上，我习惯自定学习步调，独自完成学习任务。 | 1 | 2 | 3 | 4 | 5 |
| C27 | 课上我不喜欢老师讲太多，更愿意自己学。 | 1 | 2 | 3 | 4 | 5 |
| C28 | 当做不出习题时，我不希望老师提示答案，我会自己慢慢摸索。 | 1 | 2 | 3 | 4 | 5 |
| C29 | 放学后，我会独立完成老师布置的家庭作业，不需要家长或家教从旁辅导。 | 1 | 2 | 3 | 4 | 5 |

（六）合作性学习行为，是指学习者与他人（如教师、同学、家长等）共同进行学习活动所表现出来的学习行为。

请评定下列描述中小学生行为特点的项目与合作性学习行为的相符程度。

| 编号 | 项 目 | 合作性学习行为 | | | | |
|------|-------|------|------|------|------|------|
| | | 完全<br>不符合 | 比较<br>不符合 | 不确定 | 比较<br>符合 | 完全<br>符合 |
| C30 | 面对复杂的学习任务，我会选择与他人分工合作完成。 | 1 | 2 | 3 | 4 | 5 |
| C31 | 在小组合作学习中，我能完成自己承担的任务，为小组贡献自己的力量。 | 1 | 2 | 3 | 4 | 5 |
| C32 | 在分小组进行学习时，我乐意担当组长或领导者，发挥组织、协调作用。 | 1 | 2 | 3 | 4 | 5 |
| C33 | 在同学遇到学习困难时，我会尽量提供帮助和支持。 | 1 | 2 | 3 | 4 | 5 |
| C34 | 在课堂讨论中，我会与他人分享观点，充分展示自己的思维方法和过程。 | 1 | 2 | 3 | 4 | 5 |
| C35 | 课余，我会参加集体活动，如合唱团、篮球赛、劳动等。 | 1 | 2 | 3 | 4 | 5 |

（七）接受性学习行为，是指学习者没有实地参与活动，而是通过其他途径，如他人讲授、观看录像和影片、观摩演示实验等，间接获取知识的学习行为。

请评定下列描述中小学生行为特点的项目与接受性学习行为的相符程度。

| 编号 | 项 目 | 接受性学习行为 | | | | |
|---|---|---|---|---|---|---|
| | | 完全<br>不符合 | 比较<br>不符合 | 不确定 | 比较<br>符合 | 完全<br>符合 |
| C36 | 我习惯用老师讲、学生听的方式获取系统化的知识。 | 1 | 2 | 3 | 4 | 5 |
| C37 | 实验课上，我会认真看老师示范操作，听老师讲解实验结果，不大会亲自动手做实验。 | 1 | 2 | 3 | 4 | 5 |
| C38 | 我总是在老师讲解写作要求和技巧之后才会开始写作文。 | 1 | 2 | 3 | 4 | 5 |
| C39 | 在小组内进行实验验证时，我一般会让其他同学动手操作，自己在一旁观看。 | 1 | 2 | 3 | 4 | 5 |
| C40 | 我能在观看教学录像和影片的过程中获得知识和人生哲理。 | 1 | 2 | 3 | 4 | 5 |

（八）发现性学习行为，是指学习者经由自身的亲身实践活动直接获取知识的学习行为。

请评定下列描述中小学生行为特点的项目与发现性学习行为的相符程度。

| 编号 | 项 目 | 发现性学习行为 | | | | |
|---|---|---|---|---|---|---|
| | | 完全<br>不符合 | 比较<br>不符合 | 不确定 | 比较<br>符合 | 完全<br>符合 |
| C41 | 我总能在学习中发现疑难问题，并很想通过自身实践活动进行探究。 | 1 | 2 | 3 | 4 | 5 |

续表

| 编号 | 项 目 | 发现性学习行为 | | | | |
|---|---|---|---|---|---|---|
| | | 完全<br>不符合 | 比较<br>不符合 | 不确定 | 比较<br>符合 | 完全<br>符合 |
| C42 | 实验课上，我总有机会动手操作，从而发现或验证科学原理与规律。 | 1 | 2 | 3 | 4 | 5 |
| C43 | 遇到感兴趣的问题，即便不是学习重点，我也会在课下进行调查研究，把它弄清楚。 | 1 | 2 | 3 | 4 | 5 |
| C44 | 我会运用调查法、观察法等多种方法去研究复杂的现实生活问题。 | 1 | 2 | 3 | 4 | 5 |
| C45 | 在研究性学习中，我会采取实地参观、考察、访谈等方式来获取数据和信息。 | 1 | 2 | 3 | 4 | 5 |

# 附录 2

# 中小学学生学习行为调查问卷
## （学生自评版）*

亲爱的同学：

你好！

本调查旨在了解中小学生学习行为现状，用作科学研究。问卷填写采取不记名的方式，不会对你产生任何不利影响，请按你的真实情况和想法作答！

答题请注意：

（1）除特别说明外，问卷中的题目均为单选题，请在所选答案的字母或数字上打"√"。（2）若你选择了"其他"项，请在题支后的横线上写下你的看法。

谢谢你的积极参与和配合！

**一　你的基本情况**

性　　别：　A. 男　　　　B. 女

学校类型：　A. 小学　　　B. 初中　　　C. 高中

学校性质：　A. 普通　　　B. 重点

学校所在地：A. 城市　　　B. 城镇　　　C. 农村

---

　* 限于篇幅，此处呈现的是预测问卷。通过对预测问卷进行项目分析，学生学习行为评定 B 部分删除题项 B3 与 B5，C 部分删除题项 C16、C18 与 C24，其后题项上行补上，顺序排列，最终形成正式施测问卷。预测问卷的项目分析过程及结果见本书第三章。

所在班级人数：A. 35 人及以下　　　B. 36—54 人

　　　　　　　C. 55—70 人　　　　D. 71 人及以上

是否学生干部：A. 是　　　　　　　B. 否

是否独生子女：A. 是　　　　　　　B. 否

是否住校：　　A. 是　　　　　　　B. 否

父亲文化程度：A. 专科及以下　　B. 大学本科　　C. 研究生

母亲文化程度：A. 专科及以下　　B. 大学本科　　C. 研究生

## 二　学生学习行为评定（A 部分）

1. 周一至周五，除学校规定的上课时间外，你每天还会花多少时间在学习上？

　　A. 1 小时以内　　　　　　　B. 1—2 小时（含 1 小时）

　　C. 2—3 小时（含 2 小时）　　D. 3 小时及以上

2. 在双休日或节假日，你一般每天会花多少时间参加校外辅导班或进行自学？

　　A. 1 小时以内　　　　　　　B. 1—2 小时（含 1 小时）

　　C. 2—3 小时（含 2 小时）　　D. 3 小时及以上

3. 你每天在校学习时间为

　　A. 6 小时及以下　　　　　　B. 6—8 小时（含 8 小时）

　　C. 8—10 小时（含 10 小时）　　D. 10—12 小时（含 12 小时）

　　E. 12 小时以上

4. 你每天在教室里（室内）上课（含自习课）的节数为

　　A. 3—4 节　　　B. 5—6 节　　　C. 7—8 节

　　D. 9—10 节　　　E. 11 节及以上

5. 你每周参加学校或班级组织的集体室外活动的次数是

　　A. 1—2 次　　　B. 3—4 次　　　C. 5—6 次

　　D. 7—8 次　　　E. 9 次及以上

6. 最近一天上学时，你在班级里的学习状况是

　　A. 主要在自己的座位上学习和回答问题

　　B. 获得机会走上讲台在黑板上演示或在讲台上展现自我

C. 可以离开座位在教室的任意地方（非讲台）表达或展现自我

D. 允许去专门的活动室（如实验室、手工制作室等）开展学习活动

7. 以下哪种师生互动形式最符合你目前在课堂上的学习状况？

A. 老师讲，学生听　　　　　　B. 老师问，学生答

C. 学生讲，老师听　　　　　　D. 学生问，老师答

8. 老师提问时，你一般会

A. 总是积极主动发言　　　　　B. 偶尔主动发言

C. 被老师点名才发言　　　　　D. 即使被老师点名也不发言

9. 在你看来，老师评价学生学习状况的主要根据是

A. 学习成绩（如考试分数等）

B. 学习品质（如勤奋、虚心好学等）

C. 具体的学习行为表现（如听讲、答问时的表现等）

D. 其他＿＿＿＿＿＿＿＿

10. 老师布置的作业类型一般是

A. 书面作业，如作文、试卷、习题等

B. 手工制作类作业，如制作学具、模型等

C. 调查类作业，如参观、实地考察等

D. 演讲类作业，无需纸笔形式仅需口头表达

11. 放学或放假后，你的学习形式主要是

A. 在家或校外辅导班做作业、温习功课

B. 去图书馆或书店看书、查阅资料

C. 去游乐场等娱乐场所自由玩耍

D. 去青少年宫、博物馆等公共场所参观访问

12. 放学或放假在家时，你最常做（做的最多）的是

A. 做作业或上各种补习班、辅导班　　　　B. 参加体育锻炼

C. 进行娱乐活动，如上网、看电视、看电影等　D. 做家务

E. 其他＿＿＿＿＿＿＿＿

13. 每当开始一天的学习时，你的心情一般是

A. 烦乱　　　B. 有点紧张　　　C. 平静（没感觉）　　　D. 愉快

14. 完成一天的学习后，你一般会感到

A. 很累，很疲倦　　　　　B. 很庆幸完工了，松了一口气

C. 很平静，没什么感觉　　D. 有收获，很高兴

15. 在学习上，你感到有压力吗？

A. 基本没有　　　　　　　B. 有时有，但能承受

C. 经常有，压力较大　　　D. 总是有，压力很大

16. 在学习上，让你最烦恼的事是

A. 老师讲课听不懂　　　　B. 作业太多写不完

C. 要背诵的内容太多　　　D. 家长要求太高

E. 其他＿＿＿＿＿＿＿

17. 相比你在学习上投入的时间和精力，你对自己的学习成绩满意吗？

A. 非常不满意　　B. 不太满意　　C. 一般满意

D. 比较满意　　　E. 非常满意

18. 你觉得自己在学习过程中收获最大的方面是

A. 学习成绩　　　B. 思想品德　　　C. 身体健康

D. 心理健康　　　E. 人际关系

19. 学习对你帮助较大的是（可多选，但不超过3项）

A. 获得了知识，发展了思维能力

B. 习得了某项技能（如跳舞、弹琴、踢球等）

C. 陶冶了情操，形成了正确的态度和价值观

D. 掌握了有效的学习方法，形成了良好的学习习惯

E. 学会了解决实际生活中的问题

20. 你更喜欢以下哪些学习活动和学习行为？（可多选，但不超过5项）

A. 听讲　　　　　　　B. 阅读

C. 文艺表演（如唱歌、跳舞、演奏乐器等）

D. 做习题、试卷　　　E. 手工制作

F. 体育活动（如踢球、跳绳等）

G. 做实验　　　　　　H. 讨论、辩论

I. 参观、调查、访问　J. 自我检查、反思与评价


## 三　学生学习行为评定（B 部分）

请评定以下学习行为最近一周之内在你身上出现的频率，并在你选中的数字上打"√"。

每题只选一个答案，请不要多选或漏选。

0 表示"从不"，即"一周之内从来没有出现过"

1 表示"偶尔"，即"一周之内只有 1 天会出现"

2 表示"有时"，即"一周之内有 2 天会出现"

3 表示"经常"，即"一周之内有 3—4 天会出现"

4 表示"总是"，即"一周之内有 5—7 天会出现"

| 编号 | 项　目 | 从不 | 偶尔 | 有时 | 经常 | 总是 |
|---|---|---|---|---|---|---|
| B1 | 做实验 | 0 | 1 | 2 | 3 | 4 |
| B2 | 文艺表演（如唱歌、跳舞、演奏乐器等） | 0 | 1 | 2 | 3 | 4 |
| B3 | 从他人言行中了解他人的思维方式、情感和态度等 | 0 | 1 | 2 | 3 | 4 |
| B4 | 手工制作（如制作工艺品、雕塑等） | 0 | 1 | 2 | 3 | 4 |
| B5 | 做习题、试卷 | 0 | 1 | 2 | 3 | 4 |
| B6 | 自我评估学习准备情况（如知识、技能、情感和态度等的准备） | 0 | 1 | 2 | 3 | 4 |
| B7 | 听讲 | 0 | 1 | 2 | 3 | 4 |
| B8 | 开展辩论赛、学术沙龙等 | 0 | 1 | 2 | 3 | 4 |
| B9 | 与他人合作解决实际生活中的真实问题 | 0 | 1 | 2 | 3 | 4 |
| B10 | 体育活动（如踢球、跳绳、做广播体操等） | 0 | 1 | 2 | 3 | 4 |

续表

| 编号 | 项　目 | 从不 | 偶尔 | 有时 | 经常 | 总是 |
|---|---|---|---|---|---|---|
| B11 | 自我反思解答问题时的内部思维过程 | 0 | 1 | 2 | 3 | 4 |
| B12 | 遇到难题时当面求助或请教他人 | 0 | 1 | 2 | 3 | 4 |
| B13 | 自我检查学习计划的制订情况 | 0 | 1 | 2 | 3 | 4 |
| B14 | 口头发言（如答问、演讲等） | 0 | 1 | 2 | 3 | 4 |
| B15 | 做游戏 | 0 | 1 | 2 | 3 | 4 |
| B16 | 针对某一主题开展小组讨论或全班讨论 | 0 | 1 | 2 | 3 | 4 |
| B17 | 观看实际物体（如建筑物、机器构造等） | 0 | 1 | 2 | 3 | 4 |
| B18 | 阅读（朗读、默读等） | 0 | 1 | 2 | 3 | 4 |
| B19 | 观摩他人行为（如见习、动作示范等） | 0 | 1 | 2 | 3 | 4 |
| B20 | 与他人随意交谈学习经验和体会 | 0 | 1 | 2 | 3 | 4 |
| B21 | 观看模型（如地球仪、航模等） | 0 | 1 | 2 | 3 | 4 |
| B22 | 思考自身学习资源（如自学资料、课外书等）的选择情况 | 0 | 1 | 2 | 3 | 4 |
| B23 | 观看事件与现象（如月食、节日庆典、科学实验过程等） | 0 | 1 | 2 | 3 | 4 |
| B24 | 反省自身学习过程的展开和调控情况 | 0 | 1 | 2 | 3 | 4 |
| B25 | 做笔记 | 0 | 1 | 2 | 3 | 4 |

## 四 学生学习行为评定（C 部分）

请评定下列项目描述的情况与你的相符程度，并在你选中的数字上打"√"。

每题只选一个答案，请不要多选或漏选！

1 表示"完全不符合"

2 表示"比较不符合"

3 表示"不确定"

4 表示"比较符合"

5 表示"完全符合"

| 编号 | 项 目 | 完全不符合 | 比较不符合 | 不确定 | 比较符合 | 完全符合 |
|------|-------|-----------|-----------|--------|---------|---------|
| C1 | 在研究性学习中，我会采取实地参观、考察、访谈等方式来获取数据和信息。 | 1 | 2 | 3 | 4 | 5 |
| C2 | 课余，我会参加集体活动，如合唱团、篮球赛、劳动等。 | 1 | 2 | 3 | 4 | 5 |
| C3 | 在解决实际生活问题时，我能提出别人想不到的问题解决方案。 | 1 | 2 | 3 | 4 | 5 |
| C4 | 即便常规性的解题方法有些麻烦，我还是会用，不想冒险。 | 1 | 2 | 3 | 4 | 5 |
| C5 | 当做不出习题时，我不希望老师提示答案，我会自己慢慢摸索。 | 1 | 2 | 3 | 4 | 5 |
| C6 | 我会独立完成老师布置的家庭作业，不需要家长或家教从旁辅导。 | 1 | 2 | 3 | 4 | 5 |

续表

| 编号 | 项　目 | 完全不符合 | 比较不符合 | 不确定 | 比较符合 | 完全符合 |
|------|--------|-----------|-----------|--------|---------|---------|
| C7 | 我运用的解题方法，大多数同学都能想到。 | 1 | 2 | 3 | 4 | 5 |
| C8 | 我在学习上一般会随大流，与大家保持相同的步调。 | 1 | 2 | 3 | 4 | 5 |
| C9 | 只有在老师点名要我发言时，我才会发言。 | 1 | 2 | 3 | 4 | 5 |
| C10 | 在分小组进行学习时，我乐意担当组长或领导者，发挥组织、协调作用。 | 1 | 2 | 3 | 4 | 5 |
| C11 | 遇到难题时，我会冥思苦想，靠自己的力量解决。 | 1 | 2 | 3 | 4 | 5 |
| C12 | 遇到感兴趣的问题，即便不是学习重点，我也会在课下进行调查研究，把它弄清楚。 | 1 | 2 | 3 | 4 | 5 |
| C13 | 在做实验时，我总有机会动手操作，从而发现或验证科学原理与规律。 | 1 | 2 | 3 | 4 | 5 |
| C14 | 对于作业或测验中出现的错误，我会仔细分析原因并改正。 | 1 | 2 | 3 | 4 | 5 |
| C15 | 我会在课前对将要学习的内容进行预习。 | 1 | 2 | 3 | 4 | 5 |
| C16 | 我习惯用老师讲、学生听的方式获取系统化的知识。 | 1 | 2 | 3 | 4 | 5 |

| 编号 | 项　目 | 完全不符合 | 比较不符合 | 不确定 | 比较符合 | 完全符合 |
|------|--------|------------|------------|--------|----------|----------|
| C17 | 自习课上，我习惯自定学习步调，独自完成学习任务。 | 1 | 2 | 3 | 4 | 5 |
| C18 | 课上我不喜欢老师讲太多，更愿意自己学。 | 1 | 2 | 3 | 4 | 5 |
| C19 | 我学得好不好，主要是看老师或父母对我的评价。 | 1 | 2 | 3 | 4 | 5 |
| C20 | 若我在课上有没听懂的地方，课下我会主动向老师或同学请教。 | 1 | 2 | 3 | 4 | 5 |
| C21 | 我总能在学习中发现疑难问题，并很想通过自身实践活动进行探究。 | 1 | 2 | 3 | 4 | 5 |
| C22 | 在小组内进行实验验证时，我一般会让其他同学动手操作，自己在一旁观看。 | 1 | 2 | 3 | 4 | 5 |
| C23 | 我能解决班里其他同学都觉得困难的问题。 | 1 | 2 | 3 | 4 | 5 |
| C24 | 我总是在老师讲解写作要求和技巧之后才会开始写作文。 | 1 | 2 | 3 | 4 | 5 |
| C25 | 不用家长督促，我会自觉完成各项作业。 | 1 | 2 | 3 | 4 | 5 |
| C26 | 我往往还没准备好，就不得不服从老师安排加入课堂讨论。 | 1 | 2 | 3 | 4 | 5 |

续表

| 编号 | 项　目 | 完全不符合 | 比较不符合 | 不确定 | 比较符合 | 完全符合 |
|------|--------|-----------|-----------|--------|---------|---------|
| C27 | 即使采用小组合作的方式解决问题，我也会先独自把问题思考清楚。 | 1 | 2 | 3 | 4 | 5 |
| C28 | 课堂讨论时，我会发表与众不同的观点和想法。 | 1 | 2 | 3 | 4 | 5 |
| C29 | 在做实验时，我会认真看老师示范操作，听老师讲解实验结果，不大会亲自动手做实验。 | 1 | 2 | 3 | 4 | 5 |
| C30 | 在同学遇到学习困难时，我会尽量提供帮助和支持。 | 1 | 2 | 3 | 4 | 5 |
| C31 | 大部分同学怎么学，我就怎么学。 | 1 | 2 | 3 | 4 | 5 |
| C32 | 在课堂讨论中，我会与他人分享观点，充分展示自己的思维方法和过程。 | 1 | 2 | 3 | 4 | 5 |
| C33 | 当学习成绩下降时，我会及时对学习活动进行调整。 | 1 | 2 | 3 | 4 | 5 |
| C34 | 只有在老师布置阅读任务后，我才会去开展课外阅读。 | 1 | 2 | 3 | 4 | 5 |
| C35 | 在手工制作中，我会突发奇想，制作出有创意的作品。 | 1 | 2 | 3 | 4 | 5 |
| C36 | 课上我会认真听讲并积极开动脑筋思考。 | 1 | 2 | 3 | 4 | 5 |

续表

| 编号 | 项 目 | 完全不符合 | 比较不符合 | 不确定 | 比较符合 | 完全符合 |
|------|-------|-----------|-----------|--------|---------|---------|
| C37 | 我会运用调查法、观察法等多种方法去研究复杂的现实生活问题。 | 1 | 2 | 3 | 4 | 5 |
| C38 | 我会主动去书店或图书室挑选学习资料或课外书。 | 1 | 2 | 3 | 4 | 5 |
| C39 | 我不大会制定学习计划，一切听从老师安排。 | 1 | 2 | 3 | 4 | 5 |
| C40 | 不需要老师监督，我会主动设置学习目标。 | 1 | 2 | 3 | 4 | 5 |

# 附录 3

# 中小学学生课堂学习行为观察
# 原始数据示例

某一小学生数学课堂学习行为观察原始数据

| 行为类型 | 5（1）单位 | | 5（2）单位 | | 5（3）单位 | | 5（4）单位 | | 5（5）单位 | |
|---|---|---|---|---|---|---|---|---|---|---|
| | 发生频次 | 持续时间 | 发生频次 | 持续时间 | 发生频次 | 持续时间 | 发生频次 | 持续时间 | 发生频次 | 持续时间 |
| 听讲 | 1 | 50″ | 3 | 1′39″ | 6 | 1′12″ | 2 | 2′15″ | 8 | 2′32″ |
| 回应提问 | | | 1 | 3″ | 1 | 2″ | 1 | 3″ | 6 | 34″ |
| 被点名发言 | | | | | | | | | | |
| 看书（默读） | | | | | | | | | | |
| 朗读（齐读） | 1 | 4′10″ | | | 1 | 12″ | | | 1 | 23″ |
| 做笔记 | | | | | | | | | | |
| 做习题 | | | 3 | 3′01″ | 4 | 3′13″ | 1 | 35″ | 3 | 1′31″ |
| 板演 | | | | | 1* | 18″ | 1* | 2′02″ | | |
| 讨论 | | | | | | | 1 | 5″ | | |
| 提问 | | | | | | | | | | |
| 举手 | | | 1 | 6″ | 1 | 3″ | | | | |
| 鼓掌 | | | | | | | | | | |
| 翻书包 | | | | | | | | | | |

续表

| 行为类型 | 5（1）单位 | | 5（2）单位 | | 5（3）单位 | | 5（4）单位 | | 5（5）单位 | |
|---|---|---|---|---|---|---|---|---|---|---|
| | 发生频次 | 持续时间 | 发生频次 | 持续时间 | 发生频次 | 持续时间 | 发生频次 | 持续时间 | 发生频次 | 持续时间 |
| 讲小话 | | | 1 | 7″ | | | | | | |
| 玩东西 | | | | | | | | | | |
| 望外 | | | | | | | | | | |
| 打呵欠 | | | 1 | 4″ | | | | | | |
| 揉眼睛 | | | | | | | | | | |

续上表

| 行为类型 | 5（6）单位 | | 5（7）单位 | | 5（8）单位 | | 5（9）单位 | | 合计 | |
|---|---|---|---|---|---|---|---|---|---|---|
| | 发生频次 | 持续时间 | 发生频次 | 持续时间 | 发生频次 | 持续时间 | 发生频次 | 持续时间 | 发生频次 | 持续时间 |
| 听讲 | 3 | 2′09″ | 7 | 2′24″ | 1 | 43″ | 1 | 3′14″ | 32 | 16′58″ |
| 回应提问 | 1 | 4″ | 1 | 9″ | 1 | 4″ | 1 | 9″ | 13 | 1′08″ |
| 被点名发言 | | | | | | | | | | |
| 看书（默读） | | | | | | | | | | |
| 朗读（齐读） | 1 | 36″ | | | 1 | 19″ | | | 5 | 5′40″ |
| 做笔记 | | | | | | | | | | |
| 做习题 | 1 | 2′05″ | 5 | 2′27″ | 3 | 3′54″ | 1 | 40″ | 21 | 17′26″ |
| 板演 | | | | | | | 1 | 57″ | 2 | 3′17″ |
| 讨论 | | | | | | | | | 1 | 5″ |
| 提问 | | | | | | | | | | |
| 举手 | | | | | | | | | 2 | 9″ |
| 鼓掌 | | | | | | | | | | |
| 翻书包 | | | | | | | | | | |
| 讲小话 | | | | | | | | | 1 | 7″ |

续表

| 行为类型 | 5（6）单位 | | 5（7）单位 | | 5（8）单位 | | 5（9）单位 | | 合计 | |
|---|---|---|---|---|---|---|---|---|---|---|
| | 发生频次 | 持续时间 | 发生频次 | 持续时间 | 发生频次 | 持续时间 | 发生频次 | 持续时间 | 发生频次 | 持续时间 |
| 玩东西 | | | | | | | | | | |
| 望外 | | | | | | | | | | |
| 打呵欠 | 1 | 6″ | | | | | | | 2 | 10″ |
| 揉眼睛 | | | | | | | | | | |

注：1. 计算频次的标准：与正在发生的学习行为不同，则表示产生新的行为，记录频次1 次。

2. * 发生在 5（3）和 5（4）之间，故实际合计发生频次时只能算 1 次。

# 参考文献

## 一  中文类

### （一）著作

［德］赫尔巴特：《普通教育学、教育学讲授纲要》，李其龙译，浙江教育出版社 2002 年版。

［法］卢梭：《爱弥儿：论教育》，李平沤译，商务印书馆 1978 年版。

［加］范梅南：《教学机智：教育智慧的意蕴》，李树英译，教育科学出版社 2001 年版。

［加］范梅南：《生活体验研究：人文科学视野中的教育学》，宋广文等译，教育科学出版社 2003 年版。

［捷克］夸美纽斯：《大教学论》，傅任敢译，教育科学出版社 1999 年版。

［美］阿什福德、雷克劳尔、洛蒂：《人类行为与社会环境：生物学、心理学与社会学视角》，王宏亮、李艳红、林虹译，中国人民大学出版社 2005 年版。

［美］安德森等编著：《学习、教学和评估的分类学》，皮连生主译，华东师范大学出版社 2007 年版。

［美］巴克教育研究所：《项目学习教师指南：21 世纪的中学教学法》，任伟译，教育科学出版社 2008 年版。

［美］班杜拉：《思想和行动的社会基础：社会认知论（下）》，林颖、王小明、胡谊等译，华东师范大学出版社 2001 年版。

［美］布兰思福特、布朗、科金等编著：《人是如何学习的——大脑、
心理、经验及学校》，程可拉、孙亚玲、王旭卿译，华东师范大学出
版社 2002 年版。

［美］德里斯科尔：《学习心理学：面向教学的取向》，王小明等译，华
东师范大学出版社 2007 年版。

［美］杜威：《民主主义与教育》，王承绪译，人民教育出版社 1990
年版。

［美］杜威：《我们怎样思维·经验与教育》，姜文闵译，人民教育出版
社 2004 年版。

［美］杜威：《学校与社会·明日之学校》，赵祥麟、任钟印、吴志宏
译，人民教育出版社 2004 年版。

［美］菲利普斯、索尔蒂斯：《学习的视界》，尤秀译，教育科学出版社
2006 年第 4 版。

［美］古德、布罗菲：《透视课堂》，陶志琼、王凤、邓晓芳等译，中国
轻工业出版社 2002 年版。

［美］赫根汉、奥尔森：《学习理论导论》，郭本禹等译，上海教育出版
社 2011 年第 7 版。

［美］霍尔特、凯斯尔卡：《教学样式：优化学生学习的策略》，沈书
生、刘强等译，华东师范大学出版社 2008 年版。

［美］加涅：《教学设计原理》，皮连生、庞维国等译，华东师范大学出
版社 1999 年版。

［美］加涅：《学习的条件和教学论》，皮连生、王映学、郑葳等译，华
东师范大学出版社 1999 年版。

［美］克里克山克、贝勒尔、梅特卡夫：《教学行为指导》，时绮、梁玉
华、姜勇等译，中国轻工业出版社 2003 年版。

［美］里德、贝格曼：《课堂观察、参与和反思》，伍新春、夏令、管琳
译，教育科学出版社 2009 年版。

［美］申克：《学习理论》，韦小满等译，江苏教育出版社 2003 年版。

［美］泰勒：《课程与教学的基本原理》，施良方译，人民教育出版社
1994 年版。

［美］泽波利：《学生行为管理：教师应用指南》，郑丹丹、张宏、申靓等译，中国轻工业出版社 2004 年版。

［日］小原国芳：《小原国芳教育论著选（上卷)》，刘剑乔、由其民、吴光威译，人民教育出版社 1993 年版。

［瑞士］皮亚杰：《发生认识论原理》，王宪钿等译，商务印书馆 1981 年版。

［瑞士］皮亚杰：《教育科学与儿童心理学》，傅统先译，文化教育出版社 1981 年版。

［苏］列昂节夫：《活动·意识·个性》，李沂、冀刚、徐世京等译，上海译文出版社 1980 年版。

［英］怀特海：《教育的目的》，徐汝舟译，生活·读书·新知三联书店 2002 年版。

［法］阿尔贝特·史怀泽：《敬畏生命》，陈泽环译，上海社会科学院出版社 1992 年版。

［美］埃弗森、埃默：《透视小学生课堂行为：小学教师的课堂管理指南》，赵琴译，中国轻工业出版社 2016 年版。

陈佑清：《教育活动论》，江苏教育出版社 2000 年版。

陈佑清：《教学论新编》，人民教育出版社 2011 年版。

冯建军：《生命与教育》，教育科学出版社 2004 年版。

金生鈜：《理解与教育：走向哲学解释学的教育哲学导论》，教育科学出版社 1997 年版。

靖国平：《教育的智慧性格：兼论当代知识教育的变革》，湖北教育出版社 2004 年版。

李家成：《关怀生命：当代中国学校教育价值取向探》，教育科学出版社 2006 年版。

李晓文：《学生自我发展之心理学探究》，教育科学出版社 2001 年版。

倪梁康：《现象学及其效应：胡塞尔与当代德国哲学》，生活·读书·新知三联书店 1994 年版。

盛群力等编著：《21 世纪教育目标新分类》，浙江教育出版社 2008 年版。

施良方：《学习论》，人民教育出版社 2001 年版。

石中英：《知识转型与教育改革》，教育科学出版社 2001 年版。

陶行知纪念馆等主编：《陶行知文集（修订本）》，江苏教育出版社 2001 年版。

吴康宁等：《课堂教学社会学》，南京师范大学出版社 2004 年版。

张建伟、孙燕青：《建构性学习：学习科学的整合性探索》，上海教育出版社 2005 年版。

张曙光：《生存哲学：走向本真的存在》，云南人民出版社 2001 年版。

赵汀阳：《论可能生活：一种关于幸福和公正的理论》，中国人民大学出版社 2004 年版。

郑太年：《学校学习的反思与重构：知识意义的视角》，上海教育出版社 2006 年版。

程宏宇：《认知风格影响学习行为机制初探——基于跨文化比较研究的视角》，浙江大学出版社 2012 年版。

罗儒国：《教学生活的反思与重建》，山东人民出版社 2009 年版。

季萍：《教什么知识——对教学的知识论基础的认识》，教育科学出版社 2009 年版。


### （二）论文

王永昌：《论实践本质》，《中国社会科学》1991 年第 4 期。

王永昌：《论实践对象化的基本内容和过程》《中国社会科学》1992 年第 2 期。

叶澜：《让课堂焕发出生命活力——论中小学教学改革的深化》，《教育研究》1997 年第 9 期。

陈桂生：《关于试行"课堂学习行为设计"的建议》，《现代中小学教育》2004 年第 5 期。

鲁洁：《边缘化、外在化、知识化——道德教育的现代综合症》，《教育研究》2005 年第 12 期。

鲁洁：《一个值得反思的教育信条：塑造知识人》，《教育研究》2004 年第 6 期。

陈佑清：《多维学习与全面发展——促进全面发展的学习机制探讨》，《教育研究》2011 年第 1 期。

陈佑清：《建构学习中心课堂——我国中小学课堂教学转型的取向探析》，《教育研究》2014 年第 3 期。

陈佑清：《教学过程的本土化探索——基于国内著名教学改革经验的分析》，《当代教育与文化》2011 年第 1 期。

陈佑清：《论活动与发展之间的相关对应性》，《教育研究》2005 年第 2 期。

陈佑清：《培养"生活主体"：教育目标的一种选择》，《教育研究与实验》2009 年第 6 期。

向葵花、陈佑清：《聚焦学习行为：教学论研究的视域转换》，《课程·教材·教法》2013 年第 12 期。

丁朝蓬、刘亚萍、李洁：《新课程改革优质课的教学现场样态：教与学的行为分析视角》，《课程·教材·教法》2013 年第 5 期。

丁念金：《基于个性化学习的课堂转变》，《课程·教材·教法》2013 年第 8 期。

冯建军：《中小学学生生活方式探讨》，《中国德育》2009 年第 12 期。

高巍：《教师行为与学生行为的关系解析》，《教育研究》2012 年第 3 期。

顾云虎、张珍珍：《有限知识与知识教学任务》，《全球教育展望》2012 年第 10 期。

郭元祥：《论课堂生活的重建》，《教育研究与实验》2000 年第 1 期。

郭元祥：《知识的性质、结构与深度教学》，《课程·教材·教法》2009 年第 11 期。

黄首晶：《从知识创新的视角看书本知识与生活经验的关系》，《教育研究与实验》2012 年第 2 期。

金生鈜：《生命教育：使教育成为善业》，《思想理论教育（上半月·综合）》2006 年第 11 期。

李长吉：《讲授文化：课堂教学的责任》，《教育研究》2011 年第 10 期。

李希贵、郭学军：《普通中学学校转型：路径选择与实施策略的研究》，《课程·教材·教法》2014 年第 4 期。

李政涛：《生命自觉与教育学自觉》，《教育研究》2010 年第 4 期。

刘华：《学习观转型与教学变革深度推进》，《全球教育展望》2011 年第 6 期。

刘铁芳：《返回生活世界教育学：教育何以面对个体生命成长的复杂性》，《教育研究》2012 年第 1 期。

刘志军、张红霞：《生命化课堂教学的实践构想》，《课程·教材·教法》2013 年第 9 期。

龙宝新：《走向核心知识教学：高效课堂的时代意蕴》，《全球教育展望》2012 年第 3 期。

吕洪波、郑金洲：《中小学课堂教学变革的基本认识》，《教育研究》2012 年第 4 期。

罗生全、欧露梅：《论学习过程的生命存在》，《中国教育学刊》2013 年第 8 期。

罗祖兵：《"过度教导"的危害与矫正对策》，《课程·教材·教法》2013 年第 10 期。

罗祖兵、杨娥：《"过度学习"的危害及其救赎——兼谈如何建立"全面而有个性地发展"的教育制度体系》，《全球教育展望》2013 年第 5 期。

宋乃庆、杨欣：《中小学生课业负担过重的定量分析》，《教育研究》2014 年第 3 期。

王俊山、张燕燕、柯慧：《中小学生学习生活质量调查研究——以上海市静安区为例》，《上海教育科研》2011 年第 1 期。

小学生学习状况调查组：《除学习负担以外，还应关注什么？——2011 小学生学习状况调查报告》，《基础教育参考》2011 年第 12 期。

黄丽娟：《"学困生"在课堂学习中究竟在干什么——关于一个"学困生"的课堂行为表现的观察报告》，《教育科学研究》2006 年第 6 期。

余文森：《试析传统课堂教学的特征及弊端》，《教育研究》2001 年第

5 期。

王明：《学生课堂投入不足的形成机制分析》，《中国教育学刊》2013 年第 9 期。

齐军、李如密：《基础教育课程改革中教学时空的变革与反思》，《全球教育展望》2011 年第 7 期。

齐军、李如密：《教学空间布置艺术初探》，《教育研究与实验》2011 年第 4 期。

徐冰鸥：《社会学视域下的课堂空间意蕴及其价值再审视》，《教育研究》2012 年第 7 期。

康洁、熊和平：《教育现象学的描述——以教室空间的学生身体现象为例》，《全球教育展望》2013 年第 8 期。

宋立华：《社会学视野下的课堂座位分析》，《中国教育学刊》2013 年第 8 期。

李德全、杨正强：《论课堂教学时间管理策略》，《课程·教材·教法》2014 年第 3 期。

董云川、沈云都：《两种课堂时间：教育行为与知识发生的时间性反思》，《高等教育研究》2013 年第 6 期。

熊和平、刘志超：《应试课堂声音与教学秩序》，《全球教育展望》2014 年第 7 期。

孙芙蓉：《试论课堂生态研究的几个基本问题》，《教育研究》2011 年第 12 期。

屠锦江、潘洪建：《大班额"有效教学"的困境与出路》，《课程·教材·教法》2011 年第 11 期。

方征、余美君：《班额对教师课堂教学行为的影响》，《教育发展研究》2013 年第 12 期。

王北生：《论教育的生命意识及生命教育的四重构建》，《教育研究》2004 年第 5 期。

王道俊：《知识的教育价值及其实现方式问题初探——兼谈对杜威教育思想的某些认识》，《课程·教材·教法》2011 年第 1 期。

王鉴、王俊：《课堂生活及其变革研究》，《课程·教材·教法》2013

年第 4 期。

吴永军：《我国小班化教育：成绩、困境与展望》，《课程·教材·教法》2014 年第 2 期。

项贤明：《"生活世界"的教育与"科学世界"的教育》，《教育研究与实验》1999 年第 4 期。

肖正德：《教师教学行为转变的文化学思考》，《课程·教材·教法》2011 年第 4 期。

辛继湘：《教学论实践智慧的缺失与重建》，《课程·教材·教法》2011 年第 3 期。

辛继湘：《教学论研究：理论自觉与实践情怀》，《课程·教材·教法》2012 年第 9 期。

熊川武、江玲：《论学生自主性》，《教育研究》2013 年第 12 期。

杨小微：《解读学生校外生活的教育内涵》，《教育学报》2006 年第 6 期。

潘洪建：《知识形式：基本蕴涵、教育价值与教学策略》，《课程·教材·教法》2014 年 11 期。

赵士果：《有效教学行为研究的反思与重构》，《当代教育科学》2012 年第 20 期。

朱德全：《基于行为的问题诊断式教学设计的表征》，《教育研究》2011 年第 1 期。

张济洲：《中小学作业观：特点、问题与走向》，《课程·教材·教法》2013 年第 7 期。

李学书：《从认识论到生存论：中小学作业改革的新取向》，《课程·教材·教法》2013 年第 7 期。

李晓红：《小学作业设计的伦理失衡与纠偏》，《中国教育学刊》2016 年第 6 期。

王嘉毅、程岭：《"减负"之路的重要选择：问题型作业模式》，《中国教育学刊》2014 年第 12 期。

刘志军、张红霞：《生命化课堂教学的实践构想》，《课程·教材·教法》2013 年第 9 期。

黄伟、焦强磊：《基于教学关系的课堂教学模式变革》，《课程·教材·教法》2016 年第 3 期。

廖哲勋、罗祖兵：《试论学习活动方式的本质含义和重要作用》，《课程·教材·教法》2013 年第 1 期。

吴刚平：《知识分类视野下的记中学、做中学与悟中学》，《全球教育展望》2013 年第 6 期。

伍远岳：《论学习的实践属性与实践性教学》，《全球教育展望》2015 年第 12 期。

康丽颖：《学科视域中的校外教育理论建设》，《教育研究》2012 年第 8 期。

辉进宇、褚远辉：《试论校外教育活动的"应然"状态》，《教育评论》2012 年第 4 期。

郁琴芳：《小学生父亲参与家庭教育的现状调查》，《上海教育科研》2016 年第 1 期。

李智晔：《多媒体学习过程的学习行为辨析》，《教育研究》2014 年第 11 期。

李玉斌、姚巧红、候威等：《网络学习行为研究的向度与分析》，《电化教育研究》2012 年第 9 期。

罗洁：《信息技术带动学习变革——从课堂学习到虚拟学习、移动学习再到泛在学习》，《中国电化教育》2014 年第 1 期。

潘洪建：《身体在场：在活动中学习》，《教育发展研究》2015 年第 22 期。

叶浩生：《身体对心智的塑造：具身认知及其教育启示》，《基础教育参考》2015 年第 13 期。

张良：《具身认知理论视域中课程知识观的重建》，《课程·教材·教法》2016 年第 3 期。

## 二 外文类

Ames, C. and Archer, J., "Achievement Goals in the Classroom: Students'

Learning Strategies and Motivation Processes", *Journal of Educational Psychology*, Vol. 80, No. 3, 1988.

Arends, R. I. , *Learning to Teach* ( 7$^{th}$ ed. ) , New York: McGraw – Hill, 2007.

Borich, G. D. , *Effective Teaching Methods: Research – Based Practice*, New Jersey: Pearson Education, Inc. , 2007.

Burnard, S. , *Developing Children's Behaviour in the Classroom—A Practical Guide for Teachers and Students*, Routledge Falmer, 1998.

Durbrow, E. H. , "Learning Behaviors, Attention and Anxiety in Caribbean Children: Beyond the 'Usual Suspects' in Explaining academic perform-ance", *School Psychology International*, Vol. 21, No. 3, 2000.

Hauenstein, A. D. , *A conceptual framework for educational objectives: a ho-listic approach to traditional taxonomies*, Lanham, MD: University Press of America, 1998.

Jonassen, D. H. , "Toward a design theory of problem solving", *Educational Technology Research and Development*, Vol. 48, No. 4, 2000.

Lave, J. , *Cognition in practice: Mind, mathematics and culture in everyday life.* New York: Cambridge University Press. 1988.

McNamara, S. and Moreton, G. , *Teaching Children with Emotional and Be-havioural Difficulties in Primary and Secondary Classrooms* ( 2$^{nd}$ ed. ) , Da-vid Fulton Publishers, 2001.

Mead, G. H. , *The Philosophy of the act*, Chicago: The University of Chica-go Press, 1967.

Munby, H. and Russell, T. , "Epistemology and context in research on learning to teach science", In Fraser and Tobin, *International handbook of science education*, 1988.

Perrott, E. , *Effective Teaching: a Practical Guide to Improving Your Teach-ing*, New York: Longman, 1986.

Scarpaci, R. T. , "IOSIE: A Method for Analyzing Students Behavioral Problems", *The Clearing House*, Vol. 80, No. 3, 2007.

Schaefer, G. A. , "A Demographic Survey of Learning Behaviors Among American Students", *School Psychology Review*, Vol. 33, No. 4, 2004.

Woolfolk, A. , *Educational Psychology*, New York: Pearson Education, Inc, 2007.

Zimmerman, B. J. , "Self-regulated Learning and Academic Achievement", *Educational Psychologist*, Vol. 25, No. 1, 1990.

# 后　记

　　面向教育实践，解决教育实践中的真问题，一直是我多年来从未停止的追求。学生的学习行为是一个颇具实践品性的问题，我很感兴趣。但学生的学习行为及其具体行为表现多种多样，又因学生的个体差异而千差万别，研究的难度很大。究竟采用什么方式来进行研究，才能揭示出我国中小学学生学习行为的运用状况与问题，一度让我很苦恼。在研究过程中，有过犹豫彷徨，有过焦躁不安，有过苦闷迷茫，所幸的是，终于坚持下来了。在写作过程中，我刻意呈现了实证研究的具体过程，尤其是调查工具的编制、修正及最终成型的过程，或许还存在不足和漏洞，但于我而言，已经倾尽了全力。同时也希望这一点用心，能对教育研究者开展实证研究有所裨益。

　　回首来时路，多少栉风沐雨，多少不眠不休，多少豁然开朗，多少欢欣鼓舞，品味过后只余甘甜，满满的感激凝结心中。感谢恩师陈佑清教授！我本科、硕士和博士阶段均受教于陈老师门下，陈老师广阔的学术视野、深邃的学术思想、严谨的治学态度和谦逊豁达的人格魅力对我影响深远。本书的立意与写作也得到了陈老师的悉心指导，但由于自身资质所限，恐不能完全参透陈老师的精心点拨和个中深意。感谢湖北大学教育学院靖国平教授和明庆华教授自我攻读硕士起一路以来对我的关照和指导！感谢教育学院王新远书记、邓晓红教授、李经天教授、叶显发教授、曹树真副教授、赵厚勰副教授、杨旸副教授和方红副教授对我的鼓励和帮助！感谢所有被试学校对我学术研究的支持和帮助！感谢中国社会科学出版社赵丽编辑的辛勤工作和热心帮助！本书的出版得益于2014年度湖北省社科基金项目和湖北大学教育学院优秀学术专著资助计划的支持，在此一并表示深切的感谢！

感谢父母给了我生命，三十多年来对我无私的关爱和不计回报的付出。感谢爱人张裕鼎博士，承担了家中的大小事务，让我能全身心投入到本书的写作之中，同时在写作过程中给了我很多灵感、建议和鼓励。感谢女儿张跃馨，她的出生使我的人生更加完整，生活更有意义。她的可爱、聪明、乖巧，给了我巨大的喜悦、感动和慰藉。感谢我的家人一直以来对我的鼓励和支持！

谨以此书感谢所有给予我关怀、支持与帮助的老师、亲友与同学。我将怀揣一颗感恩的心继续前行，永不言弃。

本书在写作过程中参考了国内外学者的相关研究成果和文献资料，在此致以衷心的感谢！由于理论素养有限，实践经验不足，本书可能还存在错漏或不尽如人意之处，恳请广大读者和专家批评指正。

向葵花

2016 年 3 月 10 日

于湖北大学